Harald Korall **Der gestohlene Friedhof**

Inhalt

Der gestohlene Friedhof

Die Bestände des Museums der bildenden Künste zu Leipzig haben eine wechselvolle Geschichte hinter sich. Ende des 2. Weltkrieges wurde das Museumsgebäude total zerstört. Nach dem Krieg erhielten die zum Glück rechtzeitig ausgelagerten Kunstschätze eine neue Heimstatt im ehemaligen Reichsgericht. Da dieses nun wieder Sitz einer Institution der Justiz werden soll, ist der Bau eines neuen großzügigen Bildermuseums in Leipzigs Innenstadt vorgesehen. Bis zu dessen Einweihung und Eröffnung werden Teile des Bilderfundus in einem der früheren Handelshäuser, im Handelshof, ausgestellt.

Wertvolle Gemälde und Grafiken sind da zu sehen, die aus dem vorwiegend in der ersten Hälfte des 19. Jahrhunderts erworbenen Kunstbesitz des einheimischen Großkaufmanns und Wollhändlers Maximilian Speck von Sternburg stammen. Diese Sammlung wurde unter Mitwirkung von Specks Nachfahren 1997 in eine Stiftung überführt und bleibt so der Stadt Leipzig erhalten. Zu der Stiftung gehören auch Bilder von Caspar David Friedrich, das »Seestück bei Mondschein« und der »Friedhof im Schnee«, beide in den Jahren 1826–1828 gemalt. Wer erinnert sich da noch, dass der »Friedhof« einmal Gegenstand eines sensationellen Bilderdiebstahls war und für die Kunst- und Nachwelt auf immer verloren schien?

Aufregung um einen Dreiteiler

1

Am 4. Februar 1988, genau dreizehn Uhr zehn, beginnt Emma Leiserings halbe Schicht. Man weiß: Das Museum der bildenden Künste ist im ehemaligen Reichsgericht untergebracht.

Emma Leisering arbeitet im Bereich Malerei der deutschen Romantik. Ein paar Tage zuvor hat sie ihren achtundsechzigsten Geburtstag gefeiert, ziemlich allein, nur mit ein paar alten Frauen, Bekannten aus der Nachbarschaft. Die Söhne und Enkel, verstreut übers Land, haben sich nicht sehen lassen, keiner; nicht einmal alle haben Grüsse geschickt. Auch keine Kollegin hat sie besucht. So lebt eben jeder sein eigenes Leben.

Emma Leiserings Leben gehört sowieso, wie sie sagt, den Bildern. Seit über drei Jahrzehnten im Museum angestellt, ist sie nun froh, als Rentnerin noch aushelfen zu können, wenigstens dreimal in der Woche einen halben Tag. Da hat sie ihre Verpflichtungen und Ablenkungen, keine Langeweile. Sie sieht nicht auf den schmalen Lohn, sie kommt mit Geringem aus. Das Museum hat wenig Geld, sich großartig Aufsichtspersonal zu leisten.

Am 4. Februar 1988 betritt Emma Leisering eine knappe halbe Stunde nach zwölf – vorzeitig wie immer – ihr Museum. Da bleibt noch Zeit für einen Schwatz mit Hilde an der Kasse, die auch die Garderobe versorgt, und mit etlichen Kolleginnen, die ähnlich vorzeitig eintreffen. Nur Irma Kogler, die die Romantiker vormittags betreut, hastet mit ein paar schnippischen Worten davon. Nichts ist los gewesen, sagt sie noch, Besucher sind kaum erschienen, wer kommt schon an so einem langweiligen kalten Tag.

Emma Leisering tut danach, was sie immer als erstes tut. Sie läuft im Ostflügel durch alle Räume, inspiziert gewissermaßen ihr ganzes Reich: Hat sich etwas verändert, hat wer was liegen lassen, hat die Kogler auf irgendwas nicht aufgepasst, die alte Schlampe? Ist wenigstens ordentlich saubergemacht und gebohnert?

Als sie in den Raum mit den Bildern von Caspar David Friedrich gelangt, stutzt sie bald, wendet sich um, blickt zurück: Da ist doch was mit dem »Friedhof« passiert. Als sie direkt vor das Bild hintritt, erschrickt sie. Das ist doch überhaupt nicht der »Friedhof«, das ist sonstwas, gar nichts Gemaltes, irgendwas Gefälschtes, Gedrucktes.

Sie will den Rahmen anfassen, die Bildfläche betasten, da fällt ihr ein: Sie darf keine Spuren vernichten. Ist, der das getan, vielleicht noch in der Nähe?

Sie rennt durch die Säle, mustert eilig die Wände. Doch keine weitere Veränderung fällt ihr auf, auch kein Besucher. Und nichts sonst scheint gestohlen. Da schreit sie plötzlich auf, ohne es eigentlich zu wollen. Ganz laut kommt es aus ihrer Kehle, sie hat gar nicht gewusst, dass sie noch so brüllen kann. »Erwin, hörst du, sie haben den ›Friedhof‹ geklaut!«

Der »Friedhof im Schnee«! Tatsächlich. Sie haben den »Friedhof« geklaut. Er ist gestohlen, durch eine plumpe Fälschung ersetzt, ach was, etwas Zusammengeschnippeltes, Geklebtes. Als Emma Leisering und Erwin Kühn, der Abteilungsleiter für die Aufsicht, wieder im Friedrich-Saal stehen, die Wand anstarren, begreifen sie es. Und der Dieb und Fälscher war so frech, noch etwas mit Großbuchstaben drauf zu schreiben: DREITEILER.

Oder war er ein Spaßvogel? Ist alles vielleicht nur ein Spaß? Und morgen hängt das Bild wieder da?

2

Sie wohnen eng, eine Neubauwohnung, Platte, wie das so heißt, aber wenn sie aus der einen Fensterfront sehen, blicken sie auf bewaldete Kalkberge und begrünte Hügel; auf der anderen

Hausseite dagegen streckt sich das Land weit, fast eben hinter der nahen Autobahn.

Jena. Das neue Wohnviertel im Süden. Hohe Steinscheiben, wuchtig und fremd in die Landschaft gesetzt.

Die Kunzes haben lange Zeit mitten in der Stadt gewohnt, im Altbau; da war der Umzug willkommenes Ergebnis eines lange zuvor gestellten Antrags. Freilich, damals in den Siebzigern war die Welt noch in Ordnung, die Ehe der Eltern noch nicht geschieden. Nun beherrscht die Schwester Nadine die Wohnung mit Mann und zwei Kindern, für die Mutter ist eins der schmalen ursprünglichen Kinderzimmer übriggeblieben, und wenn der Bruder Klaus mal über Nacht bleiben will, muss er mit einer Liege im Flur vorlieb nehmen, ist er das nächtliche Hindernis für alle, die schlaftrunken den Weg zur Toilette suchen. Gott sei Dank hat er seine eigene kleine Einraumwohnung, nicht mal weit weg in derselben Straße, auch in den Lobedaer Bauten. Und oft schläft er bei Anka Breuer, einer guten Freundin, seiner Verlobten.

Anka Breuer hat manchmal hierorts außerordentlich seltene Ware anzubieten, Elektronik, einen Fernseher, Plattenspieler, sogar Videorecorder vom Feinsten. Wer weiß, wie sie an die Ware herankommt. Aber man kann ja nicht mit leeren Händen dastehen, wenn man übersiedelt. Seit anderthalb Jahren läuft ihr Antrag auf Ausreise. Anka Breuer hat viele Verwandte drüben im Westen, da wird man's ihr nicht ewig abschlagen können. Familienzusammenführung heißt das Zauberwort, das Unmögliches manchmal ermöglicht.

Nadine Liebig, geborene Kunze, macht sich zu allem ihre eigenen Gedanken. Der Handel von Anka Breuer scheint ihr gefährlich, sicherlich verboten, doch das couragierte Mädchen fühlt sich eben sicher mit seinem Ausreiseantrag. Auch der Bruder hat einen gestellt. Er will seiner Anka ernsthaft folgen. Oder hat er eigene, andere Pläne?

Nadine Liebigs Verhältnis zu ihrem Bruder ist über die Jahre hinweg immer schwieriger geworden. Doch kann sie ihm die Wohnung verbieten, seine Besuche bei der Mutter? Kann sie der Mutter ernsthaft raten: Triff dich mit Klaus nicht hier, geh zu ihm in seine eigenen vier Wände?

Klaus ist frühzeitig ein schwieriger Junge geworden. Immer hat er durchzusetzen versucht, was er wollte, was ihm genehm war, auch mit seinen kräftigen Händen, eben mit Gewalt. Ein Wunder, dass er noch Schule und Lehre ordentlich beendete, Elektromechaniker wurde bei Zeiss. Aber schon da hatte er nur falsche Freunde, und der Vater war längst auf und davon, lebte mit seiner jüngeren Liebsten. Die Scheidung der Eltern hatte damals beide mitgenommen, den Bruder noch mehr als sie. Klaus hatte den Vater vergöttert, auf ihn und seine Anweisungen noch einigermaßen gehört. Von nun an aber brauchte er auf überhaupt keinen mehr zu hören, trieb er sich bloß noch mit seinen fragwürdigen Kumpels herum. Er war über allem ein hübscher Kerl, ein ewig lächelnder Mädchentyp, dem man seine Probleme und seine Gefährlichkeit überhaupt nicht ansah.

Und dann dieser Schreck kurz vor Weihnachten 1981: Klaus verhaftet. Ein paar Monate später der Prozess: Klaus hatte sich durch das halbe Strafregister hindurchgearbeitet. Er hatte Sachen aus dem Werk mitgehen lassen, Linsen und optisches Gerät, hatte Kumpels beklaut, sich herum geprügelt, Fahrzeuge aufgebrochen und benutzt, natürlich ohne Führerschein, eins ganz zu Schrott gefahren. Aber wieso haben sie nie etwas davon bemerkt? Oder haben sie die Anzeichen nur zu gern übersehen? Jedenfalls drischt Klaus in der Untersuchungshaft zusätzlich einen Mitgefangenen krankenhausreif, den Schweinehund, den Verräter, der sie angeblich auf dem Gewissen hat. Nach allem kommen viereinhalb Jahre Haft heraus, natürlich ohne Bewährung, und der Bruder sitzt sie bis zum letzten Tag ab. Er ist renitent, hält sich nicht an die Anstaltsordnung. Da werden die Gesuche um vorzeitige Haftentlassung selbstverständlich abgelehnt.

Schließlich doch wieder frei, bringt ihn die Mutter im alten Werk unter, wo sie selber seit Jahrzehnten arbeitet. Die halbe Stadt verdient dort ihr Brot. Aber er hat zu überhaupt nichts mehr Lust, will vor allem nicht mehr hier im Osten leben. Das Land gefällt ihm nicht, die Bonzen nicht, erst recht nicht die Arbeit, die brutalen Normen. Und sie haben ihm viereinhalb Jahre seines Lebens geklaut, wo sie andern erst einmal Bewährung gaben.

Als es erneut zu Aussprachen kommt, Meister und Brigadier ihm ins Gewissen reden, sogar eine dieser öffentlichen Brigadeversammlungen seinetwegen vorschlagen, Humbug, die alte Leier, hat er es satt, kündigt er. Von nun an lebt er auf Kosten seiner Freundin und von den heimlichen Zuwendungen der Mutter. Der wird er's dutzendfach zurückgeben, wenn er erst drüben ist, reichlich Moos verdient. Er wird auf öffentlichen Veranstaltungen auftreten, als Bodybuilder Geld scheffeln. Bodybuilder sind gefragt. Er trainiert täglich Kraftsport, hat schon in der Gefängniszelle damit begonnen. Soll er ihnen mal zeigen, was er inzwischen so drauf hat?

Er zeigt sich gern, wirft Nicki und Hemd ab, rückt Tisch und Stühle beiseite, stellt sich in Positur. Seine prallen Muskeln schwellen. Vor allem die Mutter sieht es voller Freude. Vielleicht wird doch noch was aus dem Jungen, er ist doch nicht schlecht; was ihn wirklich interessiert, betreibt er mit Leidenschaft.

Auch am Abend des 5. Februar 1988 ist genügend Anlass, sich zu produzieren, Bernd und Siglinde sind gekommen, Freunde der Schwester. Man redet ein bisschen, man trinkt etwas, auch Hartes, Schnäpse. Nur Klaus hält sich zurück: Prozente sind nicht gut für seinen Sport.

Genau das ist schließlich das Stichwort für seinen Auftritt.

Zwischendurch sieht man fern, auch Nachrichten, diesmal nicht die Tagesschau, sondern den Osten, die Aktuelle Kamera. Hat's die Mutter bestimmt? Erst gibt es das Übliche, Empfänge, Gäste und Produktionserfolge.

Dann stutzen sie. Die Polizei bittet um die Mithilfe der Bevölkerung. Dreiste Gauner haben am vergangenen Tag im Leipziger Museum, im ehemaligen Reichsgericht, ein kostbares Bild von Caspar David Friedrich mitgehen lassen, einen Millionenwert, »Friedhof im Schnee«. Es gibt kein Zeichen gewaltsamen Eindringens im ganzen Haus, dem Reichsgerichtsgebäude, die Räuber haben sich vielleicht als ganz normale Besucher getarnt. Die Kamera fährt durch die Räume, gleitet über Bilder, auf einen leeren hellen Wandfleck mit ein paar Schrauben. Hier hing der »Friedhof« noch Tage zuvor.

»Das wart doch ihr«, sagt da Siglinde Beyer, platzt mit ihrer Behauptung einfach so heraus.

»Wer: ihr?«

»Na, deine Anka und du, ihr wart doch gestern am Vormittag in Leipzig. Das traue ich euch zu, das ist eure Handschrift.«

»Erzähl nicht solchen Stuss. Wir waren einkaufen, uns ein bisschen umsehen. Was sollen wir mit solch einem Bild – ein Wert von einer Million. Wer nimmt uns so was ab, wo sollten wir's loswerden. Quatsch nicht so dummes Zeug.«

»Bei Wittenberg haben sie eine Kirche ausgeräumt, drei Kilometer von der Autobahn entfernt. Keine anderthalb Stunden drauf war die Beute in Westberlin, verschwunden, vergessen, unauffindbar. So macht man das, wenn man's vorhat. Ihr habt doch auch eure Verbindungen nach drüben.«

»Anka kann dir 'nen Tuner besorgen, Videokassetten, Disketten, aber kein Bild.«

Der Abend endet rasch, mit einiger Verstimmung. Keine neue Flasche Wodka kommt mehr auf den Tisch, das Gespräch plätschert mit Mühe und unter vielen Pausen dahin. Wenigstens spielt man einen Krimi im Fernsehen. Da kann man sich ablenken. Aber gleich danach verabschiedet man sich. Auch Klaus geht.

Doch die Erinnerung an diesen jähen Verdacht bleibt, vor allem bei Schwester Nadine. Wieso hat die Freundin dem Bruder das zugetraut, was ahnt Siglinde, was weiß sie? Solchen Verdacht greift man doch nicht aus der Luft. Nadine Liebig spricht mit niemandem darüber, so sehr es sie drängt, auch nicht mit der Mutter. Aber über Wochen hinweg verfolgt sie jede Nachricht über den Diebstahl, sie kauft sich sogar Leipziger Zeitungen. Freilich: Schon nach vier, fünf Tagen gibt es keine Mitteilung mehr über die Ereignisse. Sowieso war es erstaunlich, dass man so viel und so offen darüber berichtet hatte. Das gestohlene Bild bleibt verschwunden. Niemand weiß etwas von dem oder den Tätern. Nur soviel steht fest: Der Täter ist nicht mit Gewalt in die Räume eingedrungen, er hat sich entweder am Abend vorher einschließen lassen, oder er ist tatsächlich als normaler Besucher gekommen.

3

»Der ›Friedhof im Schnee‹ ist eins der drei Gemälde von Caspar David Friedrich, die wir besitzen. Es ist vom Format her das kleinste, aber es ist das wertvollste.«

Franz Rheinsberg, klein, agil, ein Mann um die Mitte der Vierzig, schwitzt, wischt sich unentwegt mit dem Handrücken die Schweißperlen von den Schläfen, öffnet den Kragenknopf hinter dem Schlips. Hoffentlich, denkt er, haben die eingesetzten Leute von der Sonderkommission Glück und Geschick bei ihren Recherchen, hoffentlich findet dieser Hauptmann trotz seiner peinlichen, unerbittlichen Fragen oder gerade deshalb die Täter, sonst, fürchtet Franz Rheinsberg, sonst ist es um ihn geschehen.

Er sieht sich schon abgehalftert, versetzt, abgeschoben, ein kleiner Agitprop-Mann in einem Landkreis, bestenfalls noch Chef eines Burgmuseums in den hintersten Bergen. Es gibt da Beispiele. Er war ja nie ein richtiger Kerl vom Fach, nun werden sich manche, die ihm seinen Aufstieg missgönnten, über seinen Kummer die Hände reiben.

»Können Sie das etwas genauer ausführen, Genosse Rheinsberg, was das heißt: Das Bild ist wertvoll.«

Franz Rheinsberg öffnet nun auch den zweiten Hemdknopf vorm Hals. Wenigstens in solchen Fragen fühlt er sich ziemlich sicher.

»Der finanzielle Wert vom ›Friedhof‹ lässt sich schwer einschätzen. Solche Summen sind nur bestimmbar, wenn man sie mit den unterschiedlichsten internationalen Auktionen vergleicht. Außerdem erhöht sich der Wert eines Bildes durch die Anzahl seiner Leihgaben. Wir haben den ›Friedhof‹ in Japan, London und der Schweiz gezeigt.«

»In den letzten Jahren, behauptet man, gab es auf dem Kunstmarkt eine regelrechte Preisexplosion.«

»Seit 1970, ja. Das kann man wohl sagen. Und sie betraf gerade Caspar David Friedrich. Friedrich ist der grösste deutsche Landschaftsmaler. Da gibt es keinen Zweifel. Seine Bilder erreichen absolute Spitzenwerte. Ein Aquarell von 1826 brachte es bei einer Auktion in München auf 234 000 DM, ein durch Brand stark beschädigter Friedrich erzielte noch 200 000 DM. Verstehen Sie, Genosse Hauptmann: D-Mark, nicht unser Geld. Und am 4. Dezember 1987 wechselte in Monte Carlo ein etwa doppelt so großes Bild wie der ›Friedhof‹, nämlich die ›Winterlandschaft mit Kirche‹, für sage und schreibe knapp viereinhalb Millionen seinen Besitzer.«

»Muss man in diesen Höhen auch die Summe für den ›Friedhof‹ ansetzen?«

»Wäre man gezwungen, ihn zu ersteigern, man müsste gut und gerne zwei bis zweieinhalb Millionen Mark hinblättern. Geht man von der Monte-Carlo-Versteigerung aus, ist ein Mindestpreis von einer Million für den ›Friedhof‹ nicht übertrieben. Dabei gelten solche Werke auf dem Kunstmarkt überhaupt als unersetzlich. Und sie sind illegal auch unabsetzbar. Jeder weiß ja: Das Bild gehört dem Leipziger Museum. Deshalb verstehe ich nicht, was die Täter mit dem ›Friedhof‹ wollen. Sie können ihn nicht verkaufen. Es sei denn, sie haben, und das nehme ich stark an, in fremdem Auftrag gehandelt. Nicht auszudenken, wenn der Friedrich schon irgendwo im Tresorkeller eines reichen Kunstliebhabers hängt, im Ausland. Oder irgendwo bestimmt ist für den Transport nach Übersee.«

»Der Friedrich war nicht besonders gesichert?«

Nun stürzt der Schweiß geradezu in Strömen über Rheinsbergs Schläfen. Natürlich ist das der entscheidende Punkt, der ihm das Genick brechen kann. Er hat die Sicherheit vernachlässigt, sie werden es ihm überall vorwerfen. Aber ist es seine Schuld, dass er kein Geld hat? Kein Geld für ausreichend Wach- und Aufsichtspersonal, kein Geld für Überwachungskameras, erst recht nicht für eine ordentliche, allumfassende Alarmanlage? Der Friedrich gehörte von seinem Wert her zur sogenannten Kategorie I ihres Museumsbestandes, aber nicht einmal diese Kategorie lag geschlossen an ihrem Sicherheitssystem.

»Jeweils eine Frau nimmt die Aufsicht in einer Abteilung wahr, mehr gibt der Finanzplan nicht her. Mit dieser Frau Leisering von der Nachmittagsschicht, die den Verlust entdeckte, haben Sie ja schon gesprochen.«

Soll er dem anderen sagen, dass sie ab und zu mal, im engsten Kreise und von etlichen Schnäpsen beflügelt, davon geträumt hatten: Wir verhökern ein paar dieser Stücke, natürlich an den Klassenfeind, natürlich gegen D-Mark, schon zwei, drei Grafikblätter genügen, und wir installieren dafür eine pikobello

Alarmanlage, natürlich auch vom Klassenfeind, aber wir leben dafür mit unseren Werten wie in Abrahams Schoss. Soll er's dem Hauptmann sagen? Schon der Gedanke, laut geäußert, war Verrat, Verbrechen. Kunst war allzeit Eigentum des Volkes, war Staatsbesitz, Heiligtum, durch Gesetze geschützt.

»Jedenfalls konnten die Täter das Bild entfernen, ohne dass es das geringste Alarmzeichen gab. Und gegen diese Fälschung austauschen.«

»Was heißt Fälschung. Das ist keine Kopie oder etwas Ähnliches. Das sind drei Stücke Pappe, die zusammengesetzt auf den ersten Blick an die Motive vom ›Friedhof‹ erinnern. Zur Not könnte man alles noch eine Collage nennen. Dabei haben sie sich noch ihren Jux gemacht, mit Faserstift Friedhofskreuze über die Felder verteilt und diesen Hohn darunter gesetzt, dieses eine Wort, diese Großbuchstaben, die uns am meisten aufregen: DREITEILER.«

»Spricht das nun mehr für Profis oder für Dilettanten?«

»Wenn ich das wüsste, wäre mir wohler. Waren Berufsknackis am Werk, Leute mit Auftrag, sehen wir den ›Friedhof‹ nie wieder. Was für ein Verlust an Weltkultur. Waren's Dilettanten, wird das Bild vielleicht für immer geschädigt. Sie haben es aus dem Rahmen getrennt, vielleicht simpel in einem Beutel oder Sack transportiert. Was haben wir stets für Aufstände gemacht, wenn ein Bild auf eine internationale Ausstellung ging; Verpackung, Versicherung, alles war höchstrangig eingestuft. Bloß bei der alltäglichen Sicherung, da sind wir Piefkes, arme Leute, da sind unsere Brieftaschen leer, da sparen wir am falschen Fleck. Begreife das, wer will. – Nein, sich das vorstellen zu müssen: Die Banditen haben das Bild in aller Eile aus dem Rahmen getrennt, simpel in einen gewöhnlichen Beutel verstaut, in einer Sackleinwand weg transportiert ...«

Später, nach der Aufklärung der Zusammenhänge, wird Hauptmann Jeske mit zwiespältigen Gefühlen an diesen Fall zurückdenken. War es sein größter, sein bedeutendster, sein glücklichster oder sein unglücklichster Fall?

Unterschlagung, Betrug, Scheckfälschung – in solchen Dingen kennt Jeske sich aus. Da hat er im Laufe von Jahren mittlerweile Dutzende auch geschicktester Ganoven und Trickser aufs Kreuz gelegt, auseinander genommen, zum Geständnis gebracht. Achthundert Mark, zweitausend, bitte, mein Freund, verdien dir die Scheine anständig, aber nicht durch krumme Touren. Das ist sein Alltag. Nun aber geht es um Kunst, nicht grösser als ein Aktenstück, 31 mal 25 Zentimeter im Geviert, man hat sie vielleicht in einer Aktentasche oder einem schmalen Koffer mit sich genommen, und sie ist Millionen wert. Was fängt einer an mit soviel Geld oder wenigstens mit einem grösseren Bruchteil davon?

Ilse Jeske hat ihrem Mann zu Beginn ihrer Ehe die Reproduktion eines französischen Bildes geschenkt: Tänzerinnen in leichtem lockerem blauem Tüll. Er hat die Mädchen damals über ihr Doppelbett gehängt, sie eine halbe Ehe lang geduldet. Sie haben seine Vorstellung von Kunst geprägt. Aber bitte: Wenn seine Frau so was mochte, seinetwegen. Er liebt höchstens seine Fotografien. Nichts anderes ist ihm in seiner Wohnung an die Wände gekommen. Nun sitzt er öfters auf einem der wenigen Besucherstühle im Museum, starrt auf die Farbfelder an den Wänden, auf die Motive, immer wieder viel hoher Himmel über flachem Land. Was macht denn nun die Kunst von so etwas aus: die Farben, die Stimmungen, das Alter, das Gerede darüber?

»Du knipst doch ganz schöne Bildchen, da wird dir die Kunst nichts Fremdes sein.«

Sein Vorgesetzter, locker, jovial, wie Vorgesetzte manchmal sind, hat ihn mit diesen Worten auf den Fall angesetzt.

Und nun kümmert er sich eben um diesen Diebstahl. Dabei haben sie sich gleich selbst gehörig unter Erfolgszwang gesetzt, sind sie wie selten schnell in die Öffentlichkeit gegangen. Wozu nur? Nun erwartet jeder, dass sie von einem Tag auf den anderen die Täter greifen. Das Museum empfängt in vierzehn Tagen einen halben Wäschekorb voll Post, private Briefe, kollektive Beschlüsse, Postkartenwünsche: Soll der »Friedhof« bald wieder im Museum hängen, heißt es aufmunternd, fordernd, erwischt die Halunken.

Im Februar 1988 hat Siegfried Jeske jedenfalls eine Kommission von alles in allem gut zwanzig Mann unter sich. Sonderkommission heißt das. Mindestens ihr Leiter hat alle Befugnisse, er kann mit jedem reden, mit dem er reden will, er kann notfalls noch weitere Polizeikräfte hinzuziehen.

Freilich, Siegfried Jeske begreift rasch: Sie können ihm die doppelte Anzahl von Leuten geben. Wenn der Zufall nicht hilft, werden sie allesamt wenig Erfolg haben. Und die Befugnis, mit jedem über alles zu reden, findet schon seine Grenzen beim Museumsleiter. Sicherheitsfragen sind ein diffiziles Thema. Da schweigen sich viele andere mit aus.

Jedenfalls stellen sie fest – zum Beispiel: Am 4. Februar sind bis zur Entdeckung des Diebstahls siebzehn Eintrittskarten verkauft worden. Sechs oder acht Personen haben dabei ihre Wintergarderobe abgegeben, an überzeugende Einzelheiten kann sich die Frau an der Kasse nicht mehr erinnern. Ein junger Mann mit Bart, eine Frau mit zwei lauten Kindern sind in verschiedenen Abteilungen durch Fragen oder Lärmen aufgefallen. Alle anderen Beschreibungen sind austauschbar oder nichtssagend. Der »Friedhof im Schnee« ist am Abend zuvor von Marga Grigoleith, der Aufsicht, mit Sicherheit noch bei der letzten Kontrolle gesehen worden (sagt die Grigoleith wenigstens, »da war's noch im Rahmen«). Die Vorgängerin von Emma Leisering, die den Austausch entdeckte, Irma Kogler, »die Schlampe«, hat nichts bemerkt.

Sind irgendwo Täter mit Gewalt eingedrungen? Kein Fenster, keine Tür, kein Gitter weist irgendwelche Spuren eines gewaltsamen Öffnens auf, auch nicht in fremden Stockwerken, anderen Bereichen. Nur zwei Kellertüren, die üblicherweise durch Sicherheitsschlösser verschlossen werden, sind defekt, aber schon seit Monaten. Niemand hat die Schlösser seitdem ersetzt.

Und die Fälschung, diese Collage, der DREITEILER? Nichts kann man so genau wie sie beschreiben. Es sind wirklich drei Teile, ausgeschnitten aus Reproduktionsdrucken und Bildbänden, alles auf die Breite von 25 Zentimetern gebracht, zunächst mit Duosan-Rapid, dann mit Zweikomponentenkleber auf weißen Zeichenkarton aufgeklebt. Das obere Stück, 18 Zentimeter von Friedrichs »Hünengrab im Winter«, hängt sogar als Original gegenüber, ein Teil der »Klosterruine im Riesengebirge« soll, nur ein paar Zentimeter breit, Schnee andeuten. Und die »Greifensteine im sächsischen Erzgebirge« geben das Unterteil ab mit Ästen, Gestein und Laub. So sollte offensichtlich ein täuschend ähnlicher Eindruck erweckt werden. »Die fehlenden Kreuze, beide Spaten und Gräser als signifikante Merkmale des Originals wurden mit braunem Faserstift aufgezeichnet«, schreibt ein Gutachter später. »Teile des Grases, die Gerätestiele und Kreuze wurden mit Graphitstift, manche auch mit schwarzem Fettstift nachgetönt. Auf der Rückseite der Collage, am Rande des Zeichenkartons, ist mit braunem Faserstift vermerkt: Speck von Sternburg 1945, d. h. abgekürzt: 1945 Sp. v. Stern.«

Und was bringt das alles, diese Fülle pingelig recherchierter Details?

Als Siegfried Jeske in Dresden und Berlin ähnliche Museen besucht, sich die Sicherheitsvorkehrungen und Alarmanlagen vorführen lässt, erschrickt er: Meine Güte, wieviel kann einer, wenn er's nur drauf anlegt, in Leipzig wegschleppen, ohne dass es gleich ein anderer merkt?

Natürlich sucht Jeske auch Kontakte zum Kunsthandel. Er begreift langsam: Da gibt es ebenfalls Unterschiede, verschiedene Interessenslagen. Was dem einen strikt verboten ist, macht der andere ganz legitim. Offenbar existieren geduldete, geradezu staatlich geförderte Handelskanäle ins nahe D-Mark-Land ... Rühren Sie lieber nicht daran, rät ihm ein wohlwollender Händler.

Bei allem stößt Siegfried Jeske auf keinen brauchbaren Namen, keinen verwertbaren Fingerzeig. Nein, ein CDF, ein Friedrich, ist nirgendwo ins Angebot gekommen, erst recht kein solch spektakuläres Stück, keiner hat davon gehört.

Da weiß Jeske: Das ist wirklich nicht sein Fall. Wenn es hier auch um die höchste gestohlene Summe geht, mit der er bisher zu tun hatte, dies ist nicht sein Fall. Es hat andere Sachen gegeben, die er aufgedeckt hat, auf die er stolz ist: Einem ist er 1985 auf sein geheimes Westkonto gekommen, einem anderen ein Jahr drauf auf die Art, wie er seine Schecks unterbrachte. Aber CDF sind und bleiben nur drei Buchstaben, bleiben dieser verfluchte DREITEILER.

Nach zwei Monaten wird die offizielle Sonderkommission – oder was von ihr noch übrig ist – aufgelöst. Da haben Presse und Medien längst ihre Berichterstattung eingedämmt, schließlich ganz unterlassen.

1

»›Friedhof im Schnee‹ – sagt dir das was?«

»Willst du mich hochnehmen? Ein Bild von Friedrich, dem Romantiker. Mein ewig ungelöster Fall. Das Ding wurde hier in Leipzig geklaut und ist nie wieder aufgetaucht. Eine Million wert, wenigstens.«

»Vielleicht kannst du ihn jetzt lösen.«

Zwei Tage später sitzt Siegfried Jeske im Besuchsraum der Leipziger Haftanstalt. Ihm gegenüber ein Mann Anfang der Dreißig in der normalen Häftlingskleidung, aus Brandenburg hergebracht.

»Sie sind zum zweiten Male verheiratet, Huschke, Sie haben zwei Kinder?«

»Das werden Sie ja wissen, alles steht in den Akten. Auch dass ich zum fünften Male einsitze. Vorsätzliche Körperverletzung, verbrecherischer Diebstahl. Was weiß ich, wie Sie das alles nennen: Beeinträchtigung der öffentlichen Ordnung, asoziales Verhalten.«

»Sie sind nicht aufsässig gewesen in der Haft, Sie haben zwei Berufe erlernt, Möbeltischler und Kranfahrer. So was ist selten.«

»Ich will raus, sobald es geht. Ich hab Sehnsucht nach meinen Kindern.«

»Zwei Jahre wird das noch dauern. Zwei Jahre und zwei Monate, wenn ich die Akten richtig gelesen habe.«

»Einmal wird jeder vernünftig. Was wollen Sie eigentlich von mir? Ich hab noch nie mit Ihnen zu tun gehabt.«

Ja, was will er von dem andern? Soll er's ihm so direkt sagen: Sie haben den Mund nicht halten können, Huschke, Sie haben ein bisschen angegeben. Da ist so eine Sache, haben Sie gesagt, wenn sie die von mir wüssten. Wenn die wüssten, dass ich da drinhänge. Ein Millionending. Und das hat uns nun einer gesteckt, ein Kumpel von Ihnen, Huschke, weil er sich was für sich selber davon verspricht. Und nun verspreche ich mir von Ihnen, dass Sie mir die Sache aufklären helfen. Es ist nämlich meine Sache.

Natürlich kann er's ihm nicht so sagen.

Aber wie soll er's anfangen? Er glaubt dem Huschke ja, dass er langsam vernünftig werden, verantwortlich sein möchte als Familienvater. Aber er wird ihm die zusätzliche Strafe nicht ersparen können. Also, wie soll er's anfangen?

»Sie haben bei soviel Vorstrafen in unterschiedlichen Haftanstalten eingesessen, in Volkstedt, in Bautzen, in Brandenburg?«

»In Volkstedt war's am besten. Natur ringsum, frische Luft.«

»Aber in Brandenburg hatten Sie auch genug Gelegenheit zu anderem. Sport zum Beispiel, Kraftsport. Sie haben's genutzt.«

»Sie wissen aber Bescheid. Sie werden mich nicht ins Blaue hinein befragen. Also: Was wollen Sie?«

2

Norbert Huschke packt manchmal der Zorn, wenn er zurückdenkt, über das Auf und Ab seines Lebens nachsinnt: Alles hat mit dem Alten angefangen. Er hat ihn fast ein Dutzend Jahre lang nicht mehr gesehen, aber zu verdanken hat er ihm das meiste. Wenn der ein bisschen anders gewesen wäre, wenn der sich wenigstens etwas um seine Kinder gekümmert, ihnen ein bisschen Liebe gezeigt hätte, wäre wohl vieles anders gekommen. Aber der Alte säuft, faulenzt, prügelt und setzt höchstens noch Kinder in die Welt. Sieben sind sie zu Hause mit ein und derselben Mutter, aber niemand weiß, wieviel Halbgeschwister daneben existieren. Die Mutter hat blaue Flecke, ein paarmal gebrochene Rippen und Glieder, die Geschwister genauso, der Alte wird dafür zur Verantwortung gezogen, sitzt auch ein paarmal Monate in Haft deswegen, aber am Ende treibt es sie doch wieder alle zusammen in ihre gemeinsame Hölle.

Nur er, Norbert, hat schließlich genug davon, rennt immer von neuem weg, treibt sich in Waldhütten und Bungalows herum, wird wieder eingefangen, lebt bei der Großmutter, schließlich im Kinderheim. Ist dort ein Schwererziehbarer. Da lernt er erst richtig, sich mit Geschick und Gewalt durchzusetzen. »Du bist ja der Schlimmste von allen«, sagt die Mutter, als sie ihn einmal mit dem ältesten Bruder besucht, da ist der schon achtzehn. »Kannst du dich nicht zusammenreissen, willst du genauso werden wie dein Alter?« Der Bruder gibt ihm zum Abschied verachtungsvoll nicht einmal die Hand, er, der sich nach wie vor am meisten vor dem Alten duckt.

Der Schock nach dem Besuch hält nicht lange vor. Eine Bewährungsstrafe ein halbes Jahr drauf nutzt Huschke nicht, da muss er ins Jugendhaus. Dort schließt er die zehnte Klasse ab. Norbert Huschke ist ja nicht gerade dumm, vielmehr von leichter Auffassungsgabe und nicht ungeschickt. Er bastelt gern, hat flinke Finger, er zeichnet sogar, malt ordentliche Bilder mit Pinsel und Farbe. Als er aus dem Jugendhaus entlassen wird, 1977, ist die Ehe der Eltern endlich geschieden, der Vater auf und davon. Nun könnte doch alles anders werden. Warum nicht?

Er bemitleidet sich gern, schiebt anderen die Schuld an Dingen und Umständen zu, die zu ändern er selber nicht die Kraft aufbringt. So bleibt es dabei: Der Alte hat ihm das Leben verbockt. Wenn der nur zeitig ein bisschen Zuneigung aufgebracht hätte ...

Ein Wunder, dass Huschke bei solchem Hin und Her Familie hat. Aber es hängt mit Evelin zusammen. Die hat ihn nicht aufgegeben wie seine Erste, Evelin hat zu ihm gestanden, die

Trennung nicht vollzogen, die ihre Eltern von ihr verlangten, im Gegenteil. Sie hat das zweite Kind nicht abtreiben lassen, sie hat es geboren, als er wieder im Knast hockte. Und Rückfällige haben nun weiß Gott nicht mit geringeren Strafen zu rechnen.

Er sitzt zu dieser Zeit in Brandenburg ein, er trifft dort den Kleinen. So nennen den alle, Klaus Kunze. Sie sind im selben Haus untergebracht, im selben Kommando. Der könnte ein richtiger Freund fürs Leben werden, denkt Huschke manchmal. Er hat ja keinen. Er ist so vielen Kerlen begegnet, Schlägern, Schleimern, Kumpels, aber in der Not haben die sämtlich nur an sich gedacht.

Doch der Kleine ist anders. Er fühlt es, auf den kann man sich verlassen. In einem langen gemeinsamen Jahr werden sie miteinander ziemlich vertraut, sie treiben beide Kraftsport, haben auch sonst ähnliche Interessen. Der Kleine liest Bücher, besonders über Kunst, Malerei, er, Huschke, beschäftigt sich mit der Antike. Der Kleine ist jünger, noch nicht verheiratet. Sie erzählen sich die Geschichten ihres Lebens, auch da ist vieles ähnlich. Bloß dass die Mutter vom Kleinen sich mehr um ihn gekümmert hat, eine Frau mit Verstand und Herz.

Als der Kleine im Juli 1986 entlassen wird, versprechen sie sich's in die Hand: Sie werden einander schreiben, sich wechselseitig besuchen. Freilich gehen bloß zwei Karten zwischen ihnen hin und her: Herzliche Grüsse, altes Haus! Zu Silvester, zu Ostern. Es ist wohl doch wieder nichts mit der großen Freundschaft.

3

Da klingelt es eines Sonnabendnachmittags im Januar 1988 überraschend an Huschkes Wohnungstür in der Halleschen Neustadt. Huschke geht, öffnet, wer kommt sie schon besuchen.

Da steht der Kleine draußen im Treppenaufgang und grinst, bis sie einander in die Arme fallen. »Komm rein, sieh dir mein gutes Stück an, meine Frau, und die Kinder. Natürlich, wir sind auf nichts vorbereitet, aber einen Schluck irgendwas werden wir schon finden.« – »Ich bin auf der Durchfahrt«, erwidert der Kleine. »Will doch einfach mal sehn, ob's dich noch gibt.«

Es gibt sie noch, beide, sie leben noch, es ist nichts Schlimmes passiert inzwischen. Aber Huschke schämt sich. Der Kleine sieht es wohl gleich: Es geht ihnen nicht allzu gut. Doch wenn der Ernährer, der Familienvater lange Zeit nicht da ist, die Frau allein mit den Kindern bleiben muss, blickt alles ringsum recht ärmlich in die Welt, ziemlich zusammengestoppelte Möbel. Auch für Kraftsport ist kaum noch Zeit.

»Komm mich doch mal in Jena besuchen, wir machen uns zwei ordentliche Tage, ein schönes Wochenende. Deine Frau wird's schon gestatten. Oder bring sie gleich mit samt den Kindern«, sagt der Kleine. So verabschieden sie sich.

Schon vierzehn Tage drauf borgt sich Norbert Huschke ein Motorrad, eine AWO, und fährt allein nach Jena-Lobeda zu seinem Freund, dem Kleinen, und seiner Verlobten Anka Breuer. Auch die beiden wohnen in einem gewöhnlichen Plattenbau, aber bei ihnen sieht's ein bisschen gepflegter, fast wohlhabend aus. Elektronik steht da zum Beispiel, vom Feinsten.

»Erschrick nicht«, sagt Klaus Kunze, »es hat alles seine Richtigkeit. Nix zappzerapp. Meine Anka, Gott sei Dank, hat ihre Verwandten und bekommt viele Geschenke. Man kann ja schließlich nicht ganz ohne dastehen, wenn man drüben neu anfängt. Wir haben den Antrag gestellt. Ihr nicht?«

»Das schon«, erwidert Huschke. »Aber wir haben wenig Hoffnung.«

»Man muss es nur geschickt anfangen, immer wieder auf Familienzusammenführung pochen, zum Beispiel. Na, wir werden noch drüber reden. Wir werden über manches reden.«

Erst einmal fahren sie zu der Gruppe, in der der Kleine tatsächlich Krafttraining betreibt. Sie spielen sogar nebenan in der Sporthalle eine halbe Stunde Fußball. »Du musst in Form bleiben.«

Wieder zu Hause, sind sie allein, die Freundin, Anka Breuer, ist bei Bekannten in der Nähe. Da stellt Klaus Kunze ein Bild in einem Rahmen in die Schrankwand und sagt: »Sieh dir das mal genau an. Was siehst du?«

»Eine Collage. Keine gute.«

»Das Original hängt im Museum in Leipzig. Nicht mehr lange.«

»Wie soll ich das verstehen?«

»Sie haben drei Caspar David Friedrichs in Leipzig. Den ›Friedhof im Schnee‹ werd ich gegen meine Collage austauschen.«

»Du bist verrückt! In fünf Minuten hat man's bemerkt. Außerdem haben die doch Alarmanlagen. Willst du nachts einsteigen?«

»Es ist alles ganz einfach. Ich hab das Bild schon in meinen Händen gehalten, es ist mir geradezu von der Wand in die Arme entgegengefallen. Und nichts ist passiert.«

»Wenn du wenigstens eine Kopie hättest. Oder eine anständige Reproduktion.«

»Es gibt nichts Entsprechendes. Ich habe alle möglichen Buchhandlungen durchgekramt. Ich habe mich gründlich umgetan, das kannst du mir glauben. Sowieso ist vormittags kaum Besucherverkehr, und das angestellte Personal, alte Tanten, ist betriebsblind, da reicht so eine Collage für ein paar Stunden. Ich hab auch keine Zeit, auf eine Kopie zu warten. Etwa von dir. Ich rechne jeden Tag mit der Ausreise. Da muss das Bild mit.«

Norbert Huschke erschrickt, wird bleich, rot, ängstlich, interessiert, alles in schnellem Wechsel. Er begreift: Der Kleine hat schon vieles bedacht. Am meisten beeindrucken Huschke die

Handschuhe. Der Kleine fasst den Rahmen nur mit braunen Handschuhen an: Nicht die geringste Spur hinterlassen von Anfang an! Schließlich verlässt er das Wohnzimmer, kommt aus dem Schlafzimmer nebenan mit einem dreiviertellangen beigefarbenen Mantel bekleidet zurück. »Mit dem wird der Transport vorgenommen, erst der Collage, danach des echten Bildes«, sagt er und schlägt eine Stoffhälfte zurück. Da sieht Huschke: Das Innenfutter ist in Höhe des Hosenbundes aufgetrennt, exakt im Einschnitt hängt ein einfacher Einkaufsbeutel. Anstelle der Henkel sind ihm Gummibänder eingenäht, die durch die Schulterpolster gezogen sind. »Außerdem werd ich eine Kordmütze tragen und eine Brille.«

»Und welche Rolle hast du mir bei allem zugedacht? Du erzählst doch nichts zum Spaße.«

»Erst dachte ich immer: Die Sache machst du ganz allein. Dann wurde mir klar: Um jedes Risiko auszuschalten, jeden ZusammenStoß, brauche ich einen zweiten Mann, der mich absichert, Signal gibt, wenn sich jemand nähert. Dann kann ich abbrechen, das Ganze verschieben. Und als ich so nachzudenken begann, bist du mir eingefallen. Du kannst ein paar kleine Geschenke für zehn Minuten Hilfe gut gebrauchen, ein bisschen Elektronik. Und du bist verlässlich. – Heute abend sind wir bei ein paar Kumpels, die auch ausreisen wollen, Geburtstagsparty. Da denken wir an nichts. Aber morgen sagst du's mir dann: Ja, ich hab's mir überlegt, ich mach mit.«

4

Hauptmann Jeske erfährt das nicht alles beim ersten Gespräch. Manches erfährt er überhaupt nicht. Wenigstens dreimal sitzt er mit dem neuerlich angeschuldigten Norbert Huschke zusammen, über viele Stunden hinweg, fährt Kaffee auf, Zigaretten.

Aber schon am zweiten Abend begreift Huschke: Es wird ihm wieder einmal nichts anderes übrig bleiben, als ja zu sagen, wie an jenem Sonntag beim Kleinen. Er wird es gestehen, mit der Sache herausrücken. Er ist wieder einmal schwach geworden, hat in der Zelle geprahlt: Was er nicht alles an Geheimnissen mit sich herumschleppt, das Wissen um diesen Kunstdiebstahl zum Beispiel in Leipzig. »Traust du mir gar nicht zu, Schneider, was?« Und nun hat dieser Schneider gesungen und erhofft sich dadurch Vergünstigungen. Und er, Huschke, wird, nach allerlei Herumgedruckse und Hinundherwenderei, den Kleinen mit Sicherheit ans Messer liefern, weil er genauso Vergünstigungen erwarten wird wie dieser Schneider und eine geringere Strafe im unvermeidlich kommenden Prozess. Die Sache hat ihre selbstverständliche, unausweichliche Logik.

»Herr Huschke, es geht um ein paar Millionen«, betont Jeske etliche Male, und er hat kein schlechtes Gewissen wegen seiner Übertreibung, seiner Aufschneiderei. Oder rechnet er einfach um: die mögliche Westmillion in ein paarmal soviel Ostmillionen? »Vielleicht ist Ihnen das gar nicht bewusst gewesen, aber soviel ist das Stück Kunst nun mal wert. Wo ist es? Brechen Sie Ihr Schweigen.«

»Ich habe diesen ›Friedhof‹ nie in meinem Leben gesehen.«

»Herr Huschke, Sie wollen mich doch wohl nicht auf den Arm nehmen.«

»Wirklich, Sie können's mir glauben, Herr Kommissar, ich habe das Bild nie in den Händen gehalten.«

Und dann beginnt er zu erzählen. Natürlich kennt er den Kleinen, wenigstens ein Jahr lang waren sie die besten Kumpels in Brandenburg, natürlich hat er an jenem Sonntag wieder mal mit Handschlag seine Zustimmung zu einer Riesendummheit gegeben, natürlich war er in Leipzig mit von der Partie.

»Eben an diesem 4. Februar holten sie mich in der Neustadt ab, mit dem Wagen seiner Mutter, ja, mit ihrem Polski Fiat.«

»Fräulein Breuer war bei dem Unternehmen dabei?«

»Ja, die war dabei, die Freundin vom Kleinen. Im Auto gingen wir noch mal die Lageskizze vom Museum durch, die der Kleine, Herr Kunze, angefertigt hatte.«

»Im Beisein von Fräulein Breuer?«

»Die Anka hörte alles mit. In Leipzig lief sie vereinbarungsgemäß in die Stadt, angeblich, um Einkäufe machen. Herr Kunze und ich trennten uns gleichfalls. Wie besprochen betraten wir das Museum einzeln, wie einander Fremde, kauften uns jeder seine Einlasskarte. Ich sollte auffallen, die Aufmerksamkeit auf mich ziehen. Ich versuchte es, ging zum Beispiel langsam, hustete, lief wieder zu anderen Bildern zurück.«

»Sowieso war niemand außer einer einzigen Aufsicht in den Räumen.«

»Genau. Als ich zum ›Friedhof‹ kam, hing da freilich schon die Collage, Herr Kunze hatte den Tausch längst erledigt. Ich hob eine braune Folie auf, die er wohl liegengelassen hatte. Ich wollte jeden Nachweis von Fingerabdrücken ausschließen. Später, auf dem Parkplatz, als ich meinen Besuch in aller Gelassenheit beendet hatte, war der Polski Fiat bereits verschwunden. Zornig fuhr ich zum Hauptbahnhof, dann mit dem Zug zurück nach Halle, zog mich zu Hause um und stürmte mit dem Motorrad nach Jena. Wir stritten uns, versöhnten uns. ›Hast dir viel Zeit gelassen‹, sagte Kunze. Ich blieb bei ihm über Nacht, fuhr gleich von Jena aus zur Schicht, zur ersten nach meiner Krankschreibung.«

»Und das Bild haben Sie sich nicht wenigstens mal zeigen lassen?«

»Mit dem Bild ist alles in Ordnung, es ist gut untergebracht, hat Kunze gesagt. Wirklich, ich habe es nie gesehen, auch später nicht. Ich habe auch Herrn Kunze nicht wiedergesehen.«

»Und Ihre Abfindung, Ihr Lohn? Was haben Sie bekommen?«

»Nichts. Ich habe für meine Mitarbeit bei der Tat wirklich nichts bekommen, kein bisschen versprochene Elektronik. Ich wurde danach sowieso bald in anderen Zusammenhängen wieder verhaftet ...«

Wo ist das Bild?

1

Sie sitzen auf der schmalen Terrasse vor einem dieser Cafés über dem Tal, Anna Kunze trinkt Tee, ihr Sohn einen Saft. Der Herbst ist noch einmal mit viel Sonnenschein gekommen, da sind sie an diesem Wochenendnachmittag hinausgefahren, an den Hängen entlanggewandert. Wann ist das schon einmal passiert, und wann wird es wieder geschehen? Wenn der Junge über Nacht doch seine Ausreise bekommt, ist er in ein paar Tagen für sie verschwunden und unerreichbar fern. Dann wird dieser Ausflug, zu dem sie ihn überredet hat, die letzte gemeinsame Erinnerung sein. Sie hat sich um ihn immer mehr gekümmert als um die Schwester, die einfacher gestrickt war, weniger Schwierigkeiten machte, bei der alles selbstverständlich lief, der Mann sich zur rechten Zeit einstellte und die Kinder; sie hat ihn deshalb vielleicht sogar mehr geliebt als das Mädchen, ihm immer mehr nachgesehen und zugesteckt. Wie wird sie leben, wenn er gegangen ist? Im Haushalt der Tochter ist sie schon lange wenn auch nicht überflüssig – das nicht –, so doch bloß geduldet. Alle warten darauf, dass ihr Zimmer eines Tages frei wird.

»Du bist anders geworden in den letzten Wochen, Junge«, sagt sie plötzlich, während sie einem Motorrad nachstarrt, das mit Getöse überm Fluss die Hangstraße hinaufschießt.

»Wie anders, Mutter? Was redest du dir ein?«

»Ich kenn dich, ich täusche mich nicht.«

Das ist es ja auch, weshalb sie ihn zu diesem Ausflug überredet hat: Irgend etwas bedrückt den Jungen. Möglich, wenn sie nicht mit ihm zu Hause in der Wohnung herumhockt, dass er dann aus sich herausgeht, von seinem Kummer erzählt.

»Die Ungeduld macht mich wahnsinnig. Vielleicht ist es das. Dass sie mich endlich hinauslassen. Über anderthalb Jahre läuft mein Antrag nun schon. Zwei Monate nach meiner Entlassung damals habe ich ihn gestellt.«

»Und wie steht es mit dir und deiner Anka? Habt ihr euch wieder mal bis aufs Messer gestritten?«

»Zur Zeit gibt es zwischen uns keine Probleme. Nur eitel Freude und Sonnenschein.«

»Soll's so bleiben. Ich wünsche es dir. Was wird eigentlich, wenn nur deine Anka die Ausreise erhält? Hast du mal darüber nachgedacht? Sie hat drüben genug Familie, zu der lässt man sie vielleicht. Aber wen hast du? Hättest du Anka geheiratet, gehörtest du längst auch zu ihnen.«

»Mutter, willst du mir Angst machen? Außerdem: Anka lässt mich nie im Stich. Sie würde auf mich warten.«

»Hat sie dir das so gesagt?«

Eine Stunde später, schon auf der Heimfahrt im Wagen, in diesem Polski Fiat, den er oft genug schon selbst hat benutzen dürfen, rückt die Mutter unvermittelt mit dem heraus, was offenbar der eigentliche Anlass für ihren umständlichen Ausflug ist. Ihr Anliegen trifft ihn freilich wie ein Blitz aus heiterem Himmel und lässt ihn zugleich herzlich lachen.

»Was meinst du«, fragt Anna Kunze ihren Jungen, »wenn ich mit dir zusammenziehe, mich wenigstens polizeilich bei dir anmelde? Mutter und Sohn in so engen vier Wänden – es wird hoffentlich niemand etwas dagegen haben. Aber die Wohnung gehört danach mir, wenn du dich auf und davon machst, mir ganz allein, und Nadines Probleme wären genauso gelöst.«

Klaus Kunze liebt seine Mutter, wenigstens hat er immer gewusst, was er an ihr hat. Was soll er sich da sperren, wenn sie mit diesem Trick endlich wieder zu einer eigenen, wenn auch kleinen Wohnung kommen will?

Aber die gute Alte, wie er sie manchmal bei sich nennt, kennt ihn natürlich nur zu gut, er hat es vor ihr nicht verbergen können: Ja, er hat Sorgen. Nicht wenige. Er hat Streit mit Anka, häufiger als früher, und manchmal glaubt er, dass sie's absichtlich darauf anlegt, sich mit ihm zu überwerfen. Er erschrickt, wenn er anfängt, weiter darüber nachzudenken.

Dabei ist das nicht einmal alles, und das andere ist womöglich noch viel bedrückender: Norbert Huschke ist verhaftet worden, seine Frau hat es ihm aus der Halleschen Neustadt geschrieben, und sie weiß nicht, weshalb.

Weiß er's denn, ahnt er's? Was fürchtet er?

Er schreckt mitunter nachts aus dem Schlaf, hört Stimmen, nahes Klingeln und Klopfen. Das ist ihm lange nicht passiert. Anfangs, mit Zwanzig, in der ersten Knastzeit, nachdem sie ihn frisch eingebuchtet hatten, ist er manchmal so hoch geschossen, hat er lange nicht wieder einschlafen können. Jedes Klicken, jeder Hall, jeder Laut bezog sich auf ihn und weckte ihn von neuem. Soll das erneut beginnen?

Immer wieder beruhigt er sich. Norbert Huschke, das Rindvieh, hat ein neues, ein anderes Ding gedreht und ist deshalb hops gegangen. Es hat nichts mit ihnen beiden zu tun, nichts mit dieser großen Sache vom vergangenen Februar, die noch immer nicht zu Ende ist. Vielleicht hat Norbert getrunken, sich geprügelt, ist benebelt durchs falsche Fenster gestiegen. Das ist ihm ja in der Vergangenheit schon ein paarmal passiert. Nun haben sie ihn deshalb wieder einziehen lassen – seine Schuld. Nein, mit diesem Museum in Leipzig, mit CDF hat das alles nichts zu tun. Nein, nein.

Kunze versucht zu schlafen. Aber nach Minuten sind die Gedanken aufs neue da. Und wenn Norbert nun plaudert, sich großtut, wenn sie ihn in die Mangel nehmen und er schwach wird, er ist ja so ein Weichei? Nun, Herr Huschke, was belastet denn sonst noch das gute Gewissen, was können Sie uns Außerdem noch berichten? Sie beherrschen die harte wie die weiche Tour, sie beherrschen überhaupt ein Dutzend Touren. Auf welche fällt Norbert am Ende herein?

Aber wenn Huschke gequatscht hätte, wären sie doch längst schon hier, hätten sie ihn aus seinem Bett, seiner Wohnung geholt, ihm in seiner Straße aufgelauert ...

Tage drauf – die Ungewissheit verschwindet einfach nicht – leiht er sich wieder den Polski Fiat seiner Mutter, fährt mit ihm nach Halle-Neustadt und besucht mit aller Vorsicht Evelin Huschke. Er ist selber ein Riesenrindvieh, er weiß es plötzlich. Hat er nicht Anfang des Jahres Huschke den Leipziger Museumskatalog geliehen, damit Norbert sich anschaulich auf die bevorstehenden Ereignisse vorbereiten konnte? Hat der den Katalog je zurückgegeben? Natürlich nie. Was hatte er Huschke sonst noch überlassen, und was hatte der damit angefangen? Vielleicht Zeichen hineingelegt ausgerechnet zwischen die Blätter mit den Bildern von CDF, Eselsohren dort hineingekniffen?

Nein, sagt Evelin Huschke, bei der Haussuchung haben sie keine Bücher mitgenommen, nicht einmal Interesse dafür bekundet. Sie weint, lamentiert – nun sitzt sie mit den kleinen Kindern wieder allein da, mittellos, verhilft sich höchstens zu ein bisschen Geld als Putze. Währenddes durchwühlt Kunze die Schränke und Regale: Da ist der Katalog, das mögliche gefährliche Indiz, Gott sei Dank unversehrt. Huschke ist, erfährt er noch, tatsächlich im Suff, wenn auch nicht durchs falsche Fenster, so doch durch fremde Türen gestiegen, eine Wette war's, und sie ließen »hochwertige Importgüter« mitgehen. Bei Delikat einsteigen oder gar im Intershop? Na ja, jeder ist eben seines eigenen Unglücks Schmied, denkt Kunze.

Wieder zurück in Jena, gibt es für ihn neue Sorgen. Anka spielt verrückt. Sie glaubt, den todsicheren Tip erhalten zu haben, erwartet in den nächsten Tagen ihre Ausreisepapiere. Nun dreht sie durch, verkauft, ach was: verhökert in aller Eile ihre Elektronik, und ihm bleiben nur der Rest und das große Staunen. Soll er doch zu sich ins Zimmer schleppen, was sie übrig lässt, diesen großen Spiegel zum Beispiel aus ihrem Bad.

»Das kann doch nicht wahr sein. Das können die doch nicht machen. Die können dich doch nicht allein nach drüben lassen, mich zurückbehalten. Wir sind doch eine Familie.«

Eben nicht. Die Mutter hat's ihm doch schon angedeutet.

Und wenn sich Anka mit dieser angeblichen Zusage etwas vormacht?

Das Schlimmste aber: Sie will gleich das Bild mitnehmen, den »Friedhof im Schnee«. »Da ist es in Sicherheit und weg«, sagt sie. Doch wieviel Erfahrung hat sie im Umgang mit Bildern? Außerdem ist es sein Bild, sein Risiko, aber auch sein Reichtum.

Was, wenn man's unterwegs bei ihr während einer Gepäckkontrolle entdeckte? Wie wollte sie's denn überhaupt transportieren?

Da stürzt sie sich auf die Sessel im Zimmer, stülpt sie um, tastet sie von unten her ab. Ihre Hände greifen hart in die Polster und darunter, und er sieht ihren Blick, ihr Entsetzen, da ist schließlich nichts mehr von Liebe drin, nur Wut und blanker, verzehrender Hass: »Du hast das Bild schon weggebracht, unser Bild. Du hast es dir allein unter den Nagel gerissen, du Gauner, du Schwein! Wo ist es? Wo hast du es diesmal versteckt?«

Frauen sind was für die Unterhaltung, nichts für die Gefühle, Außerdem sind sie austauschbar, hat er immer gedacht. Nun begreift er: Anka ist mehr, ist vielleicht wirklich Liebe gewesen, aber die ist eben zerbrochen, an der Gier, am Geld. Dieser tobende Vampir, der ihn am liebsten zerreißen würde, ist das seine Anka? Nun hat sie ihr wahres Gesicht gezeigt. Gott sei Dank hat sie keine Ahnung, wo sich der Friedrich wirklich befindet. Sein Misstrauen war also nicht unberechtigt.

Er sitzt von nun an immer wieder stundenlang allein in seiner kleinen Wohnung, sinniert oder stellt sich vor den großen Spiegel, diese unerwartete Zuwendung aus Ankas Bad. Er steht dann, nackt, beobachtet sich, macht seine Übungen. Noch hat er Kraft, Muskeln, Ausdauer. Er wird sich nicht unterkriegen lassen. Er wird vor allem nicht trinken, keinen Schnaps, höchstens, ganz selten mal, ein Bier. Nein, ihn macht keiner fertig, auch Anka nicht, die vielleicht daran denkt, sich wieder mit ihm zu versöhnen, des Bildes, ihrer Geldgier wegen. Noch immer hockt sie ja hier.

Doch nein, mit ihr ist Schluss, auch bald mit allem anderen. Er wird seine Ausreise erhalten, und er wird weg sein, weit weg, weg auch von diesen Ängsten, dass sie doch noch kommen, ihn abholen. Zwei Wochen noch, denkt er, höchstens drei. Weihnachten rückt näher, da geben sie sich großzügig, da lassen sie noch einen Schub über die Grenze.

2

So geht das Jahr 1988 allmählich zur Neige. Aber weder ihn noch Anka Breuer erreicht die ersehnte Nachricht, ein entsprechendes Papier. Da muss er sich langsam überlegen, wie und wo er die Feiertage verbringt. Bei der Mutter, mit der Familie der Schwester?

Doch er braucht keine Zeit mehr für solche Überlegungen, das übernehmen rasch andere für ihn. Exakt am 23. Dezember stehen sie vor seiner Tür, weisen ein ganz anderes Papier vor.

»Sie sind Herr Kunze? Sie sind verhaftet. Packen Sie ein paar Sachen zusammen. Es kann länger dauern.«

»Was soll ich gemacht haben, ein Gemälde gestohlen, einen Caspar David Friedrich, aus einem Museum? So was ist doch

Millionen wert, was soll ich damit? Ich protestiere gegen diese unsinnige Verhaftung.«

»Natürlich können Sie Haftbeschwerde einlegen. Wir fürchten nur, sie wird Ihnen nichts nützen. Es wird Aussagen geben, die gegen Sie sprechen. Und Fingerspuren am Tatort, die Sie hinterlassen haben.«

Er möchte lachen, ihnen seinen Hohn entgegen schleudern. So führen sie ihn nicht aufs Glatteis. Immer hat er mit Handschuhen gearbeitet, wo sollen da Fingerabdrücke herkommen?

Er legt tatsächlich Haftbeschwerde ein, aber die wird natürlich verworfen. In der Zwischenzeit bringt man ihn nach Leipzig, dort kommt er auch ins neue Jahr, hört er fern die Böller krachen, überfällt ihn in der Silvesternacht plötzlich die Gewissheit, dass alles wieder einmal umsonst war.

Als er am 11. Januar 1989 zum ersten Male Hauptmann Jeske gegenübersitzt, weiß er schon: Norbert, natürlich der, hat geplaudert, von ihrer kurzen Reise nach Leipzig im Februar erzählt, und es gibt ein Stück Klebestreifen mit einem Teilfingerabdruck von ihm. Irgendwann hat er doch einmal geschludert, hat er die Gummihandschuhe vergessen. Und Hauptmann Jeske hat noch eine Hiobsbotschaft: Auch Anka Breuer ist verhaftet und geständig, Anfang Februar des vergangenen Jahres mit ihm bei dieser Leipzigreise im Auto gesessen zu haben.

»Sie wollen unser Land verlassen, Herr Kunze, Sie haben schon lange die Ausreise beantragt. Der ›Friedhof im Schnee‹ sollte wohl der Einstand für Sie drüben sein, das Startkapital bringen, ach was, die Sicherheit für viele Jahre, für ein gutes, sorgloses Leben. Von ordentlicher, ausdauernder Arbeit halten Sie nicht viel. Sie haben es gerade mal ein halbes Jahr in dem Betrieb ausgehalten, in dem Ihre Mutter Sie unterbrachte. Sie glänzten zudem oft durch Abwesenheit, durch mangelnde Arbeitsqualität, Sie haben bald gekündigt. Sie lassen sich lieber aushalten, von Ihrer Mutter, von Ihrer Freundin.«

»Ich protestiere. Für die Unterstützung, die ich von beiden Frauen erhielt, habe ich immer Gegenleistungen erbracht, Arbeit im Haushalt, für die Familie. Freilich nie für die Gesellschaft.«

»Herr Kunze, ich weiß, wir haben mit Ihnen den Täter, und ich weiß, Sie werden uns noch sehr genau sagen, wie alles geschehen ist. Aber viel mehr als das interessiert mich: Wo ist das Bild, wo ist der ›Friedhof‹? Sie werden eine lange Strafe absitzen müssen, Sie werden sich viele Jahre nicht um Ihre Beute kümmern können. Was, wenn sie zerstört wird, für ewig verloren ist, ein Kunstwerk, ein einmaliges Stück deutscher Kultur? Sie würden Ihr Leben lang dafür zahlen müssen. Belasten Sie jetzt nicht schon die Jahre nach Ihrer Strafverbüßung. Sagen Sie mir: Wo ist das Bild?«

»Ich habe Ihnen nichts zu sagen.«

So reden sie stundenlang, von einer Mittagspause unterbrochen. Gegen Abend aber wirft Klaus Kunze das Handtuch, resigniert er, nennt er das Versteck. Der Friedrich ist in einem Sesselpolster in der Wohnung seiner Mutter verborgen. Dort finden sie das Bild noch in derselben Nacht, in eine Babydecke gewickelt, nach erstem Augenschein wenig oder gar nicht beschädigt.

»Mir wurde von den Kriminalisten klargemacht«, heißt es später in den Protokollen, »welche Verantwortung ich für das Bild hatte und dass ich keine Kontrolle mehr darüber besaß während meiner Haft. So gab ich das Versteck preis, um das Bild in Sicherheit zu wissen, nicht wegen des Schadensersatzes. Den hätte ich sowieso nie zahlen können. Am 23. Dezember wusste ich schon, dass von mir Teilfingerabdrücke gefunden worden waren. Das war aber noch kein Beweis für meine Täterschaft. Ich habe darum nach meiner Inhaftierung jede Tatbeteiligung abgestritten. Nun weiß ich, dass ich mich erst durch die Preisgabe des Verstecks extrem selber belaste.«

»Ich will nun sagen, wie das Ganze geschehen ist. Am Anfang war alles nur Zufall. 1987 war ich in Leipzig zur Herbstmesse. Da ging ich, weil die Messehallen überfüllt waren, lieber in dieses Museum für bildende Kunst. Ich bin ein Laie, aber Kunst hat mich schon immer interessiert, vor allem die Bilder der Romantik. Ich lief durch die Ausstellungsräume, die wenigen Aufsichtskräfte waren ältere Frauen, Kameras waren nirgendwo installiert. Ich griff nach verschiedenen Gemälden, auch nach dem ›Friedhof‹. Wie schwer ist so ein Bild? wollte ich wissen, da fiel es mir fast aus dem Rahmen entgegen. Das war der Augenblick, von dem an ich mit dem Gedanken spielte, mir ein derartiges wertvolles Gemälde anzueignen. Ich kannte ja aus Fernsehsendungen die Preise, die man für sie erzielte. Ich entschied mich schließlich für den ›Friedhof im Schnee‹. Das Bild hatte ein handliches Format, es war einfach zu transportieren, und ich hatte es ja fast schon in den Händen gehalten. Das ›Seestück im Mondschein‹ gefiel mir zwar besser, aber wie hätte ich dafür eine Collage als Ersatz fertigen sollen? Ich hätte sie malen müssen, doch das hätte nie geklappt.

Ich wusste um die Herkunft des Bildes aus der Sammlung des Kaufmanns Speck von Sternburg, so stand es ja auch auf der Rückseite des Originals, und so schrieb ich es auch auf die Rückseite meiner Collage mit braunem Faserstift: Speck von Sternburg 1945, das heißt abgekürzt: 1945 Sp. v. Stern.

Wie ich die Collage angefertigt habe, wissen Sie schon. Es war noch vor Weihnachten 1987, in der Wohnung meiner Freundin Anka Breuer. Ich trug zur Vermeidung von Spuren auch da immer diese beigefarbenen Gummihandschuhe, die ich mit den Arbeitsresten, ich meine: mit dem Klebstoff, den Pflasterrollen und den Stiften, später in einer Mülltonne entsorgte. Auch die Gegenstände, die ich im Museum benutzte, wurden auf ähnliche Weise vernichtet, das heißt, ich habe sie vornehmlich verbrannt. Der weite Mantel mit dem eingearbeiteten Beutel sollte zugleich meine schmale Figur verdecken. Ich trug dazu eine Kordmütze und die Brille des Bruders meiner Freundin, ein schwarzes Metallgestell, ferner eine weiße Kordhose, ein Safarihemd, eine hellbraune wollene Krawatte und Lederhalbschuhe, Slipper. Auch die habe ich verbrannt, nur das Safarihemd erhielt Herr Huschke auf seinen besonderen Wunsch.

Dass der schließlich zur Tat benutzte Polski Fiat meiner Mutter wenige Tage später umlackiert wurde, hatte nichts mit der Verschleierung von Tatzusammenhängen zu tun. Der Termin war schon Monate vorher mit der Werkstatt abgesprochen.

Die Tat verlief im übrigen nicht wie vorgesehen. Anka Breuer und ich holten Norbert Huschke in Halle ab. Er musste sich seinen Schnurrbart zur Tarnung abrasieren, alte Sachen überziehen; dann sagten wir seiner Frau, er habe schnell was in Leipzig zu erledigen. Am Abend sei er zurück.

In Leipzig parkten wir am ›Alten Amtshof‹ in der Nähe des Museums. Anka ging einkaufen. Fünfundvierzig Minuten später wollten wir einzeln wieder am Auto sein. Norbert Huschke und ich liefen zum Museum. Wir kauften jeder eine Eintrittskarte, Norbert wollte einen richtigen interessierten Rundgang vorspielen, aber er sollte immer zu mir Blickkontakt halten, um mich notfalls optisch oder akustisch warnen zu können.

In meiner Aufregung wartete ich Norbert jedoch nicht ab, ich sah ihn nur einmal neben der Aufsicht stehen, ich lief gleich auf mein Ziel zu. Ich war sicher, unbeobachtet zu sein, zog mir die Gummihandschuhe über und nahm die Collage aus dem Mantelfutter. Ich hob das Gemälde, das auf der Grundplatte nur lose mit zwei Schrauben festgehalten war, einschließlich des Schmuckrahmens ab und erledigte den Wechsel mit der Collage auf einer Glasvitrine am Fenster.

Unterwegs, auf dem Weg zurück, hatte ich eine nicht einkalkulierte Situation zu bewältigen: Das Original mit dem Keilrahmen war schwerer als die Collage, so dass der Beutel im Mantelfutter bis zum Mantelsaum absackte. Das Bild beulte den Mantelstoff sichtbar aus. Da steckte ich die Hände in die Taschen und faltete den Mantel weit hinterm Rücken zusammen, stellte so Hose und Safarihemd gewissermaßen zur Schau. Ohne auf Norbert Huschke zu warten, verließ ich das Museum und fuhr mit Anka nach Jena zurück. Norbert hat es mir sehr übelgenommen, dass er sich allein um seine Rückfahrt kümmern musste.

In Jena habe ich dann Mantel, Mütze und Schuhe beseitigt. Ich will das jetzt genauer beschreiben: auf einer Müllkippe, einer wilden Müllkippe, einen Kilometer von meiner Wohnung entfernt. Ich goss Spiritus auf das Zeug und zündete es an.

Zuvor, kurz nach dem Mittag, war ich zur Wohnung eines Freundes gefahren, Withold Zanussi. Ich war mit ihm seit unserer Schulzeit befreundet. Er hielt sich zur Zeit im Ausland auf, ein Arbeitseinsatz beim Trassenbau in der SU, aber ich besaß die Schlüssel zu seiner Abstellbox. Dort brachten wir immer unsere gemeinsam benutzten Kraftsportgeräte unter, Stangen, Scheiben, die Bank. Ich entfernte in der Box mit Hilfe von Sandpapier die aufgebrachte Inventarnummer 1733 vom Keilrahmen des Gemäldes sowie den Besitzvermerk des Museums der bildenden Künste. Ich schliff später auch die mit Schreibmaschine beschriebenen Aufkleber ›CD Friedrich‹ und ›London 1973‹ von den Rahmenseiten ab. Das in Windeln eingeschlagene Bild versteckte ich schließlich im untersten von vier Fächern eines in der Box stehenden niedrigen Schränkchens. Ich legte es dort auf eine Babydecke.

Im April 1988 wollte mein Freund auf Urlaub kommen, da wurde mir das Versteck unsicher, und ich holte das Gemälde in meine Wohnung. Ich klebte es unterm untersten Schubfach

meines Kleiderschrankes mit vier Zentimeter breitem Klebeband fest. Es befand sich da noch im selben Zustand wie zuvor,
in diese Windel eingeschlagen.

Im Oktober 1988 veränderte ich das Versteck noch einmal.
Ich hatte von Norbert Huschkes Verhaftung erfahren, da vertraute ich meinem Kleiderschrank nicht mehr. Ich wählte einen Schalensessel aus braunem Kunstleder als neue Unterbrin-
gungsmöglichkeit. Ich entfernte Rücken- und Sitzpolster, legte
den Sessel verkehrt herum auf den Boden, also mit den Beinen
nach oben. Ich lockerte die Metallklammern an der Sesselstirn-
seite und zog sie heraus. Dadurch lag der Hohlraum dahinter
frei, fünfzehn Zentimeter hoch, groß wie die Sesselgrundfläche,
mit Schaumstoff ausgeschlagen. Ich hob die Bodenbespannung
leicht an und schob den Friedrich hinein. Die Windel hatte ich
mittlerweile zusätzlich mit Klebeband umwickelt. Mit ähnlichen Streifen befestigte ich sie schließlich an der Auflagefläche
des Sessels und sicherte die Klebelaschen zusätzlich mit einigen
Reisszwecken.Danach steckte ich die Metallklammern zurück
in die vorhandenen Löcher in Holz und Stoff und schlug sie mit
Hammerschlägen fest. Da war der Originalzustand des Sessels
wiederhergestellt.

Einen Monat darauf verkaufte meine Freundin Anka Breuer
wegen ihrer bevorstehenden Ausreise eine Polstersitzecke an
meine Mutter Anna Kunze. Wir brachten die Möbel in deren
Wohnung, dadurch wurde es dort ziemlich eng. So beschlossen
wir, die beiden breiten Sessel gegen meinen schmaleren Schalensessel auszutauschen. Sowieso schien es mir günstiger, wenn
der Friedrich sich nicht mehr in meiner Wohnung befand. Nun
kam er also in die einstige Elternwohnung, in der meine Mutter
mit meiner Schwester und ihrer Familie, Mann und Kindern,
lebte.

Beim Transport stellte ich fest, dass sich die Klebebänder
innen gelöst hatten. Sie hatten das Gewicht des Bildes nicht

ausgehalten. Nun lag der Friedrich auf der unteren Sesselbespannung. Deshalb entfernte ich die Bespannung noch einmal und überlegte, wie ich das Bild gründlicher sichern konnte. Es war ja jetzt meiner direkten Kontrolle nicht mehr ausgesetzt. Ich musste ausschalten, dass es beim Saubermachen oder beim Spielen der Kinder entdeckt wurde. Ich fertigte aus rotem Übergardinenstoff, den ich in breite Streifen schnitt, einen derben, festen Beutel und brachte ihn unterm Sesselboden an. Ich sicherte ihn zusätzlich durch ein grösseres Holzschneidebrett, das ich mit dem Sesselrahmen verband. Das gab auch nach unten einen besseren Schutz. Danach kam das Bild in den Beutel, den ich vollständig verschloss. Am Ende befestigte ich die Metallklammern auf die schon beschriebene Weise. Ich war sicher, dass das Bild danach auch bei ungeschicktester Handhabung des Sessels nicht bemerkt werden konnte.

Einmal freilich erzählte meine Schwester, dass in der Vorweihnachtszeit, Anfang Dezember, der Adventskranz in der Wohnung zu brennen anfing. Er stand auf dem Tisch neben meinem kunstledernen Schalensessel. Aber meine Schwester entdeckte den Brand rechtzeitig und konnte den Adventskranz löschen. Bild und Sessel blieben jedenfalls unbeschädigt.«

4

Sie holen das Bild, wie schon gesagt, noch in der Nacht nach Kunzes Geständnis aus der Wohnung seiner Mutter und finden es im wesentlichen unbeschädigt. Bei der Identitätskontrolle stellen sie auch die zwei Merkmale fest, die für seine Echtheit sprechen: ein – wie es überall heißt – Krakel-E am linken Bildrand und ein Pinselhaar im Malgrund, die beide eindeutig noch von Caspar David Friedrich stammen.

Der Prozess gegen Klaus Kunze und Norbert Huschke findet im Sommer 1989 statt. Was man ihnen vor allem übelnimmt – außer der Tatsache etwa, dass Klaus Kunze die Tat über viele Monate hinweg, offensichtlich über ein Jahr lang exakt geplant hat –, ist der Umstand, dass er das Bild in die BRD verbringen wollte. Das wird als strafverschärfendes Vergehen gegen das damalige Kulturgutschutzgesetz der DDR gewertet, sogar im schweren Fall. So wird Klaus Kunze – auch als Rückfalltäter – zu insgesamt zwölf Jahren, Norbert Huschke wegen seiner Beihilfehandlungen zu fünf Jahren Freiheitsentzug verurteilt. Da Huschke auch noch anderwärts straffällig geworden ist, ergibt sich für ihn eine Gesamtstrafe von acht Jahren. Sein Revisionsantrag und ein Kassationsbegehren werden abgelehnt. Doch ist mit Sicherheit anzunehmen, dass beider Strafen später, im einheitlichen Deutschland, deutlich reduziert worden sind, schon wegen des Wegfalls dieses einstigen Kulturgutschutzgesetzes.

Und Anka Breuer?

Auch gegen sie ist ein Ermittlungsverfahren eingeleitet, auch sie ist verhaftet worden: genauso wegen Beihilfe zum verbrecherischen Diebstahl. Aber Klaus Kunze hält sie aus allem heraus, und sie streitet ab, was abzustreiten ist, auch Norbert Huschkes Angaben: Sie habe, was da besprochen worden ist, im Auto auf der Fahrt nach Leipzig etwa, nie ernst genommen. So wird am Ende tatsächlich das Verfahren gegen sie eingestellt. »Da die Angeschuldigte weder von der Vorbereitung eines konkret beabsichtigten Diebstahls und dessen Ausführung noch vom Transport des Diebesgutes oder dessen Aufbewahrung Kenntnis gehabt hat, kann sie keine Ratschläge dafür erteilt oder aktive Hilfeleistungen am Tage des Ereignisses erbracht haben. Weitere Beweismöglichkeiten für ein strafrechtlich relevantes Tun der B. sind ausgeschlossen.«

Sie wird aus der Haft entlassen und kann sogar eine Entschädigung für ihre Zeit hinter den Gittern beanspruchen.

»Sollten Ihnen finanzielle Einbußen entstanden sein, müssten Sie innerhalb von drei Monaten nach Erhalt dieser Mitteilung einen entsprechenden Antrag zur Berechnung der Entschädigung stellen, der den Nachweis tatsächlich eingetretener Vermögensschäden oder Einkommensausfälle zu enthalten hat.«

Als man darüber entscheidet, ist Anka Breuer freilich schon nicht mehr in Jena. Man hat ihrem Ausreiseantrag nunmehr rasch entsprochen.

Was man sonst noch berichten kann? Als der »Friedhof im Schnee« im Museum wieder ausgestellt wird, verbreitet sich die Kunde davon über die Stadt Leipzig hinaus wie ein Lauffeuer. Tausende stehen danach täglich in langen Reihen an, um sich von der Existenz des Bildes durch eigenen Augenschein zu überzeugen.

Eine Rose für die Tote

Ein perfektes Verbrechen?

1

»Na, Schwester Ines, was hat der Urlaub gebracht außer der Bräune? Neue Liebe, neues Glück? Wo waren Sie doch gleich? Auf Mallorca, bei diesen Wilden von Palma?«

»Was Sie immer gleich annehmen, Oberschwester. Da bin ich zwei Wochen auf der Insel und muss gleich verkommen. Wir haben die Ballermänner nicht mal von ferne gesehen, wir waren mehr im Norden. Pollenca, wenn Ihnen das was sagt.«

»Aber die Sangria hat Ihnen geschmeckt?«

»Natürlich. Doch wir haben sie ordentlich aus Gläsern getrunken, nicht aus Eimern mit ellenlangen Strohhalmen. Und die neue Liebe ist die alte. Ich hab keinen Anlass, mich neugierig anderwärts umzutun.«

»Dann hab ich das sicher verwechselt, und unsere Ulrike reist jetzt solo umher. Die ist übrigens noch immer nicht aufgetaucht. Da müssen Sie wohl gleich hart ran am ersten Tag nach dem Urlaub, Ines. Ulrike war für den OP eingeteilt. Nun müssen Sie sie vertreten. Also dann: Die Ärmel hoch und avanti, avanti.«

Irgendwann mal, heißt es, in einem früheren Leben, war die Oberschwester mit einem Italiener liiert. Von daher stammt ihre ungebrochene Neigung für die südländische Sprache.

Ines Weiland ist froh, als der erste Arbeitstag nach dem Urlaub, dieser Montag, vorüber ist und die Spätschicht, die Ablösung, eintrifft. Vier Stunden im OP, das zweite Mal erst dort eingesetzt, und alles ohne Vorbereitung und Vorwarnung, auch wenn man als Auszubildende bloß einfache Handreichungen zu erledigen hat – das kann tatsächlich ganz schön hart sein.

Am Nachmittag, während der Heimfahrt im Bus, schläft sie schon vor der zweiten Haltestelle ein, noch als die Wagenschlange am S-Bahn-Übergang wartet. Am Abend telefoniert sie mit Knut, ihrem Freund, mit dem sie auf Mallorca, in Pollenca war: Ich bin hundemüde, nimm's mir nicht übel. Aber ich besuch dich heute nicht mehr, ich bin total kaputt. Tatsächlich sieht sie nur noch eine halbe Stunde gelangweilt fern, durchblättert ein paar Zeitschriften, dann legt sie sich ins Bett.

Am nächsten Morgen ist sie glücklich. Andere sind für den Dienst im OP eingeteilt. Wenngleich: Ulrike Kändler erscheint auch an diesem Tag nicht zur Arbeit.Das ist völlig ungewöhnlich. Sie sind zwar alle keine Musterkinder, irgendwann trödelt jeder einmal oder hat Pech, ein Bus steckt im Stau, und man hat gerade den allerletzten bekommen, oder die S-Bahn ist schon losgefahren, als man noch durch den Tunnel hetzt. Doch dass jemand den zweiten Tag dem Krankenhaus, der Station fernbleibt, ohne den geringsten Versuch, sein Wegbleiben zu erklären, zu entschuldigen, das hat es jahrelang nicht gegeben. Auf einer Station wie ihrer muss sich jeder auf den anderen verlassen können, damit man notfalls eilends umzudisponieren vermag. Was ist mit Ulrike Kändler? Liegt sie krank zu Hause?

Am Frühstückstisch gibt es neue Nachrichten. Die Oberschwester hat natürlich mit Ulrike Kändler zu telefonieren versucht. Seit knapp vier Wochen hat die ein eigenes Telefon. Sie hat ihre Nummer auf einen großen Zettel geschrieben und im Schwesternzimmer neben dem Dienstplan ausgehängt, die Zahlen genauso offiziell den üblichen Stellen gemeldet.

Nun ertönt ununterbrochen das Besetztzeichen.

»Also ist sie zu Hause und telefoniert unentwegt.«

»Oder sie hat den Hörer nicht aufgelegt und treibt sich sonstwo herum.«

»Ulrike treibt sich nicht herum. So was glaube ich nicht. Vielleicht ist ihr irgend etwas passiert. Haben Sie denn schon ihre Eltern angerufen? Möglich, sie liegt krank bei ihnen.«

»Gewiss habe ich auch bei denen anzurufen versucht, erst zu Hause, dann auf Arbeit. Wenigstens die Arbeitsstelle der Mutter kennen wir ja.«

»Und?«

»Ihre Eltern sind in Urlaub gefahren, vergangenen Sonnabend. Irgendwo in Schwaben stecken sie jetzt, im Schwarzwald. Mehr konnte man mir nicht sagen.«

»Kaum sind die Alten weg, brennt die Kleine durch.«

»Aber Ulrike doch nicht. Die hat seit Jahren ihre eigene Wohnung. Weshalb sollte sie da durchbrennen?«

Was bedeutet das alles?

»Denken wir nach: Wem fällt was ein, wo wir sie finden können?«

Sie sind keine schlechte Station, keine schlechte Truppe. Es geht manchmal förmlich zwischen ihnen zu, aber meistens sind sie sehr verträglich, sogar lustig. Freilich, sie merken es jetzt, wo es vielleicht drauf ankommt: Sie reden wenig übers Private. Sie wissen, was der andere auf Arbeit kann, was ihm zuzumuten ist, wo man ihm ein bisschen auf die Finger sehen muss. Aber was jeder tut, wenn er zu Hause ist? Sie reden über die Konzerte in der Eissporthalle, über neue Bands, über Kinderkrankheiten, manchmal auch über Schwiegermütter. Doch was wissen sie wirklich voneinander?

Ines Weiland gießt sich etwas heißes Wasser in ihren Kaffee nach. Sie mag ihn nicht so stark wie die meisten. Ulrike ist ein Jahr älter als sie, ein halbes Jahr länger auch schon auf Station.

Sie sind die beiden Jüngsten hier. Hat sie das einander näher gebracht? Haben sie über ihre Freunde gesprochen oder darüber, wie's war mit ihnen zusammen? Sie hätte gern mal die andere dazu gehört. Aber Ulrike war immer die Ältere gewesen, hatte die wenigstens hervorgekehrt.

Nun fällt es ihr plötzlich ein: Ulrike ist zuletzt mit Guido zusammen gewesen. Der Name hat sie erheitert. Wie kann ein Junge bloß so heißen. Aber was kann einer für die Einfälle seiner Eltern. Ulrike war fast ein Jahr mit Guido befreundet, dann ist nichts mehr zwischen ihnen gelaufen. Nichts Ernstes jedenfalls. Aber Guido ist immer da gewesen, wenn sie ihn brauchte. Wenn irgend etwas in der Wohnung zu erledigen war. Wenn ein paar Handgriffe nötig wurden.

Ja, fällt ihr ein: Guido arbeitet in einem kleinen Betrieb im Süden vor der Stadt, wohl eine Dachdeckerfirma. Der muss doch aufzufinden sein. Vielleicht hat Guido noch einen Schlüssel zu Ulrikes Wohnung. Möglich, man kann dort Genaueres erfahren.

Guido Jahn hat den Weg in den Vorort oft zurückgelegt, manchmal zu Fuß, von der Straßenbahn kommend oder von der S-Bahn-Station, manchmal mit dem Motorrad. Dreimal auch mit einem Taxi. Er weiß es genau, und er erinnert sich der Umstände: Dreimal hat er sich mit der gutmütigen Ulrike gestritten, ohne jedes laute Wort, ohne Heftigkeit, wegen dieser blöden Wohnung, aber es gab, schien's, eben nichts Gemeinsames mehr. Doch kaum hatten sie sich getrennt, nahm er ein Taxi und fuhr wieder zu ihr, und sie erwartete die Versöhnung, gierig wie er selber. Noch an der Tür fiel sie ihm um den Hals.

Aber eine vierte Taxifahrt hatte es nie gegeben. Warum nicht?

Er hat ihr nach allem den Trockner auf dem Balkon angebracht und den Zwischenboden im Flur. Auch als die Badtür klemmte, hat er sich nicht zweimal bitten lassen.

Und diesmal?

»Frau Schilf, Sie haben doch Ihre Zweitschlüssel fürs ganze Haus. Ich soll mal nach Ulrike sehen, man hat mich angerufen. Sie ist den zweiten Tag nicht zur Arbeit gekommen, da denken ihre Kolleginnen sonstwas. Ich hab schon geklingelt, aber sie hat nicht aufgemacht. Versuchen wir's mal zusammen?«

Hilde Schilf ist weit über die Vierzig. Sie hat, überglücklich, nach ihrer Arbeitslosigkeit noch eine Art Hausmeisterposten ausgerechnet hier im Vorort gefunden, in diesem Altneubau, in dem elf Mietparteien wohnen. Sie sorgt für Sauberkeit in Treppenhaus und Keller, für die Einhaltung der Hausordnung, für die Abfuhr des Mülls, für dringliche Reparaturen. Die kann sie oft sogar geschickt selber ausführen.

Jetzt nimmt sie das Bund mit dem Generalschlüssel und steigt mit Guido Jahn ins erste Stockwerk hinauf. Es ist Mittagszeit, ihre Suppe steht auf dem Herd, sie hat das Gas vorsichtshalber kleingestellt. Sie will erfahren, was im ersten Stock los ist. Sie muss ja über alles Bescheid wissen. Sie öffnet die Tür ohne Schwierigkeiten. »Nanu, das Schloss ist nicht einmal verschlossen, nur eingeschnappt.«

Hilde Schilf schlägt die Tür zurück, lässt den jungen Mann vorangehen, vor ihr eintreten. Freilich: Was soll ihnen schon Überraschendes begegnen?

Guido Jahn fällt gleich das eingeschaltete Deckenlicht hinter der offenstehenden Küchentür auf. Er hebt ungewiss den linken Arm, weist auf das Kücheninnere, als ob Hilde Schilf sich dort umtun sollte, geht selber weiter, öffnet die Wohnzimmertür. Da sieht er als erstes die Unordnung auf dem Tisch. Eine Kassette steht dort, ist geöffnet, Ulrikes Geld- und Dokumentenkassette, etliche Papiere sind heraus gekramt, ringsum verstreut, dazu ein paar einzelne Groschen, ein Fünfziger. Während er noch über den ungewohnten Anblick staunt, blickt er sich im Zimmer um und entdeckt das Mädchen, das am Boden liegt, genau zwischen Clubtisch, Sessel und Anbauwand. Ihr langes Haar bedeckt Kopf, Hals und Schulter, dazwischen schlängelt sich eine Telefonschnur, der Hörer scheint ihr bequem an Ohr und Kopf zu liegen.

»Frau Schilf, Frau Schilf!« ruft Guido Jahn da seine Begleiterin herbei. Aber er achtet nicht darauf, ob sie seinem Rufen folgt. Er beugt sich vielmehr über Ulrike, knickt seine Knie ein, lässt sich auf sie fallen, tastet mit zitternden Händen nach dem Hals des Mädchens, nach der Schlagader, spürt sie nicht.

»Die ist ja tot, ganz kalt«, sagt er erschrocken, glaubt es wohl noch nicht.

Er sieht danach der Frau zu, die sich wie er niederbeugt, dem Mädchen das Haar von der Stirn streift, dass das Blut zu sehen ist, noch ein paarmal zärtlich über das Gesicht streicht.

»Ich rufe die Polizei an«, sagt er dann.

Er benutzt nicht das Telefon aus der Wohnung. Er trägt ein Handy in der Jeansjacke bei sich.

2

»Mutti, komm mal, komm ganz schnell.«

»Lass mich. Was ist denn schon wieder. Ich hab keine Zeit.«

»Du musst wirklich mal kommen. Da ist Polizei vorm Haus. Sie sperren den Eingang ab mit solchen Bändern, rot-weißen, genau wie damals, als sie die Straße aufrissen.«

»Polizei macht das?«

»Ja. Zwei Wagen stehen vor unserem Eingang. Eben kommt noch ein dritter.«

Da lässt Helga Schubert doch ab von ihrer Küchenarbeit, läuft hinüber ins Wohnzimmer, starrt aus dem Fenster. Auch ein Fotograf ist draußen, entdeckt sie, schießt seine Bilder, während am zuletzt gekommenen Wagen die rückwärtige Tür geöffnet, ein flaches Behältnis herausgezogen wird, natürlich ein Sarg,

Helga Schubert kennt solche Vorgänge aus den Krimis im Fernsehen. Aber wieso geschieht das nun ausgerechnet vor ihrer eigenen Wohnung?

»Geh nach draußen, Britta, rüber zu Tante Seifert. Vielleicht weiß die, was los ist. Ich muss in der Küche bleiben.«

Doch noch ehe die Zwölfjährige über den Flur schlüpfen, an der Tür gegenüber klingeln kann, wird sie zurückgeschickt. Alle sollen in ihren Wohnungen warten, sich für Aussagen bereithalten.

»Sie sind Hannelore Kruse, siebenundvierzig Jahre alt ...«

»Wir sind vor zwei Jahren hier eingezogen, alle. Da war das Haus gerade renoviert. Wir kamen aus der Stadt, ein paar Familien von Dörfern ringsum. Wir sind zwölf Mietparteien. Von den früheren Mietern hat's keinen wieder hierher getrieben.«

»Sie kennen sich gut?«

»Was heißt heutzutage gut. Wir grüßen uns, wir heben uns die Post auf und die Zeitungen, wenn wer mal verreist ist. Ein kleiner Schwatz. Sonst hat jeder genug mit sich selber zu tun.«

»Mit Ulrike Kändler war das nicht anders?«

»Ihren Vornamen höre ich durch Sie jetzt zum ersten Male. Sie zog später ein als die meisten. Sie kamen zu zweit, ein Freund und sie. Aber es war wohl nichts mit den beiden auf Dauer. Kein ganzes Jahr später packte er seine paar Klamotten und ließ sich nicht mehr sehen. Dann kam öfter ein neuer, aber immer nur zu Besuch. Seit Monaten blieb auch der weg.«

»Fräulein Kändler hatte häufig Besuch, Gäste, junge Leute, Männer?«

»Was soll ich da sagen? Junge Leute waren immer mal da, und es war manchmal laut. Sie hörten Disko-Musik, tanzten wohl auch. Bei jungen Leuten sind die Abende heutzutage nicht leise.«

»Und in der Nacht vorgestern?«

»Ich habe meinen Enkel für ein paar Tage bei mir, da bin ich reichlich beschäftigt. Seine Mutter ist zur Weiterbildung, und er ist erkältet, kriegt auch einen Zahn. Zwischen zehn und zwölf hat er nichts wie geheult, da hab ich kaum auf was anderes hören, nicht mal fernsehen können. Ein-, zweimal war's mir, als seien da laute Geräusche nebenan. Hilferufe? Ach wo. Oder doch? Aber nicht deutlich. Fräulein Kändlers Schlafzimmer liegt neben meinem Wohnzimmer.«

»Sie sind Käthe Rollberg, vierundfünfzig ...«

»Ob ich Ulrike kenne? Natürlich. Vielleicht am besten von allen im Haus. Ein paarmal hat sie sich bei mir ausgeweint. Sie war fröhlich, lebenslustig, aber sie hatte auch nahe am Wasser gebaut. Doch ich bin keine, die hinter der Tür steht und immerfort guckt und horcht. Jeder lebt sein Leben, Ulrike auch. Warum sollte sie nicht zur Disko gehen, Freunde empfangen? Wenn's freilich zu laut wurde mit der Musik aus den Boxen, hat schon mal wer aus dem Haus an die Heizung geklopft, da haben sie auch meist drauf gehört, und das Lärmen wurde leiser. So war's auch, wenn sie bei einer Freundin war drüben im Nachbarhaus.«

»Sie sind mit Ulrike Kändler verwandt?«

»Ich bin ihre Tante. Deshalb zog sie ja auch damals hierher zu uns. Wo wer Blutsverwandtes wohnt, denn da bist du nie allein. So haben wir alle gedacht. Doch so richtig gebraucht hat sie mich nie, trotz allem Ausweinen. Na, weshalb auch. Ich war nicht ihre Mutter. Erst hatte sie diesen Guido, später den Heiko. Vor drei Monaten hat sie sich dann eine Katze gekauft, weil sie sich so einsam fühlte, seit auch das mit Heiko auseinander gegangen war. Die habe ich hin und wieder versorgt. Freilich, manchmal war ich traurig. Ulrike sagte, sie wollte ausziehen, und ich hatte ja doch manche Abwechslung durch sie.«

»Sie wollte ausziehen?«

»Na ja, die Wohnung ist nicht billig, und so ein Mädchen allein, was verdiente sie denn schon bei ihren Doktors? Keine Welt. Das war ja auch ein Grund, dass Guido damals nicht mit ihr zusammenziehen wollte. So eine teure Wohnung vor der Stadt, und jeden Tag so eine weite Anfahrt zu seiner Arbeit. Da wollte er sich nicht beteiligen. Aber sie hing an dieser Wohnung. Es war ja ihre erste. Außerdem kam sie nicht aus ihrem verfluchten Vertrag heraus.«

»Trotzdem hat sie sich diese Sitzgarnitur zugelegt?«

»Komisch, die kam ausgerechnet noch am Sonnabend. Na gut, wer eines Tags umzieht, schleppt die allemal wieder mit. Ihre Großeltern haben die alte Couch übernommen, sich wenigstens um die gekümmert. Ihr Opa wartete ja auch, bis die Möbelfirma die neuen Möbel brachte. Er allein nahm sie entgegen. Ich war da überflüssig.«

»Sie sind Birgit Hässler, vierunddreißig Jahre alt. Was können Sie zu den Ereignissen der fraglichen Nacht am Wochenende sagen?«

»Wenn Sie mich so fragen und wenn ich nun weiß, was da passiert ist, so muss ich sagen: Ich bin an dem Abend vorgestern schon um zehn ins Bett gegangen, aber ich wachte bald auf. Das muss nach Mitternacht gewesen sein, da war plötzlich ein Schrei in der Nacht, ein ganz ängstlicher Schrei. Ich klopfte meinen Mann munter, ich fragte ihn: Hast du das Schreien auch gehört? Aber er sagte nur: Das ist der Junge, unser Junge, der hat wieder Alpträume. Ja, der redet manchmal laut im Schlaf und wälzt sich herum. Aber diesmal war alles anders. Ich dachte erst: Der Schrei ist so gedämpft gekommen, die Rolladen vor den Fenstern sind runter gelassen, der Schrei ist von draußen gekommen, doch dann wusste ich bald: Ich hatte mich geirrt. Aber nun, wo ich erfahren habe, was in der Nacht im Haus passiert ist, bin ich ganz sicher: Ich habe die Laute von oben, aus der Wohnung über uns gehört. Es war kein tolles Schreien, nein, es war mehr ein Wimmern, es waren unterdrückte Laute. Ja, es war ein Krächzen, als ob wer abgemurkst wurde.

Ich habe auch meine Tochter befragt, die ist achtzehn, die hat gesagt: Da hat nicht ihr Bruder im Traum geschrien, das war ein langgezogener Hilferuf, ach was, ein erschrockenes, ersticktes Japsen. Außerdem hat sie zuvor Schritte und Trapsen in der Wohnung über uns gehört. Wir sind 96 ins Haus gezogen, wir kommen mit jedem aus, nur nicht mit diesem Guido, der bei Ulrike, dem Mädchen, das nun tot ist, manchmal in den Zimmern über uns wohnte. Dieser Guido hat meinen Mann ein paarmal regelrecht bedroht, ihn wild beschimpft, es ging um den Keller und was jeder im Gang abstellte und um die laute Musik. Dabei war er nicht einmal ein ordentlich gemeldeter Mieter. Aber nein, das kann ich nicht sagen, dass dieser Guido in dieser Nacht in der Wohnung über uns war. Der war ja sowieso schon lange nicht mehr Mode.«

»Sie sind Herbert Deichfuß, zweiundsechzig Jahre alt und der Großvater von Ulrike Kändler ...«

»Wer tut so was? Die Kleine ist zweiundzwanzig, hat alles noch vor sich, ein ganzes Leben, Kinder, Reisen. Und nun? Nein, ich begreif's nicht. Mit dem Telefonkabel erdrosselt. Dabei hat sie das Telefon noch keine vier Wochen und war glücklich: Nun seid ihr mir alle ganz nah, hat sie gesagt, nun kann ich euch immer erreichen.

Ja, ich bin Ulrikes Großvater, und ich kann mich um vieles kümmern, ich hab ja Zeit. Ich musste vorzeitig in Rente gehen, was blieb mir übrig, schon vor fünf Jahren. Meine alte Firma war pleite, abgewickelt. Ganz plötzlich rief Ulrike an. Opa, die Couchgarnitur kommt schon morgen, hast du Zeit, sie für mich anzunehmen, sonst muss ich absagen, alles verschieben. Aber natürlich hab ich Zeit, hab ich ihr geantwortet. Für dich immer.

Die Fahrer kamen an dem Tag schon mittags, genau um zwölf. Sie halfen mir noch, die alte Liege auf meinem Hänger unterzubringen. Ich schaffte sie dann am Nachmittag auf die Mülldeponie. Ich muss die Quittung dafür noch haben. Danach war ich noch einmal in Ulrikes Wohnung. Ich hatte gleich mittags bei ihr angerufen. ›Es hat alles geklappt‹, sagte ich ihr, ›das grüne Leder sieht herrlich aus, und es sitzt sich prima, du wirst zufrieden sein.‹ Am Nachmittag rief ich sie noch einmal an, da war's weit nach drei. ›Ach, Opa, du bist ja immer noch da. Schließ ja die Balkontür, lehn sie nicht bloß an, dass das Kätzchen nicht raus kann, und fahr nach Hause. Ich komme jetzt auch.‹

Ich mochte die Kleine sehr. Sie war meine einzige Enkelin, die noch in der Stadt lebte. Alle anderen sind ausgeflogen. Da fällt schnell alle Liebe und Zuneigung nur einem zu.

Am Donnerstag habe ich sie das letzte Mal gesehen. Ich kam aus dem Garten. Ich habe ihr fünfzig Mark gegeben. ›Ach Opa‹, sagte sie, ›ich brauch das doch nicht. Ich habe genug in der Sparbüchse für die Couch.‹ Aber sie nahm's dann doch.

Ich hab fast geheult, als das damals mit diesem Guido wieder auseinanderging. Wenn Sie den kennenlernen, sagen Sie's vielleicht auch: So ein ordentlicher Kerl, groß, stattlich, hübsch. Ich dachte: Das ist ein Mann fürs Leben. Aber was geht in so jungen Leuten vor, was mögen sie, was nicht? Guido war bei einer Dachdeckerfirma, obgleich er das nie gelernt hatte, er musste früh aus dem Haus. Er wollte, dass sie mitten in die Stadt zogen. Aber Ulrike erklärte: Sie kommt nicht aus ihrem Mietvertrag raus, der läuft über Jahre.

Jedenfalls: Als ich Ulrikes Wohnung verließ – meine Frau holte mich ab, sie musste die Couch ja auch bewundern –, waren die Zimmer tipptopp aufgeräumt, gab es keinerlei Unordnung, keine aufgerissenen Schränke.

Nein, ich begreife das nicht. So ein junges Ding und hatte alles noch vor sich ...«

3

Dieser Sommer gehört nicht zu den ausgesprochen heißen, trotzdem hat er nicht wenige Sonnentage, die Leute fliehen in die Freibäder oder in ihre Gartenlauben, sobald sie's können, oder sie sind irgendwo im Urlaub, mit ihren Kindern in den Ferien. Da müssen nicht wenige Dienstleistungseinrichtungen oder Betriebe mit eingeschränkter Besetzung auskommen und sich nach der Decke strecken. Auch die öffentlichen Dienste, Verwaltungen, selbst die Polizei.

Dennoch haben sich wieder mal einige Straßenbauunternehmen entschieden, gerade die Sommermonate mit ihren langen hellen Tagen für ihre umfangreichen Aktivitäten zu nutzen: Es gibt Sperrungen über Sperrungen in der Stadt, vor allem auf den Ausfallstraßen nach Norden und Westen, einseitige Verkehrsführungen und in der Folge zähe Staus. Und kommt noch irgendein komplizierter Unfall dazu, ist das Chaos in den Straßen vollkommen. Einmal sind gleich zwei Schwerlasttransporter in eine Kollision verwickelt, ein andermal drohen kurz nacheinander zwei Häuserfronten, verlassene Ruinen, auf die HauptStraße nach Süden niederzubrechen. Haben sie zu furchtsam und übersensibel reagiert, als sie den Verkehr zusätzlich auch im Süden noch umleiteten?

Hauptkommissar Jülich lässt sich erst am Nachmittag an den neuen Tatort vor der Stadt fahren. Vorher ist es ihm einfach nicht möglich gewesen wegzukommen. Er kann sich nun einmal nicht zerteilen. Dieser Sommer ist für sie sowieso immerfort heiss, mag das Thermometer auch Temperaturen wie im April anzeigen oder es tagelang regnen.

Vor Wochen erst ist diese Statistik öffentlich geworden, nach der ihre Stadt, ausgerechnet sie, hinter der Mainmetropole Frankfurt die meisten Delikte pro Bevölkerungstausend vorzuweisen hat, nicht nur im Osten Spitzenreiter ist, deutlich vor Leipzig und Berlin, sondern sogar weit vor Hamburg oder Köln rangiert. Die Zahlen, zentral vorgelegt, haben sie unentwegt zu bitteren Diskussionen und Stellungnahmen herausgefordert, eine endlose Kette von Auseinandersetzungen bewirkt. Wenigstens ist ihre Aufklärungsrate nicht gleichermaßen katastrophal. Nun haben sie auch schon ihre tausend Drogenabhängigen, halbe Kinder noch die meisten. Und dann die Toten dieses Sommers, beinahe Woche um Woche, Schlag auf Schlag. Ein verschmähter Liebhaber erschlägt seine Freundin. Das haben sie rasch klären können. Doch das Mörderpärchen vom Supermarkt ist immer noch flüchtig, und was dem Opfer widerfahren ist, dessen Leiche die Nachbarn drei Wochen nach dem vermuteten Tod im ältesten Altbau der Stadt aufgespürt haben, weil der Geruch des Toten nicht mehr zu ertragen war, steht auch noch in den Sternen.

Ihr Wagen rückt langsam im Stau voran, Meter für Meter, bis es plötzlich minutenlang überhaupt nicht mehr weitergeht.

»Soll ich nicht doch das Signal setzen?« fragt Hans Meissner, der Jülich fährt. »Dann sind wir im Nu über die Straßenbahnschienen davon und aus der Stadt heraus. Ist doch Wahnsinn, dieses Geholper und Geruckel zwischen dem allen.«

Aber der Hauptkommissar schüttelt den Kopf und sagt, sich zu Meissner vorbeugend: »Lass mal. Mitunter ist's ganz gut, wenn du keine Privilegien in Anspruch nimmst, sondern alles so durchstehen musst wie jeder andere neben dir.«

Er hört seinem Satz nach, findet sich wieder einmal penetrant pädagogisch, lächelt. Dabei mag er solche Stotterfahrten. Sie sind unerwartete Ruhepausen ohne festes Ende, ohne große Ablenkung, sie geben Zeit zum Nachdenken. Wann hat er die schon einmal, zu Hause selten, hinter seinem Schreibtisch überhaupt nicht. Da herrscht, was auch geschieht, immer nur Hektik.

Zwei Männer streiten sich auf der Gegenfahrbahn, Fußgänger beide. Die haben Sorgen, denkt Jülich, während er ihnen zuhört. Dann erinnert ihn die salbadernde, nicht zu stoppende Stimme des einen auf merkwürdige Weise an den Mann von heute morgen, an den Doppelmörder, den er stundenlang verhört hat und der ihm, unfähig oder nicht willens, knapp und klar zu antworten, mit endlosen Ausflüchten und phantasiereichen Darstellungen immer wieder zu entkommen suchte. Dabei ist alles klar, die Fakten und Spuren sind erdrückend, es ist wohl nur noch eine Frage der Zeit, wann der andere aufgibt, sich zu seinen Taten bekennt. Heute oder morgen? Oder in vierzehn Tagen? Ob er ihn sich am Abend noch einmal vornimmt?

Jülich hat plötzlich das Gefühl, nichts versäumen und keine Stunde, keine Minute verstreichen lassen zu dürfen.

»Na los, Hans«, sagt er unvermittelt, »setz schon das Signal.«

Wenige Minuten darauf liegt die Stadt hinter ihnen. Setzepfand hat Bereitschaft, hält sich noch am Tatort auf, öffnet dem Hauptkommissar die Tür. Der tritt in den Flur, sieht die schmale Garderobe, an der nichts weiter als eine rosa Jacke hängt, die angelehnten Türen in die Zimmer nebenan. Er zieht mehrfach ungewollt die Luft tief durch die Nase, schnüffelt schließlich mit Bewusstheit. Dieser merkwürdige Geruch. Er fällt ihm gleich auf. Woran erinnert er ihn?

»Links ist das Schlafzimmer«, sagt Setzepfand, »das Bett ist unbenutzt, rechts liegen Küche und Toilette. Einmal wurde Kaffee gekocht, sonst spielte sich alles im Wohnzimmer ab. Die von der Technik haben sich Mühe gegeben, alles so zu hinterlassen, wie wir's heute morgen vorgefunden haben.«

»Wer war da, Reinhard und Sölle?«

»Ja, die Zwillinge.«

»Die geben sich wirklich jedesmal Mühe. Und die Tote? Seit wann liegt sie in der Gerichtsmedizin?«

»Noch am Vormittag wurde sie abgeholt. Wir haben gesagt, dass es wieder mal eilt.«

»Ist nicht sowieso alles ziemlich eindeutig? Das Mädchen ist erdrosselt worden?«

»Vermutlich mit dem Kabel vom Telefon. Zuvor oder danach hat sie noch wenigstens einen schweren Schlag auf den Kopf erhalten, vermutlich mit einem gläsernen Aschenbecher. Ihr Haar war blutverschmiert.«

Hauptkommissar Jülich geht langsam durch die Wohnung, sieht die aufgeklappte Blechkassette auf dem Tisch, die Papiere darum herum. Daneben steht eine schmale Porzellanvase mit einer einzelnen hellroten Rose. Jülich mustert die Einrichtung an den Wänden: ein Fernseher, die beiden Boxen eines Kassettendecks in der Schrankwand. Ein paar Fächer sind halb herausgezogen, eine Schranktür steht offen. Dann fällt sein Blick auf die grünen Sessel, die Couch, und er begreift, was ihm die ganze Zeit aufgefallen und in die Nase gestiegen ist: dieser eigentümliche durchdringende Geruch von frischem, eben erst bearbeitetem Leder.

»Die Garnitur ist wohl noch ziemlich neu«, sagt er fragend, zeigt auf die Sitzmöbel.

»Am Tag ihres Todes sind die gekommen. Der Großvater hat sich darum gekümmert, dass sie aufgestellt wurden. Die Kleine hat nicht mehr viel davon gehabt.«

»Der Großvater? Habt ihr mit ihm schon gesprochen? Wohnt der auch hier?«

»Er ist der einzige von der Familie, der sich zur Zeit in der Stadt aufhält. Die Eltern der Toten sind im Ausland oder im Schwarzwald. Andere Leute machen eben im Sommer Urlaub.«

Der Hauptkommissar schweigt, überhört die offensichtliche Anspielung, läuft ziellos weiter, blickt in das Schlafzimmer, tritt hinein: ein breites Bett, ein paar Kissen im Halbrund auf einem geblümten Überwurf, alles ordentlich hingebreitet. Die Möbel keine Erbstücke, wahrscheinlich nach der Wende erworben wie die Einrichtung im Wohnzimmer. Das Mädchen – was war sie,

Lernschwester, gerade zweiundzwanzig geworden? Sie musste wohlhabende Verwandte oder Bekannte gehabt haben, die sie unterstützten.

»Was, denkst du, war das Motiv, dieses Mädchen nachts in der eigenen Wohnung umzubringen? Hat ihr letzter Besucher sie zu vergewaltigen versucht?«

»Wir haben kein Zeichen dafür gefunden, die Tote war vollständig und ordentlich bekleidet. Aber die Wohnung ist offensichtlich durchwühlt worden. Und wir haben lediglich ein paar Pfennige Geld gefunden, nicht ein Markstück, keinen Schein.«

»Dafür Sparbücher, Kontoauszüge?«

Jülich tritt vor den Platz zwischen Couch und Clubtisch, wo alles passiert ist, ein schmales Stück Teppichboden, nicht mehr. Er starrt auf das herausgerissene Telefon, das dort noch liegt, mustert die verschlungenen Wendungen des Kabels.

»Heutzutage kennt jeder die Höhe seiner Bankbestände und Einnahmen über seine Auszüge, holt sie beinahe Tag für Tag aus den Druckern seiner Bank, als könnten sich seine Bestände dadurch verdoppeln. Was habt ihr in der Richtung entdeckt?«

»Für das Sparbuch hat sich keiner interessiert, wir haben's tatsächlich gefunden. Es gibt unregelmäßige Einzahlungen darauf und eine große Abhebung, erst vor kurzem. Aber das kann mit dem Kauf dieser Couchgarnitur zu tun haben.«

»Und sonst nichts Auffälliges, Besonderes?«

»Höchstens ein privates, kleines Telefonbuch, so eine Auflistung von Namen und Nummern, weniger Adressen. Merkwürdig ist das schon: Wir wissen, die Tote hat ihren Telefonanschluss vor höchstens vier Wochen hierher in die Wohnung gelegt bekommen, aber ihre Liste der Anschlüsse ist bereits endlos. Entweder hat sie die Telefonnummern seit Jahren gesammelt, oder plötzlich ist so eine Art Telefonitis bei ihr ausgebrochen.«

»Kann ich das Heft, oder was das ist, mal sehen?«

»Das haben die Zwillinge von der Technik schon mitgenommen. Aber ich kann dir ein bisschen davon erzählen. Viele Doktoren sind darunter, erstaunlich viele, auch Nummern aus Leipzig, Berlin und kleineren Städten ringsum. Ein Name ist mir besonders aufgefallen. Wendland, Knut Wendland. Du erinnerst dich? Den haben wir uns damals bei den Brandüberfällen auf die Vietnamesen-Wohnungen mehrfach zur Brust nehmen müssen. Zu fünf Jahren hat man ihn seinerzeit verdonnert, in ihm einen der Rädelsführer gesehen.«

»Und der ist schon wieder draußen?«

»Die Zeit vergeht. Aber wie gelangt er ins Telefonverzeichnis einer jungen, hübschen Lernschwester?«

»Das möchte ich auch gern wissen. Hoffentlich werden wir eines Tages nicht mit dieser Liste von Namen hausieren gehen müssen.«

»Wir haben mit etlichen Familien im Haus geredet. Viele wollen von Schmerzlauten, sogar gequälten Schreien, Todesschreien in der Nacht gehört haben, alles zwischen zwölf und eins. Es wird sich damit, fürchte ich, wenig anfangen lassen: kein Name, kein Gesicht. Aber da ist noch eine Frau, ich habe erst vorhin mit ihr gesprochen. Sie ist eben von ihrer Arbeit gekommen. Sie hat vorgestern abend Briefe geschrieben, ihr Kassenbuch geführt. Exakt fünf nach neun waren Stimmen im Treppenflur, sagte sie, Ulrike Kändler und ein junger Mann, beide lachten. ›Ich laufe wie auf Eiern‹, sagte Ulrike Kändler, wortwörtlich. Sie sind nicht mit einem Auto gekommen, Ulrike Kändler hatte ihr Rad dabei, das stellten sie noch im Keller ab, offenbar gemeinsam. Sie hat den andern, ihren Gast, vielleicht am S-Bahnhof abgeholt, ich habe das überprüft, zeitlich könnte es genau hinkommen.«

»Und er hat ihr die rote Rose geschenkt und sie dann umgebracht.«

»Ja, so. Wenn es auch komisch klingt, wie du's so sagst, aber: So kann es gewesen sein.«

Sie blicken sich beide an. Dann sagt Jülich: »Komm, machen wir Schluss hier.«

»Eigentlich hatte ich nur noch auf dich gewartet. Ich wusste, du kommst. Es würde dir keine Ruhe lassen.«

Sie laufen zu ihren Wagen, sehen die Gesichter an den offenen Fenstern. »Mich drückt viel mehr dieser andere, dieser Doppelmörder«, meint der Hauptkommissar noch, bevor sie sich trennen. »Da habe ich übergenug zu tun. Ich hätte nichts dagegen, wenn du dich in die Sache hier besonders hineinkniest. Du steckst ja schon ziemlich gründlich drin.«

4

Oberkommissar Setzepfand ist knapp über die Vierzig, gut verheirateter Familienvater, Besitzer eines früh von den Eltern ererbten Häuschens in einer Vorstadtsiedlung. Vor Jahren, unmittelbar nach der Wende, hat er wenig Zukunft für sich in der Polizeiarbeit gesehen. Ein paar Chancen bei Betriebswachen und in privaten Sicherheitsdiensten boten sich ihm an, dann übernahm man ihn doch in die neue Polizei, und da nicht wenige andere mittlerweile fehlten, rückten neue Kräfte von unten nach. Und so fand sich auch Setzepfand bald an ansehnlicherer Stelle, jedenfalls nicht mehr als gleicher unter gleichen, nicht mehr im Fußvolk, vielmehr mit einiger Verantwortung bedacht. Freilich, er wechselte die Aufgaben, war einmal für die Eindämmung der bestürzend wachsenden Jugendkriminalität stellvertretend zuständig, ein andermal sogar im Bereich der Brandbekämpfung eingesetzt, und als zeitweilig jemand in einen der Landkreise abgestellt werden musste, verfiel man ausgerechnet – oder: natürlich? – auf ihn. Konnte man alles mit ihm machen?

Er hat manchmal solche Perioden des Selbstzweifels, der Unsicherheit. Gewiss spielt da die Erinnerung an den Prozess gegen das Suppenhuhn, wie sie ihn genannt haben, eine Rolle, gegen Schuppan und seine Truppe. Dem Rotlichtmilieu verwachsen, hatten es die Suppenhühner seinerzeit zu Raubüberfällen, Autoschiebereien, einer Entführung am hellichten Tage und sogar zu einer Schießerei mit der Polizei gebracht. Aber die Richter hatten sich in ein Debakel manövriert, ihr Prozess war mehr oder weniger unter einer Fülle von Anträgen der Verteidiger geplatzt, nur gegen zwei Mann aus Schuppans Truppe konnten damals Urteile gefällt werden, der große Rest der Anklagen ging an die Polizei zurück zur gründlichen Nachermittlung. Und er war zu der Zeit der verantwortliche Leiter der vielfach gescholtenen Untersuchungskommission.

Dieser Misserfolg ist nie auszubügeln gewesen, er hängt Setzepfand seit Jahren an, belastet ihn vor allem in seinem Selbstverständnis. Dabei: Er ist ein gewiefter Ermittler, er ist geschickt, einfühlsam, genau in seinen Recherchen. Er kann Dinge in Erfahrung bringen, wo andere längst das Handtuch werfen, sich die Zähne ausbeißen.

Hat er nun plötzlich die Gelegenheit, sich gewissermaßen zu rehabilitieren, seinen Ruf aufzubessern, alle wieder von sich zu überzeugen, am meisten sich selber? Der Fall Ulrike Kändler hat nicht nur in der Stadt auf Grund einer die Zusammenhänge rasch dramatisierenden Presse Aufsehen und Erschrecken erregt. Wieder ist ein junges Mädchen getötet worden, noch dazu in seiner eigenen Wohnung. Das muss doch rasch aufzuklären sein!

Auch Herbert Setzepfand ist zunächst dieser Meinung. Da werden doch nicht so viele verschmähte Liebhaber in Frage kommen, mit denen man erst einmal im Treppenhaus turtelt, lacht, herumalbert und denen man dann die Tür weist, weil sie zu aufdringlich werden. Guido Jahn, passt nicht vielleicht gerade er in dieses Raster? Über ein Jahr läuft alles gut zwischen Ulrike und ihm, nun schickt sie ihn davon, als er für sie nicht mehr bloß die Maler- und Tischlerarbeiten erledigen will: Da ist inzwischen ein anderer, Heiko! Wie kann es sein, dass Jahn sich so nüchtern und kalt verhält, als er sie tot neben ihrer neuen Ledercouch findet? Hat vielleicht er ihr die Rose auf dem Tisch gebracht, kennt er die Vorgänge dieser Nacht aus eigener Anschauung? Aber man darf nicht voreingenommen sein. Wie zeigt ein junger Mann seine Betroffenheit neben der Leiche seiner früheren Freundin?

Herbert Setzepfand schickt seine Mitarbeiter los, Nachbarn zu befragen, Personal aus dem Krankenhaus, Leute aus dem Adressenheft. Nicht wenige vernimmt er selbst. Man wird doch wohl bald eine sichere Spur entdecken können ...

»Sie sind der Kommissar von damals?«

»Sie erkennen mich wieder?«

»Sie immer.«

»Ich hoffe, Sie tragen mir nichts nach. War eine ziemlich schlimme Zeit vor Jahren für Sie, Wendland.«

»Einer lebt mal schlimm, mal gut.«

»Meist kann er's selber mitbestimmen, wie die Zeit ist, gut oder mies. Ich hoffe, Sie leben jetzt in besseren Zeiten.«

Knut Wendland, nun Mitte der Zwanzig, grinst. Er ist hagerer geworden, dabei wirkt sein Gesicht voller, nicht nur, weil er das Haar nicht mehr kurzgeschoren trägt.

»Sie kommen mir immer noch moralisch, wollen mich erziehen. Weshalb stehen Sie hier an der Betriebspforte? Warten Sie auf mich? Haben Sie Sehnsucht nach meiner Vergangenheit, oder treibt Sie ein neuer Verdacht?«

Kann Setzepfand so ohne weiteres sagen: beides?

Er nickt ungewiss, weist mit schrägem Kopf auf einen Gaststätteneingang gegenüber: »Trinken wir einen Kaffee? Oder meinetwegen auch ein Bier? Ich lade Sie ein.«

Er hat selten Gelegenheit, mit einem dieser zahllosen Straffälligen von früher zusammenzutreffen, es sei denn, sie sind erneut auffällig geworden oder mit einer Straftat in Berührung geraten. Wie nennt er sie eigentlich: seine Knaben, seine Kameraden, seine schweren Jungs? Oder seine Kunden?

Wendland hat vielleicht drei Jahre abgesessen, ist danach auf Bewährung entlassen worden. Hat er nun die Kurve gekriegt? Wenigstens hat er offenbar Arbeit, liegt nicht auf der Straße.

»Ich will ziemlich viel vergessen, die alten Dummheiten genauso wie die Jahre im Bau. Waren nicht gerade schön und charakterfördernd. Jedenfalls: Warum soll ich nun ausgerechnet mit einem der Bullen von damals ein Bier kippen gehen?«

»Schade, Wendland. Da bleibt nur der Dienst, bleiben die Fragen: Sie kennen dieses Mädchen?« Er zieht das Foto aus der Brusttasche, hält es dem andern vors Gesicht.

»Das ist das Zeitungsfoto, die tote Krankenschwester oder was sie war. Viele haben sich über den Fall bei uns unterhalten. Wollen Sie mir den anhängen?«

»Ich hab Sie gefragt, ob Sie sie kennen, nicht bloß aus der Zeitung.«

»Na ja. Ich hab sie tatsächlich ein paarmal gesehen, meinetwegen in 'ner Disko.«

»Sie hat sich Ihre Handynummer notiert, Wendland. Da muss schon mehr Interesse dahinterstehen als bloß der Zufall, ein bisschen Begegnung in der Disko.«

»Ich war selber erstaunt, dass sie meinen Anschluss wollte. Das war in 'nem Café am Theater. Wenn's denn unbedingt sein muss, sagte ich, bitte.«

»Sie haben sie nie zu Hause besucht?«

»Wie sollte ich. Da war nichts zwischen uns. In diesem Café war sie sowieso mit einem anderen, einem jungen Kerl, vielleicht war er noch Student. ›Das ist der Doktor‹, sagte sie, ›mein Doktor.‹«

»Fräulein Heinecke, Sie waren mit Ulrike Kändler lange befreundet?«

»Was heißt befreundet. Wir haben dieselbe Schule besucht, dieselbe Klasse. Ich war so verrückt, Ulrikes wegen sogar in denselben Chor zu laufen, acht Straßenbahnhaltestellen weit weg. Dabei, sie hatte eine gute Stimme, ich überhaupt nicht. Das stellte sich bald heraus. Da blieb ich weg, was sie mir übel nahm. Nun hatte sie keinen mehr, der mit ihr abends nach den Proben nach Hause fuhr. Da ließ auch sie bald Chor Chor sein. Wir wohnten damals sogar in derselben Straße.«

»Sie sind, Fräulein Heinecke, auch später oft mit Ulrike Kändler zusammen unterwegs gewesen. Wohin junge Leute so rennen: in Tanzveranstaltungen, Diskos, ins Kino.«

»Was heißt häufig. Manchmal ja, manchmal nein. Einmal hatte sie einen Freund, manchmal ich. Aber dazwischen, wenn sich's ergab, waren wir beide wie verrückt miteinander zusammen. Als ob uns was gefehlt hätte, eine ohne die andere. Ich lernte in einer Bank, sie bei ihren Doktors, aber wir verloren uns nicht aus den Augen, hielten uns sozusagen an der langen Leine.«

«Sie kannten die Freunde von Ulrike Kändler?«

»Guido, ja. Guido vor allem. Guido ist groß, blond, gutmütig. Ich hätte mich selber in ihn verknallen können. Aber man kommt doch einer Freundin nicht in die Quere. Die werden sich mal heiraten, habe ich immer gedacht. Doch dann war auf einmal Schluss. Na, ich hatte gerade meinen Bernd.«

»Sie kennen auch Heiko Scholz?«

»Heiko kam für Ulrike bald nach Guido. Manchmal hab ich gedacht: Die sind ja wie Zwillinge. Heiko ist genauso groß, blond. Bloß so gutmütig wie Guido war er nie. Ulrike hat sich nur in Heiko verknallt, weil sie Guido nicht mehr hatte. Auch das hab ich gedacht.«

»Wieso war er anders?«

»Heiko wollte gleich alles oder nichts. Aber Ulrike hatte wohl Hemmungen, sich bei ihm so festzulegen. So schnell.«

»Sie haben sich deshalb oft gestritten?«

»Nein, nie. Heiko war auf einmal bloß nicht mehr da. Und Ulrike sprach nicht einmal mehr von ihm.«

»Kannten Sie weitere Freunde von Fräulein Kändler?«

»Sie war ein fröhlicher Mensch, offen, leicht anderen zugetan. Sie konnte rasch Fremde sympathisch finden, das Gute in ihnen sehen. Da waren auch andere ihr schnell zugetan.«

»Es gab da einen, den nannte sie den Doktor, ›meinen Doktor‹?«

»Ich finde das ja nicht gut, sich mit Arbeitskollegen einzulassen. Dienst ist Dienst, und Privatleben ist privat. Aber sie hatte da keine Hemmungen. Sie kannte ein paar Ärzte, trank mit ihnen einen Kaffee auch mal außerhalb, nicht nur in der Klinik.«

»Und einer war ein naher Freund, vielleicht sogar ihr Geliebter?«

»Das weiß ich nicht. Aber ich glaub's nicht. Freunde für sie waren wohl bloß Guido und Heiko. Danach fühlte sie sich ziemlich einsam. Einmal hat sie davon gesprochen. Aber da war ich selber neu verknallt, in Silvio, mit dem ich nun vielleicht dauerhaft zusammen bin, und ich hatte keine Zeit für sie, keine Lust, ihr zuzuhören.«

»Sie arbeiten, Herr Scholz, Herr Heiko Scholz, nach wie vor in der Autowerkstatt, in der Sie gelernt haben?«

»Ja. Die Leute dort haben mich behalten, sie sind mit mir offensichtlich zufrieden. Ich habe keine Probleme mit meiner Arbeitsstelle wie viele andere heutzutage.«

»Sie wohnen noch bei Ihren Eltern?«

»Ich bin ihr einziger Sohn. Ich bin jetzt fünfundzwanzig. Meine Schwester, ein paar Jahre älter, ist längst verheiratet und ausgezogen, sie hat schon Kinder. Wenn ich mich einmal fest binden sollte, sehe ich keine Schwierigkeiten, mich abzunabeln, eine eigene Wohnung zu beziehen. Aber jetzt tut's mir noch gut, bei den Eltern zu wohnen, auch ihnen.«

»Sie wollten schon mal heiraten, hatten entsprechende Pläne?«

»Ich weiß nicht, was Sie meinen. Ich war weder verlobt noch dauerhaft gebunden.«

»Sie kennen Ulrike Kändler?«

»Natürlich. Wir waren längere Zeit befreundet.«

»Wann haben Sie sich von ihr getrennt?«

»Getrennt, getrennt ... Wir sind vielleicht seit drei Monaten nicht mehr zusammen. Aber wir sind nicht im Bösen auseinandergegangen.«

»Wann haben Sie Fräulein Kändler zum letzten Mal gesehen?«

»Ich weiß nicht genau. Das ist vielleicht vier Wochen her. Wir sind uns in der Stadt begegnet, an einem Sonnabend, ja, ein Sonnabend war's. Da war Markt in der Stadt, im Zentrum, wie üblich. Plötzlich standen wir nebeneinander am Blumenstand, einfach so. ›Hoi‹, sagte ich, ›wie geht's dir?‹«

»Sie haben Ihrer früheren Freundin einen Blumenstrauß gekauft, Rosen?«

»Warum nicht. Wir sind sogar in eine Gaststätte gegenüber gegangen, die hatte unlängst erst eröffnet, dort haben wir einen Kaffee getrunken.«

»Und beim Erzählen haben Sie erfahren, dass Fräulein Kändler noch immer allein lebt und sich einsam fühlt ...«

»Na ja, nicht so genau. Aber wir haben schon über uns gesprochen. Doch wenn Sie auf was Bestimmtes anspielen, eine mögliche Hoffnung in mir: Da liegen Sie falsch, völlig falsch. Ich kannte ja Ulrike und unser Verhältnis zueinander nur zu gut. Da lief nichts mehr zusammen, nie mehr.«

»Sie fahren einen Opel Corsa?«

»Ja. Vor zwei Jahren habe ich mir den gebraucht gekauft.«

»Nachbarn haben einen Corsa zwei Tage vor dem Tod Ulrike Kändlers in der Straße vor ihrem Haus parken sehen. Es war mit Sicherheit Ihr Wagen, ein hellblauer Corsa. Sie haben in der Vergangenheit oft dort in der Straße gegenüber geparkt.«

»Warum soll ich's leugnen, ich war dort. Ich könnte sie doch wieder mal besuchen, hatte Ulrike gesagt.«

»Warum erzählen Sie uns da, dass Sie Ulrike Kändler zum letzten Male vor vier Wochen gesehen haben?«

»Es stimmt doch. Wir hatten uns nicht für einen bestimmten Tag verabredet. Ich kam einfach mal so vorbei, wie wir gesagt hatten. Ist sie da, ist's gut. Treff ich sie nicht, soll's eben so sein. Nun war sie nicht da.«

»Aber zwei Tage später sind Sie erneut vorbeigekommen, Ulrike Kändler umzustimmen, sie aufs neue zu einer engen Beziehung aufzufordern? Wo waren Sie am Abend und in der Nacht vor drei Tagen, Herr Scholz, in der Nacht, in der Ulrike Kändler erdrosselt wurde?«

»Sie sind Doktor Schneider?«

»Ja, Doktor Ralf Schneider.«

»Sie sind vierundzwanzig und haben schon Ihren Doktortitel?«

»Ich hab Glück gehabt, seinerzeit sofort ein Dissertationsthema bekommen, vor allem einen aufgeschlossenen Doktorvater. Suizide in der ostdeutschen Gesellschaft und ihre Motive, ich bin dazu rasch an die notwendigen Unterlagen und Statistiken gelangt. Ich finde, ich habe schließlich nützliche Ergebnisse aufgelistet. Leider sind diese – wie immer noch üblich – einer interessierten Öffentlichkeit wenig zugänglich geworden. Aber ich kann mich dafür mit vierundzwanzig Jahren schon Doktor nennen. Doch das wollen Sie sicherlich gar nicht alles wissen.«

»Sie sind verheiratet, Herr Doktor?«

»Ja, seit fünf Jahren. Meine Frau und ich, wir haben zwei Kinder, Sven und Maria, ein Pärchen. Auch da habe ich meinen persönlichen Plan schon sehr zeitig eingehalten.«

»Sie haben kollegiale Beziehungen zu nicht wenigen anderen Frauen.«

»Ich weiß nicht, was dieser Satz soll. Der Beruf bringt es mit sich, dass man besonders mit Frauen zusammenkommt.«

»Zu den Frauen, zu denen Sie Kontakte hatten, gehörte auch die Lernschwester Ulrike Kändler. Können Sie die Beziehung zu ihr etwas näher charakterisieren?«

»Ich habe das Mädchen gemocht, es vielleicht gelegentlich bevorzugt, bevorteilt, ihr Chancen verschafft. Wer sucht nicht Menschen Gutes zu tun, die er mag? Die ganze Gesellschaft lebt von solchen Zuneigungen.«

»Sie mögen es, Rad zu fahren. Andere joggen, Sie nutzen die wenigen ausgebauten Radwanderwege, die in unserer Stadt existieren. Sie sind einige Male mit Ulrike Kändler durch den nahen Heidewald gefahren, stundenlang.«

»Was ist daran von Übel? Wir haben zufällig entdeckt, dass wir ähnliche Interessen, gleichgeartete Vorlieben haben. Da haben wir gemeinsam diese Wanderwege erkundet.«

»Sie haben Ulrike Kändler auch zu Hause besucht?«

»Herr Kommissar! Ich kann wohl trennen, wer von mir abhängig und wer mir gleichwertig zugeordnet ist. Nun ja, wahrscheinlich spielen Sie darauf an, ich weiß nicht, wer Ihnen das zugetragen hat, dass ich Ulrike Kändler ein paarmal per Rad nach Hause begleitet habe. Ja, ich erinnere mich: genau zweimal. Ich habe mich jedesmal an der Haustür von ihr verabschiedet. Ich habe ihre Wohnung nie betreten, erst recht nicht an dem Abend, auf den es Ihnen ankommt. Ich habe mich da nachweislich ganz woanders aufgehalten.«

Herbert Setzepfand erschrickt am Ende des Gesprächs. Es ist ziemlich schroff verlaufen, ganz anders, als er wollte. Hätte er seine Antipathie gegenüber solchen jungen Aufsteigern nicht unterdrücken können?

Ermittlungsarbeit unterliegt immer erheblichem Druck. Da erwartet die Öffentlichkeit, angetrieben von einer stets auf neue Sensationen versessenen Presse, rasche Aufklärung. Auch erhoffen sich Vorgesetzte und Staatsanwälte aus ähnlichen Gründen bald sichtbare Ergebnisse, ein deutliches Vorankommen, die überzeugende Auswertung der Spuren, erst recht eindeutige Verdächtige. Und dazu setzt man sich oft zusätzlich selber unter Druck. Man braucht die Bestätigung der eigenen Leistung, Beweise für ihre Qualität allen möglichen Leuten und Stellen gegenüber.

Oberkommissar Herbert Setzepfand spürt diesen Druck in besonderem Masse. Wie viele andere hat auch er geglaubt, den Täter bald präsentieren zu können, den – vermutlich – jungen Mann, der Ulrike Kändler in ihrer kleinen Wohnung erst mit einem Aschenbecher auf den Kopf geschlagen, danach mit diesem Kabel und schließlich mit bloßen Händen erdrosselt hat. (Diese Feststellungen haben die Gerichtsmediziner getroffen, diese Reihenfolge ermittelt, man hatte auch fremde Hautpartikel am Hals des Opfers gefunden. Manchmal wird allerdings – zum Beispiel auch später im Prozess – von einer anderen Reihenfolge die Rede sein.) Der Täter jedenfalls ist dem Mädchen vertraut, sie scherzt mit ihm im Hausaufgang, sie lässt ihn ohne Vorbehalte in ihre Wohnung. Wie kann sie ahnen, dass er durchdrehen, sich auf sie stürzen wird, als sie erklärt: Du bist lieb und nett, aber weiter ist nichts, da ist Außerdem ein anderer?

So kann man sich doch die Ereignisse jener Nacht vorstellen? Es ist die nächstliegende Tatvariante. Und es gibt gewiss nur wenige, die Ulrike Kändler auf solche Art vertraut waren. Die müssen doch rasch zu ermitteln sein. Wer von ihnen hat für die Tatzeit kein Alibi?

Oder hat man sich ganz andere Tatmotive vorzustellen als Eifersucht, einen jäh ausbrechenden Hass? Ulrike Kändler hat von ihrem Großvater eben erst einiges Geld erhalten. Wo ist das abgeblieben? Die Blechkassette aus der Schrankwand hat auf dem Wohnzimmertisch gestanden, offen, mit zurückgeklapptem Deckel, ihr Inhalt ist über die Tischplatte verstreut, aber Geld ist kaum dabei gewesen, bis auf ein paar Pfennige. Doch wie viele Scheine haben sich möglicherweise am Abend vor der Tat in der Kassette befunden? Wer hat angenommen, dass sie einiges Geld enthielt, wer wusste vielleicht von noch ganz anderen Geldquellen Ulrike Kändlers? Oder hatte jemand Geldforderungen an sie, die sie nicht erfüllen konnte oder wollte?

Haben sie es demnach mit einem Raubüberfall, mit räuberischer Erpressung zu tun? Ist Geld der Anlass für Ulrikes Tod gewesen?

Sie versuchen allen möglichen Varianten nachzugehen, aber es ist wie ein Drehen im Kreis. Plötzlich sind schon zwei Wochen vergangen, sie haben Protokolle über Protokolle aufgehäuft, aber im Grunde sind sie kein Stück vorangekommen. Sie haben Dutzende Nachbarn und Anwohner verhört, manche mehrfach, und Dutzende Verwandte, Bekannte und Kolleginnen Ulrike Kändlers befragt, auch von denen manche mehrfach. Das besondere Interesse des Oberkommissars hat nicht bloß Guido Jahn, sondern genauso Heiko Scholz gegolten, den ehemaligen Freunden der Toten. Den ehemaligen Freunden? Wenn nun ihre Neigung zu Ulrike Kändler überhaupt kein Ende gefunden hatte, höchstens nach außen hin? Wenn Eifersucht sie quälte? Gefühle sind oft etwas Merkwürdiges. Man will sie unterdrücken, aber sie haben ihr nicht zu verhinderndes Eigenleben.

Jahn und Scholz sind sich übrigens wirklich ziemlich ähnlich, nicht nur äußerlich. Und sie haben beide für die Tatnacht kein eindeutiges Alibi. Scholz hat sich kurz vor acht Uhr an jenem

Abend von Freunden verabschiedet, später, vor Mitternacht, hat Licht in seiner Wohnung gebrannt. Aber: Hielt er sich darin auf? Und Guido Jahns Nachbarn haben vorm zeitigen Zubettgehen nebenan Musik oder Fernsehstimmen vernommen. Ist das überzeugend? Zwei so junge Kerle hocken ausgerechnet sonnabends allein in ihren Zimmern?

Neben den beiden kommt plötzlich auch dieser verheiratete, offensichtlich weitherzige junge Doktor entscheidend in ihr Blickfeld, der mit Ulrike durch den Stadtwald Rad fuhr und sie bis vor die Haustür begleitete. Doch soll er, Vater zweier Kinder, am Beginn einer Karriere, eben Stationsarzt geworden, derart ausrasten, sich vergessen?

So tappen sie von einer Vermutung zur nächsten. Sie kennen eine Fülle von Einzelheiten, sie haben einige Leute, die eventuell für die Tat in Frage kommen, aber nichts passt so entscheidend zueinander, dass es sich zu einem konkreten belegbaren Verdacht verdichtet, gar für einen Haftbefehl ausreicht.

Ja, Herbert Setzepfand spürt den Druck beständig, der sich immer mehr verstärkt, der seine Fingerspitzen zittern, ihn wie durch wattigen Nebel laufen lässt. Er braucht den Erfolg, den entscheidenden Beweis. Mit Anspannung sitzt er mitunter an seinem Schreibtisch, blättert wie besessen in den Protokollen: Es muss doch irgendwo einen Ansatz geben. Wo ist der Fakt, den sie übersehen, den sie nicht richtig gewertet haben und mit dem sie doch etwas Entscheidendes anfangen können? Er kommt auf die unterschiedlichsten Einfälle. Er schickt Jahn, Scholz und noch einige andere in Ulrike Kändlers Wohnung, er lässt sie sich im Treppenhaus unterhalten, lachen. Aber natürlich ist keine ihrer Stimmen die eine, die die briefschreibende Nachbarin in der Tatnacht vernommen hat. Heiko und Guido gehören diese Stimmen nicht, deren Stimmen kennt sie. Und den jungen Arzt, »meinen Doktor«, hat noch nie jemand in dieser Vorstadtgegend gesehen.

Setzepfand blickt manchmal heimlich auf den Hauptkommissar. Beobachtet der ihn? Was geht in Jülich vor? Ist er wirklich so geduldig, wie er sich gibt? Oder ist er drauf und dran zu sagen: »Na, komm, Herbert, ich begreif's ja, es ist alles sehr schwierig. Ich schalte mich selber wieder in alles ein, als Verstärkung, nur als die.«

Das ist's, weiß er, was er schließlich am meisten fürchtet: Dass man ihm den Fall wieder aus der Hand nimmt, dass man Sorge hat, er könne erneut scheitern. Aber das darf nicht passieren, nein, nie. Und so geht er, sich das Tatortvideo noch einmal anzusehen oder an einer Vernehmung selber teilzunehmen. Und er schickt seine Leute hinaus. Die Anzahl der Namen in Ulrike Kändlers Telefonheft ist lang und vielfältig. Möglich, dass sie gerade an diesem Tag etwas Entscheidendes, Weiterweisendes aufspüren ...

»Herr Jahn, was können Sie über Ulrike Kändlers Verhältnis zum Geld sagen?«

»Ich weiß nicht, wie Sie das meinen. Sie hatte ja selten viel. Sie war sparsam.«

»Sie sass gern mal im Café, kaufte sich auch die neuesten Kassetten.«

»So viel war das nun auch wieder nicht. Sie musste ja sparsam sein bei dem bisschen Gehalt, das sie bekam. Sie war ja noch in der Ausbildung, Lernschwester.«

»Ihre Wohnung ist dennoch gut eingerichtet, alles neue Möbel. Und nun noch diese Couchgarnitur aus Leder. Wer hat das alles bezahlt? Was wissen Sie darüber?«

»Der Großvater hat ihr sehr oft einen Schein zugesteckt, und das Wohnzimmer haben ihr die Eltern wohl mitgegeben, geschenkt. Aber das Schlafzimmer hat sie sich selbst gekauft, das heißt, ich habe was beigesteuert. Wir bewohnten es ja gemeinsam. Und wir haben es günstig erstanden. Die Ledermöbel wollte sie dagegen in Raten bezahlen. Hat sie wenigstens mal gesagt.«

»Sie haben Ihren Anteil am Schlafzimmer zurückgefordert, als Sie schließlich wegblieben, die Beziehung zu Fräulein Kändler lösten? Sie wollten von ihr Geld, eine Entschädigung oder Ihren Anteil an den Möbeln?«

»Warum? Ich zog erst mal zu meinen Eltern. Was sollte ich da mit einem halben Bett, anderen Schränken? Nun habe ich Eigenes.«

»Sind Sie wirklich so großzügig? Sie haben nie Geld von Ihrer Freundin zurückgefordert?«

»Nein.«

»Zu keinem Zeitpunkt?«

»Nein.«

»Aber es hat Streit wegen Geld gegeben?«

»Auch nicht. Warum? Wir wohnten zusammen, und wir teilten, was wir hatten.«

»Doch die Miete war Ihnen viel zu hoch?«

»Das ja. Die schluckte unheimlich viel Geld. Und wenn ich mal bei meinen Eltern blieb und übernachtete, merkte ich, um wie vieles bequemer das war. Früh gewöhnlich eine Stunde weniger zur Arbeit, genauso eine Stunde beim Rückweg gespart. Aber Ulrike wollte die Wohnung ja nicht aufgeben.«

»Sie haben damals oft bei Ihren Eltern übernachtet?«

»Das kam schon manchmal vor, auch mehrere Tage hintereinander. Ich schlafe gern aus, ich bin da bequem.«

»Hat Fräulein Kändler übrigens oft Geld in der Wohnung aufbewahrt? Grössere Summen?«

»Nicht mal nach Zahltagen. Das lief ja alles über die Bank, auch mein Geld, das ich ihr gab. In ihrer Kassette war meist bloß Papierkram, Ausweise, wichtige Schreiben, Verträge.«

»Wenn Sie längere Zeit bei Ihren Eltern übernachteten, wussten Sie, dass Fräulein Kändler da manchmal ausging?«

»Sie erzählte mir davon. Wir haben uns viel voneinander erzählt.«

»Sie sind manchmal eifersüchtig auf die Bekannten Ihrer Freundin gewesen?«

»Nun gut, sie schloss schnell Bekanntschaften, verstand sich rasch mit Fremden. Aber ich hatte immer volles Vertrauen zu ihr.«

»Sie haben manche dieser Bekannten kennengelernt? Wen hat sie Ihnen vorgestellt? War ein junger Arzt darunter, den sie ›meinen Doktor‹ nannte?«

»Was ihre Arbeit betraf – ich kannte kaum Leute aus der Klinik.«

»Herr Gütlich, wir kennen uns.«

»Ich weiß unsere Bekanntschaft zu schätzen.«

»Sie arbeiten noch immer hier im Roten Haus?«

»Wie Sie sehen. Man soll sichere Jobs nicht aufs Spiel setzen. An der Bar helfe ich mittlerweile nur noch gelegentlich aus. Ich bin inzwischen eine Art Verwalter, zweiter Geschäftsführer.«

»Ein echter Aufstieg also an ehrbarer Stelle. Ich gratuliere.«

»Sie können sich Ihren Spott sparen, Herr Kommissar. Wir sind ein ordentliches Haus, hier läuft alles nach Gesetz und Pflicht. Fragen Sie Ihre Freunde von der anderen Abteilung: Es gibt hier keine Verstösse. Aber das zu überprüfen sind Sie ja wohl nicht hergekommen, Herr Kommissar. Es ist nicht Ihr Metier.«

»Kennen Sie das Mädchen auf diesem Foto?«

»Zeigen Sie bitte ... – Es ist das tote Mädchen, dessen Gesicht mittlerweile wohl jeder in der Stadt aus den Zeitungen kennt.«

»Sind Sie dem Mädchen einmal persönlich begegnet?«

»Herr Kommissar, ich komme mit vielen Menschen zusammen, nicht nur hier in diesem Haus.«

»Deshalb wende ich mich ja an Sie, Herr Gütlich: Kennen Sie dieses Mädchen?«

»Ich könnte mich notfalls auf meine Pflicht zur Diskretion berufen ...«

»Hier geht es um Totschlag, wahrscheinlich um Mord. Da gibt es keine Rücksichten. Das Mädchen besaß zu Lebzeiten ein Adressenheft, in dem notierte sie sich Telefonnummern. Und nun steht unter dem Buchstaben G auch Ihre Telefonnummer. Und ich frage Sie ohne Umschweife: Wie kommt Ihre private Telefonnummer in dieses Verzeichnis?«

»Wer weiß, in wie vielen Verzeichnissen, Heftchen, auf wieviel Zettelchen mein Anschluss vermerkt ist.«

»Sie haben sich schon seit Tagen, denke ich mal, seit Sie das Bild in der Zeitung gesehen haben, Ihre Gedanken gemacht. Das ist ein freundliches, markantes Mädchengesicht, das man nicht so leicht wieder vergisst. Also, Herr Gütlich, ich wiederhole: Antworten Sie mir ohne Umschweife.«

»Nun gut, Herr Kommissar, sie war einmal hier. Sie war nicht allein, sie war mit ein paar jungen Leuten zusammen. Sie tranken Cocktails an der Bar, schwatzten, lachten, kicherten. Ich weiß nicht, wieso sie hier hereingeraten waren. Vielleicht aus Zufall. Vielleicht sollte es auch eine Mutprobe sein: Mal das berüchtigte Rote Haus direkt erleben, mal ein bisschen Verdorbenheit schnuppern? Schließlich gab ich ihnen meine Karte: Wenn sie einmal persönliche Wünsche hätten, könnten sie sich gern an mich wenden.«

»Und: Hat sie sich einmal an Sie gewandt, hat sie persönliche Wünsche geäußert, und haben Sie sie an einen guten Freund weitergereicht, vermittelt?«

»Aber, Herr Kommissar, was soll das? So arbeiten wir nicht.«

Man muss nicht alle Wege, die sie gehen, beschreiben. Die Kriminalisten der Gruppe Setzepfand befragen, wie gesagt, Nachbarn, Verwandte, Bekannte, alles, was erreichbar ist, sie entdecken sogar ferne, ins Ausland verzogene Cousins, sie kennen schließlich die Familie in ihren Verzweigungen fast besser als die sich selbst. Sie kommen manchem auch mit immer neuen Fragen. Guido Jahn allein hat ihnen am Ende wohl wenigstens siebenmal Rede und Antwort zu stehen. Doch wie gesagt: Was anfangs so leicht und selbstverständlich, so naheliegend scheint, lässt sich nicht beweisen. Der Täter kommt offenbar wirklich nicht aus einem engen, dem Opfer nahestehenden Personenkreis.

Da machen sie sich schließlich doch daran, die Adressen aus Ulrike Kändlers Telefonheft systematisch abzuarbeiten, nicht bloß sporadisch. Eigentümlich ist es doch schon, dass das junge Mädchen sich so viele Zahlenfolgen notiert hat (oder tun das viele?), meist nur Anschlüsse und Vornamen, selten die vollständigen Adressen. Wie viele Anschlüsse sind erst in den letzten Wochen dazugekommen, seit Ulrike Kändler ihr eigenes Telefon besaß? Das wird sich wohl nicht mehr feststellen lassen, das aber: Wie oft hat sie in dieser Zeit telefoniert, wie hoch ist ihre erste Telefonrechnung? (Sie hat fleißig ringsum telefoniert, ergibt sich, eine Auflistung von fast hundert Mark für die Neubesitzerin.) Und mit wem?

Ausgerechnet Hauptkommissar Jülich ist es in diesen Tagen, der ausspricht, was sie längst vielfach selber gedacht haben: Und wenn diese Telefonnummern nun deshalb in dieses schmale, mit einem schwarzen Plasteumschlag eingebundene Heft geraten sind, weil sie eine ganz andere Art von Bekannten ausweisen? Wenn sich Ulrike Kändler zu Lebzeiten durch gewisse Freundlichkeiten gegenüber diesen Telefonanschlussbesitzern ihre bescheidenen Monatseinkommen aufgebessert hat? Wenn sie also eine gewisse Beziehung zur Rotlichtszene der Stadt und der Umgebung hatte, manche der Männer Kunden gewesen waren? Wie viele? Ulrike Kändler hat nicht üppig gelebt, aber auch nicht schlecht, sie war passabel eingerichtet, nicht nur, was ihre Möbel betraf, sondern auch zum Beispiel ihre Elektronik. Und ihr Konto weist nahezu regelmäßig Einzahlungen auf, verdächtige Summen, zweihundert, dreihundert Mark, wenn auch Bareinzahlungen von eigener Hand, aber das nicht nur einmal im Monat. Hat das etwas zu bedeuten, Eindeutiges? Der Gedanke bestimmt ihre Ermittlungen von da an über Wochen, eigentlich über Monate. Er bringt ganz neue Aufgaben und eine Kette von Fragen ins Spiel. Die neuerlichen Befragungen sind nicht unsensibel, sie führen auch in ein Milieu, das sich in der Stadt mehr und mehr auszubreiten scheint. Und doch: Wer ist als solcher Kunde aus der Liste der Telefonadressaten denkbar? Und wenn die Beziehungen zu Guido Jahn und Heiko Scholz solcher Eskapaden und Neigungen wegen zerbrochen sind? Was wissen die beiden von entsprechenden Aktivitäten ihrer einstigen Freundin?

Nach Wochen ausgiebiger Recherchen und intensiver Befragungen müssen sie begreifen: Auch diese Ermittlungsrichtung bleibt für sie ohne Erfolg, ohne überzeugendes Ergebnis, ohne irgend jemanden, der sich durch seine Antworten oder sein Verhalten auf Dauer hat verdächtig machen können. Es ist der absolute Wahnsinn. Da haben sie eine Tote, von einem getötet, der sie lachend in ihre Wohnung geleitete, und sie haben an die zweihundert konkrete Namen, Personen, die irgendeinen Kontakt zu ihr hatten. Da muss doch einer von ihnen derjenige sein, nach dem sie suchen, der brutale Täter, der sie würgte, liegen ließ, das Zimmer danach säuberte und doch etliches übersah. Was haben sie falsch gemacht, was übersehen, dass sie ihn nicht stellen, ihn nicht verhaften können?

Was hat er, Oberkommissar Setzepfand, nicht gesehen, was falsch gemacht?

Natürlich, es hat Setzepfand bewegt, als nach dem plötzlichen Einfall seines Vorgesetzten Jülich alle auf diese Rotlichtstrecke gesetzt haben. Hat er ihr Scheitern vielleicht sogar mit einer Art innerer Genugtuung erlebt? Wohl kaum. Es ist ja wieder einmal vor allem sein Scheitern, er hat den Hut auf, er trägt die Verantwortung. Ist es da unverständlich, dass er sich bei der nächsten Aktion als der wesentliche Impulsgeber sieht? Jedenfalls: Wenn er sich nicht mit Intensität für diese Tests eingesetzt hätte, man hätte die Sache wohl nicht durchgeführt, sich nicht für sie entschieden. Oder?

Man hat Speicheltests, Untersuchungen auf Gleichheiten der genetischen Voraussetzungen, massenhafte DNA-Tests mittlerweile in Dutzenden von Ländern vorgenommen, vielfach auch im eigenen Bundesland, nicht nur, um Vaterschaftsnachweise mit ans Phantastische grenzender Sicherheit durchzuführen. Nun bittet man also auch in dieser Stadt die möglicherweise betroffenen Herren zum Test, zur – wie sich vielfach herausstellt – totalen Überwindung ihrer selbst. Sie als potentielle Mörder? Nein! Vor allem einige Herren Doktoren, angesehene Ärzte, winden und wehren sich, dazu nicht wenige Gaststätteneigner und Jungunternehmer. Guido Jahn und Heiko Scholz erscheinen sofort, sich das notwendige Sekret abnehmen zu lassen (ihre Werte stimmen auch absolut nicht mit den möglichen Täterwerten überein), aber der Doktor zum Beispiel wehrt sich wie andere, in ihrem Selbstwertgefühl Getroffene. Da zieht sich die Aktion über Wochen hin. Zuführungen sind notwendig, Verwarngelder.

Und das Ende?

Keine der untersuchten rund zweihundert Personen kommt für die Tat in Frage, bei keiner stimmen die festgestellten Werte mit den Werten des vermutlichen Täters überein, mit jenen Spuren und Proben, die am Tatort gesichert worden sind. Das bedeutet: Drei Monate intensiver Ermittlungsarbeit haben bisher kein weiterführendes, kein entscheidendes Ergebnis erbracht.

Ohne Umschweife: Ihr Ergebnis ist gleich Null.

»Wir haben nur die Feststellung: Der Täter, der Ulrike Kändler in der Nacht zum dritten August aus welchen Gründen auch immer tötete, war kein ihr länger Bekannter, erhat offensichtlich nur kurzzeitig Kontakt zu ihr besessen. Möglicherweise müssen wir deshalb auf den Zufall hoffen, der uns den Täter präsentiert.«

Der das feststellt, ist Hauptkommissar Jülich, der inzwischen auch diesen Fall wieder voll im Blick hat, wenngleich: Sein vermutlicher Doppelmörder hat noch immer nicht gestanden.

Soll sich der Tod der jungen Ulrike Kändler als perfektes Verbrechen erweisen, soll der Täter alles getan haben, unauffällig, unentdeckt zu bleiben? Soll er ohne Strafe davonkommen?

Ein junger Mann in Schwarz

1

Klaus-Werner Schreiber, Mitte Zwanzig, nach der Fachschule im ersten Dienst, hat sein Büro in einer ruhigen SeitenStraße unterhalb der beiden Marktplätze der Stadt. Vor einem Jahr sind hier täglich Hunderte von Bussen und LKWs am Tag vorübergefahren, den mühsamen Umweg unter Linden, an städtischen Hinterfronten entlang suchend, wenigstens sechs Wochen lang, wegen der Bauarbeiten am großen Ring. Klaus-Werner Schreiber hat danach die Löcher und Wellen im Kleinpflaster mit Wehmut betrachtet und die Ruhe und gewisse Abgelegenheit seiner Dienststelle nur um so mehr zu schätzen gewusst.

Schreibers Büro ist klein – eine Art modernes Minimuseum. Wie man sich gegen Gewalt schützen, gegen Einbrüche und Überfälle wehren kann, wird hier an Beispieltafeln anschaulich demonstriert. Auch sind unterschiedlichste Arten von Sicherheitsvorkehrungen ausgestellt, billige und teure, feste und superfeste Türen, Schlösser, Waffen zur Selbstverteidigung. Selten einmal, dass sich Besucher hierher verirren; man denkt deshalb daran, das Büro in eine belebtere zentrale Gegend umzusiedeln. Wenn zum Beispiel die Schulklassen aus der Stadt nicht wären, die man an gewissen Projekttagen einladen konnte, sie hätten hier zu dritt eine ziemlich einsame, geradezu paradiesische Beschäftigung. Dabei, die Jungs unterschiedlichsten Alters, die bei ihnen aufkreuzen, interessieren sich im wesentlichen sowieso bloß für die Waffen. Ob sie bei denen mit ihren zahllosen Aufklärungsschriften abschreckend, vorbeugend wirken können? Klaus-Werner Schreiber hat – ehrlich – manchmal seine Zweifel an der breiten Ausstrahlung ihrer Beratungsstelle, glaubt nicht an große, messbare Erfolge.

Da hat er an einem der ersten Dezembertage dieses Jahres eine Begegnung, die ihn noch lange Zeit beschäftigen wird.

Ein junger Mann vor den breiten Schaufenstern des Büros hat ihn an diesem Vormittag schon mehrfach aufblicken lassen. Während sonst jeder gleichgültig oder in Eile bloß vorüberläuft, bleibt der junge Mann ausgerechnet vor ihren Fenstern stehen, mustert die Plakate und Ausstellungsstücke hinter den Scheiben, die Broschüren, liest sich daran sogar fest. Irgendwann scheint er verschwunden, der Bekannte oder die Freundin, auf die er ausgerechnet hier gewartet hat, ist wohl gekommen. Aber dann steht er doch wieder vor den Glasfronten, liest erneut, schiebt auch eine Hand vor die Stirn, um zwischen den Plakatflächen besser ins Innere des Büros blicken zu können. Und schließlich drückt er auf den Klingelknopf und kommt herein.

Er ist ein paar Jahre jünger als Schreiber und, wie der empfindet, ziemlich ungewöhnlich und merkwürdig gekleidet: durchgehend schwarz, schwarze Hose, schwarzer Rollkragenpullover, die Jacke schwarz, mit Kragenaufschlägen versehen, die an eine Uniform erinnern, zugleich aber auch an die Kleidung eines Pfarrers. Dazu sind die Haare des jungen Burschen schwarz, von Natur aus, und sehr kurz geschnitten. Der junge Mann trägt einen kleinen Koffer bei sich und eine Ledertasche, natürlich beide auch schwarz.

»Kann ich Ihnen helfen?« fragt Schreiber, mustert seinen Gast immer noch auffällig. Ein Wessi, denkt er, so wie der zieht sich hierzulande keiner an. Oder doch schon? »Aber nehmen Sie doch Platz.«

Der andere geht auf das Angebot ein, rückt den Stahlrohrsessel näher an den Schreibtisch Klaus-Werner Schreibers heran, setzt Tasche und Koffer ab, setzt sich selber, umständlich und betulich, wie Schreiber meint.

Dann sagt er: »Ich habe ein Problem, nein, genauer: Ein guter Freund von mir, ein sehr guter Freund hat ein Problem. Und ich habe ihm versprochen, dass ich ihm helfe. Deshalb hätte ich gern eine Rechtsauskunft. Dafür sind Sie doch zuständig?«

»Ich will Ihnen gern helfen, wenn ich kann. Doch Rechtsauskünfte geben wir im Prinzip nicht. Da müssen Sie schon zum Gericht gehen oder zu einem Rechtsanwalt.«

»Aber ich habe mich telefonisch erkundigt, und da bin ich gerade an Sie verwiesen worden.«

Sie drucksen beide in bisschen herum. Der eine hat Hemmungen, locker von sich zu sprechen, und dem wenig erfahrenen Schreiber fällt es schwer, den anderen zielgerichtet zu bewegen, von dem zu erzählen, was ihn beschäftigt. Schließlich ist es der junge Mann mit der schwarzen uniformähnlichen Jacke, der deutlich wird. »Mein Freund ist in eine unangenehme Sache verwickelt, er hat eine, wie Sie das vielleicht nennen, schlimme Straftat begangen, und ich will versuchen, ihn zu unterstützen. Was würde zum Beispiel geschehen, wenn er sich freiwillig stellt? Wir sind uns beide da nicht über das notwendige Vorgehen klar.«

»Eine schlimme Straftat? Handelt es sich um Raub, eine Messerstecherei? Oder etwas anderes? Ist die Sache hier in unserer Stadt passiert?«

»Ich kann meinen Freund nicht anzeigen, ihn nicht verraten. Ich möchte, wie ich sagte, lediglich eine Rechtsauskunft. Aber soviel kann ich erklären: Es geht wirklich um mehr, um viel mehr.«

»Ist etwa ein Mensch zu Tode gekommen? Ist Ihr Freund dabei gewesen und hat es nicht verhindert?«

»Was hätte mein Freund in solchem Falle als Strafe zu erwarten? Zum Beispiel: Gibt es Einzelunterbringung in der Haft? Ist so etwas möglich? Das sind Fragen, die meinen Freund sehr beschäftigen.«

Sie sitzen vielleicht eine halbe Stunde zusammen. Nur der Fremde raucht, Schreiber nicht. Ihm ist der Zigarettenrauch unangenehm. Sie reden nicht sehr zügig, eher umständlich miteinander. Einmal gibt Klaus-Werner Schreiber dem anderen ein Telefonbuch, die Branchenzusammenstellung, die Gelben Seiten. Da kann er sich doch einen Anwalt heraussuchen. Der Freund, wenn ihm so was Schlimmes widerfahren ist, wird sowieso einen brauchen.

Der junge schwarz gekleidete Mann ruft tatsächlich an, der Name gefällt ihm, Rechtsanwalt Kleinmichel, Außerdem wohnt er am Boulevard, da kennt der junge Mann sich aus. Doch die Sekretärin am anderen Ende der Leitung vertröstet ihn: Er kann frühestens am Nachmittag vorsprechen, der Rechtsanwalt ist bei Gericht.

Als der schwarz gekleidete junge Mann nach einer halben Stunde schließlich geht, erschrickt Klaus-Werner Schreiber im nachhinein, während er eine knappe Protokollnotiz über das Gespräch zu schreiben beginnt: Und wenn sein Besucher von eben etwas mit Mord und Totschlag zu tun hat, vielleicht sogar mit dieser Krankenschwester, deren Mörder sie seit Monaten erfolglos suchen? Ein paarmal hat er daran gedacht, einmal seinen Gast sogar direkt danach befragen wollen. Hat er sich eigentlich den Ausweis des anderen zeigen lassen? Nein. Er hat sich nur den Namen aufgeschrieben, ihm den geglaubt, weil der andere ihn auch der Rechtsanwaltssekretärin am Boulevard genannt hat. Und wenn der Kerl gar keinen Freund hat, für den er sich hier angeblich nach möglichen Haftbedingungen erkundigen wollte, wenn er selber ein Täter ist, wenn er in ureigenster Sache hier vorgesprochen hat? Schießen Schneider alle diese Gedanken tatsächlich jetzt durch den Kopf, oder interpretiert er sie erst viel später in seine Situation hinein?

Jedenfalls ruft er schließlich ziemlich betroffen in der Polizeidirektion an, lässt sich mit dem Fachkommissariat Leben und Gewalt verbinden, erzählt von seinem Besucher. Dann schließt er sein Büro ab, wie ihm angewiesen wird, läuft hinüber zum Präsidium, zur Zentrale. Er hat dem anderen ja zuletzt empfohlen, auch dort vorzusprechen. Vielleicht ist noch etwas zu retten.

2

Es war, wird Hauptkommissar Jülich später nicht selten erzählen, natürlich ein riesiger, kaum begreiflicher Schock für uns alle: Da lässt so ein junger, unerfahrener Bursche einen Kerl laufen, der möglicherweise in den aufwendigsten Fall verwickelt ist, mit dem wir in den letzten Jahren zu tun hatten.

Aber es geht ja, Gott sei Dank, noch alles gut. Jülich schickt nach diesem Anruf aus der Kripo-Beratungsstelle sofort ein Dutzend Männer los, sie sollen in der Innenstadt ausschwärmen, doch der schwarz gekleidete junge Mann bereitet ihnen keine Probleme. Er steht tatsächlich vorm Haupteingang ihrer Direktion, unterhält sich gerade mit einem Bettler und folgt ohne weiteres der ersten Aufforderung, mit ins Präsidium zu kommen. Das sei seine Absicht ohnehin gewesen, erklärt er den ihn befragenden Beamten, die gerade in die Stadt losstürmen wollen.

Hauptkommissar Jülich befiehlt sofort, den jungen Mann zu ihm heraufzubringen. Wenn er schon nicht als erster am Tatort gewesen ist vor einem Vierteljahr, diesmal will er sich den ersten Eindruck nicht entgehen lassen.

Komm rüber, ruft er Setzepfand an, ich kriege Besuch. Lass dich überraschen.

So empfangen sie ihn zu zweit, der höflich nickend durch die Tür tritt, sie mit gesenktem Blick, von unten herauf mustert, Tasche und Koffer etwas umständlich abstellt, selber genau und deutlich gemustert wird: seine eigentümliche Erscheinung, dieser junge Mann ganz in Schwarz.

»Entschuldigen Sie, Herr Jonker, dass wir Sie zu uns heraufgebeten haben. Rainer Jonker, das ist doch Ihr Name?«

»Meine Eltern haben sich zwar scheiden lassen, ich musste bei der Mutter wohnen, aber ich habe immer den Namen meines Vaters behalten.«

»Sie kommen nicht aus unserer Gegend. Ihre Sprache verrät es.«

»Ich bin ziemlich nahe an der Küste aufgewachsen. Hier in der Stadt wohne ich seit einem knappen halben Jahr.«

»Sie haben hier Arbeit gefunden?«

»Ja, zunächst bei einer Tierschutzorganisation. Mit der hätte ich längst weiterziehen müssen, wie ein Nomade. Aber bei dem Buchclub, zu dem ich dann wechselte, kann ich in der Stadt bleiben.«

Jülich und Setzepfand staunen beide. Der junge Mann wirkt nicht ängstlich, im Gegenteil, er tritt ziemlich selbstbewusst und sicher auf, und seine Sprache holpert nicht wie die der meisten Kunden, mit denen sie nun mal zu tun haben, sie kommt flüssig, geradezu elegant daher. Rainer Jonker antwortet auf ihre Fragen auch ausführlicher als nötig.

Trotzdem – sie sind erst einmal nicht an Jonkers Lebensumständen interessiert, vielleicht später.

»Herr Jonker, man hat uns mitgeteilt, dass Sie wegen eines schweren Vergehens in einer unserer Dienststellen vorgesprochen haben und dass es Ihnen dabei um Ihren Freund geht. Wie heißt Ihr Freund, und um was für eine Tat handelt es sich? Könnten Sie uns das etwas genauer erläutern?«

Der junge Mann in Schwarz schlägt die Beine übereinander, nimmt einen kräftigen Zug aus seiner Zigarette, saugt den Rauch tief in seine Lunge.

»Ich habe heute vormittag schon einmal gesagt: Ich will Hilfe und Rat für meinen Freund, aber ich will ihn nicht verraten. Nur soviel: Er wohnt auch hier in der Stadt.«

»Herr Jonker, Kriminaloberkommissar Setzepfand und ich gehören zu einer Abteilung unserer Polizei, deren Aufgabe es ist, alle in der Stadt vorgefallenen schweren Straftaten aufzuklären. Sie werden verstehen, dass wir uns da keine Gelegenheit entgehen lassen dürfen, dass wir dem geringsten Hinweis nachspüren müssen.«

»Das verstehe ich schon. Ja.«

»Darum frage ich Sie noch einmal: Wie heißt Ihr Freund, und was bewegt ihn?«

»Ich werde seinen Namen nicht preisgeben. Ich bleibe dabei.«

»Herr Jonker, unsere Mitarbeiter sind einigermaßen aufeinander eingespielt. Glauben Sie mir: Es würde uns wenig Mühe bereiten, in ein paar Stunden schon ein halbes Dutzend Ihrer Bekannten aufzulisten. Wir haben Ihre Adresse, Ihre Arbeitsstelle, wir werden ein Dutzend Leute befragen. Wie viele werden da sagen: Gute Freunde von Herrn Jonker, das sind der und der? Sie könnten uns da einige Anstrengungen ersparen.«

»Sie drohen mir doch nicht, nein? Außerdem kennen Sie meine Haltung.«

»Etwas anderes, Herr Jonker. Bei diesem Vergehen, von dem Sie wissen, worum handelt es sich da? Um eine schwere Schlägerei, waren Waffen, etwa Messer, im Spiel? Ist jemand zu Tode gekommen oder schwer verletzt? Ist die Tat in unserer Stadt geschehen und wann? Vor kurzem erst, oder liegt sie zurück, vielleicht zwei, drei Monate schon?«

Sie sitzen, trinken Kaffee, schenken ihrem Gegenüber nach, der vor allem raucht, sich eine Zigarette fast an der anderen ansteckt. »Bitte sehr«, sagen sie, soll er doch rauchen. Wenn es ihm hilft. Sie glauben zu spüren, wie der junge Mann trotz allem äußeren Gehabe allmählich seine Sicherheit verliert. Vielleicht hat er ein allgemeines Geplauder erwartet, ein lockeres Wortgeplänkel, nicht diese direkten Fragen, mit denen sie ihm nun kommen? Er redet zwar noch selbstbewusst, antwortet ihnen gelegentlich sogar ein bisschen ruppig, aber er kann ihnen nicht mehr in die Augen sehen. Er blickt seitwärts an ihnen vorbei, manchmal wie durch sie hindurch. Oder irren sie sich?

Sie haben sich nicht abgesprochen – wann denn? –, aber sie ahnen es beide, sie wissen es eigentlich von Anfang an: Es gibt keinen Freund, dessen Angelegenheiten hier verhandelt werden, es gibt nur Rainer Jonker, um ihn geht es. Wann er wohl klein beigibt, es ihnen gesteht? Und welche Tat hier in Andeutungen zur Debatte steht? Sie zittern, fiebern innerlich, seit Jonker einmal erklärt hat: Es geht um ein deutlich zurückliegendes Geschehen. »Drei Wochen zurück oder drei Monate?« haben sie gefragt. Da hat er gesagt: »Eher drei Monate.«

Sie lassen die Aschenbecher leeren, anstelle von Kaffee Mineralwasser kommen. Sie reden über Gott und die Welt, schweifen scheinbar ab, sprechen von Ehrlichkeit, Mut und Jonkers Arbeitsumständen, vom Alltag in der Stadt. Der Kriminalhauptkommissar führt das Gespräch, doch Herbert Setzepfand greift ein, präzisiert manche Fragen. Gewiss wird alles an Jülich hängenbleiben, der endliche Erfolg, aber sei's drum. Sie sind ein aufeinander abgestimmtes Team, und es gibt kein perfektes, unlösbares Verbrechen. Mindestens in diesem Fall nicht mehr.

Nach knapp anderthalb Stunden erklärt Rainer Jonker: Nein, es existiert tatsächlich kein Freund, der ihn um Hilfe gebeten hat. Weshalb soll er irgendeinen Namen erfinden? Ihn selber betrifft es. Ein Mädchen ist unter seinen Händen gestorben, Ulrike Kändler. Es hatte nie sein sollen, es war eine unglückliche Verkettung von Umständen.

3

»Ich will nun alles erzählen, in der Reihenfolge, wie es geschehen ist. Ich habe Ulrike Kändlers Tod auf dem Gewissen. Erst war es eine Rangelei, dann lag plötzlich die Schnur um ihren Hals, und ich zog. Ich weiß nicht, warum ich mich so vergessen konnte.

Ich hatte an jenem Augusttag angeordnet, unseren Werbestand vorm Bahnhof aufzustellen, an der Unterführung neben der Reihe der wartenden Taxen. Ich erhoffte mir davon für unsere Tierschutzorganisation noch stärkeren Zuspruch, was offensichtlich auch der Fall war. Am Nachmittaggegen sechzehn Uhr lief ein blondes Mädchen an unseren Aufstellern vorüber, ziemlich unschlüssig, wie ich fand. Sie geriet bald noch einmal in unsere Nähe. Da sprach ich sie an. Sie hätte ihre S-Bahn verpasst, erklärte sie gleich, und hätte so ein bisschen Zeit. Warum sollte sie sich da nicht für unsere Arbeit interessieren. Ich zeigte ihr ein paar unserer Prospekte, erklärte ihr das Anliegen von Noah 2000. Ob sie sich nicht auch gegen viele dieser unsinnigen Tierversuche empöre, fragte ich sie und reichte ihr ein Antragsformular. Sie könne schnell bei uns Mitglied werden, eine Unterschrift genüge. Sie lachte. Sie ließe sich so schnell nicht für etwas begeistern, sagte sie, das müsse ihr schon gründlich und überzeugend erklärt werden. Gern, erwiderte ich, gern würde ich ihr noch Beispiele nennen, auch erläutern, was wir an Erfolgen schon erreicht hatten. Bis in ihre Wohnung würde ich ihr nachlaufen, wenn's drauf ankäme, wenn sie ihre Unterschrift auf unser Anmeldeformular setzen wollte. Am liebsten noch heute, ja? lachte sie. So gab ein Wort das andere, wir lachten beide ein bisschen dabei und nahmen erst einmal nicht ganz ernst, was wir sagten. Aber am Ende hatte ich Ulrike Kändlers Adresse und ihre Zustimmung, mich sogar von der S-Bahn-Station abzuholen, noch am selben Abend. Inzwischen musste sie sich jedoch beeilen, dass ihr nicht noch eine weitere Bahn davonfuhr. Sie erzählte etwas von Möbeln, die ihr Großvater an diesem Tag für sie entgegengenommen hatte. Die wollte sie sich nun endlich selber ansehen.

Zum üblichen Arbeitsschluss räumten wir unseren Stand zusammen und fuhren in unsere Unterkunft. Ich duschte noch, ass zu Abend, dann lief ich durch die Stadt zur nächsten S-Bahn-Haltestelle und blieb in der Bahn sitzen bis zur Endhaltestelle im Norden. Es war nun mittlerweile neun Uhr am Abend, genau der vereinbarte Zeitpunkt, und Ulrike Kändler wartete tatsächlich an der Straße mit ihrem Fahrrad. ›Hei‹, sagte ich, ›das klappt ja‹, und sie meinte: ›Versprochen ist versprochen.‹ Wir brauchten ungefähr fünfzehn Minuten bis zu ihrem Haus. Sie schob das Rad, ich ging nebenher. Wir sprachen über den kleinen Vorort vor uns, in dem sie wohnte, über die möglichen Verkehrsverbindungen und über ihre Arbeit. Da erfuhr ich, sie arbeitete in einer Klinik. Das alles war auch später noch unser Thema, als wir in ihrem Wohnzimmer zusammensaßen, ein bisschen tranken, nichts Alkoholisches. Aber es ging auch um die neuen Ledermöbel, die sie super fand, und vor allem um den Tierschutz. Schließlich redeten wir über das, was junge Leute so interessiert: über Musik, neue Bands und wo man in der Stadt gut ausgehen konnte.

Gegen zwölf erschrak ich: Wie die Zeit vergangen war. Ich fragte nach den letzten Verbindungen Richtung Hauptbahnhof. Da lachte sie. Ich sollte dableiben, ich könnte doch bei ihr übernachten. Es mache ihr Spaß, mit mir zu quatschen, sagte sie.

Vielleicht hatte sie es auch auf anderes abgesehen. Später war ich davon fest überzeugt. Aber ich wollte nicht. Meine Freundin war zwar verreist, doch ich fühlte mich ihr fest verbunden und hatte nicht vor, sie zu betrügen. ›Ich ruf mir ein Taxi‹, sagte ich schließlich, griff nach dem Telefon und wählte. Da drängte sie mich zur Seite, riss mich an der Jacke, ich bekam wohl einen überraschenden Stoß, so dass ich mit dem Telefon und dem Kabel in der Luft hantierte. Und plötzlich lag dieses Kabel um ihren Hals.

Ich kann nicht sagen, warum ich zugezogen habe. War es Wut, Zorn, weil sie mich einfach nicht weggehen lassen wollte? Jedenfalls steigerte ich mich plötzlich in meine Aggression, vergaß alles ringsum, griff schließlich sogar mit meinen Händen nach ihrer Kehle. Ich habe so etwas an mir noch nie festgestellt: so einen Rausch, dass ich mich so vergessen konnte, so eine Eskalation.

Als alles vorbei war, sass ich erschrocken auf der Couch: Was hatte ich getan. Ich sah auf das Mädchen am Boden. Ich rauchte, als ich mich nach Minuten gefangen hatte, schließlich eine Zigarette.

Nein, ich hatte an diesem Abend keinen Alkohol getrunken, ich hatte auch keine Drogen eingenommen. Ich überlegte, dann versuchte ich, die vorhandenen Spuren zu verwischen. Ich machte sauber, wusch das benutzte Geschirr ab und stellte es im Schrank unter. Weil mir bewusst wurde, dass ich kaum Geld in der Tasche hatte für ein Taxi, sah ich mich in der Wohnung um: in den Schränken, in einer Blechkassette, aber ich fand nichts, nur Kleingeld, nicht einmal ein Markstück.

Ich verließ dann die Wohnung, wartete auf einer Bank in S-Bahn-Nähe über drei Stunden. Ich dachte nach, natürlich dachte ich nach. Vier Uhr oder vier Uhr dreißig fuhr ich dann zum Hauptbahnhof, lief in meine Unterkunft. Ich erschien am Morgen pünktlich zehn Uhr zu meiner Arbeit.

Ich bedaure alles, was geschehen ist. Ich wollte, ich könnte es ungeschehen machen. Das Bewusstsein, es getan zu haben, quält mich jeden Tag. Deshalb habe ich Ihnen das alles aus freien Stücken erzählt.«

4

Sie haben ihn sprechen lassen, ihn kaum durch Fragen unterbrochen. Möglich, er hat sich, was und wie er's ihnen dargestellt hat, schon ein paarmal vorher zurechtgelegt. Was bewirken da Unterbrechungen? Nun aber drängt es sie nachzuhaken, Einzelheiten gründlicher nachzugehen. Kann man Rainer Jonkers Schilderung der Tatabläufe überhaupt glauben?

»Sie haben Ulrike Kändler wirklich erst am Nachmittag ihres Todestages kennengelernt?«

»Ich hatte sie bis zu dieser Begegnung an unserem Werbestand tatsächlich noch nie gesehen. Aber sie war zugänglich, nett, hatte ein hübsches Gesicht, und man konnte sich gut mit ihr unterhalten, da ging ich das Abenteuer ein, sie noch am selben Abend in ihrer Wohnung zu besuchen.«

»Abenteuer, sagen Sie. Sind Sie solchen Abenteuern gegenüber sehr aufgeschlossen?«

»Wie meinen Sie das?«

»Sie verstehen mich schon, Herr Jonker. Sie hinterlassen nicht den Eindruck, zögerlich zu sein. Vielleicht schließen Sie rasch Bekanntschaften, vor allem mit jungen Mädchen? Vielleicht hat Sie das gar nicht überrascht, dass Ihnen da jemand anbot, sich noch am selben Abend mit Ihnen zu Hause auf die neue Couch zu setzen? Vielleicht sind Sie mit sehr eindeutigen Hoffnungen zur Endstation der S-Bahn und zu Ulrike Kändler gefahren?«

»Ein schnelles Abenteuer im Vorübergehen«, fügt Herbert Setzepand hinzu, »warum sollten Sie's nicht mitnehmen? Aber

dann wehrte sich das Mädchen, rief ein Taxi an, um Sie loszuwerden, und Sie wurden grob ...«

»Es ist schlimm genug, dass es geschehen ist. Aber so, wie Sie
es mir unterstellen wollen, war es nicht.«

»Nicht?«

»Ich bin wohl ein Typ, der Eindruck bei Mädchen hinterlässt.
Ich habe keine Schwierigkeiten mit meinen Kontakten. Aber ich
fühle mich verlobt, bin jedenfalls gebunden. Das wurde mir an
jenem Abend mehr und mehr bewusst. Worauf lässt du dich
hier bloß ein, dachte ich, und als dann das Angebot kam, zu
bleiben und zu übernachten, fiel es mir wie Schuppen von den
Augen. Sie wollte nicht bloß über Tierschutz reden, sie wollte
ganz anderes. Sie. Da habe ich – ich! – ein Taxi anzurufen versucht. Und dann habe ich mich gewehrt.«

»Sie sind kräftig, Sie hätten doch bloß aufzustehen und zu
sagen brauchen: ›Ich gehe jetzt, Mädchen. Was du dir vorstellst,
ist nicht.‹ Die zarte, untersetzte Ulrike Kändler hätte Sie nie
wirklich ernsthaft zurückhalten können.«

»Es ging um diesen Anruf, dieses Taxi. Wie wollte ich weg-
kommen, in die Stadt zurück gelangen?«

»Sie besitzen ein Handy. Hatten Sie es nicht bei sich?«

»Doch, schon. Aber der Akku war fast aufgebraucht.«

»Sie haben es auch später in dieser Nacht nicht benutzt?«

»Nein. Ich wartete, bis die erste S-Bahn kam.«

»Sie warteten drei Stunden. Warum beorderten Sie nun kein
Taxi dorthin? Sie hatten doch zuvor eins bestellen wollen. Und
soviel Geld hatten Sie doch gewiss bei sich in der Tasche. Sie werden nicht ganz mittellos zu Ihrem Rendezvous gefahren sein.«

»Ich wollte keine Spuren hinterlassen. Niemand sollte ange-
ben können, dass ich mich in dieser Gegend aufgehalten hatte.
Auch kein Taxifahrer.«

»Noch einmal: Wer hat eigentlich in dieser Wohnung zu telefonieren versucht?«

»Ich sagte es schon mehrfach: Ich. Und Fräulein Kändler
wollte mir den Hörer entreissen, da ist ihr die Schnur unglück-
lich um den Hals gefallen. Eben bei dieser Rangelei.«

»Sie haben eine Taxizentrale angerufen. Haben Sie alle Ziffern
durchwählen können? Bis zum Ende?«

»Ja.«

Das konnte stimmen. Als sie an Ulrike Kändlers Telefon die
Wahlwiederholungstaste gedrückt hatten, war die vollständige
Taxi-Rufnummer erschienen. Doch warum wollte das Setzepfand jetzt mit solcher Ausdauer wissen? Natürlich: Wenn sie
nachweisen konnten, dass das Mädchen das Taxi angerufen hatte, um ihn loszuwerden, zerbrach vielleicht sein ganzes Lügen-
gebäude. Aber es war wohl aussichtslos, ihn zu solcher Aussage
zu bewegen.

»Als Fräulein Kändler schließlich die Kabelschlinge um den
Hals liegen hatte, Sie die Enden zusammenzogen, wo befanden
Sie sich da?«

»Anfangs noch auf der Couch, später lagen wir am Boden.«

»Sie unter Ihnen?«

»Ja.«

»Und wie lange haben Sie gezogen?«

»Fünfzehn Minuten, zwanzig? Ich weiß es nicht.«

»Sie haben Ihr Opfer auch mit den Händen gedrosselt. Davor
oder danach?«

»Danach.«

»Warum? Warum, Herr Jonker? – Sie schweigen. Ich frage
trotzdem noch einmal: Warum?«

Er schweigt noch immer.

»Sie haben, ehe Sie die Wohnung verließen, das Geschirr
abgewaschen und saubergemacht. Sie haben auch einen
Aschenbecher gründlich gesäubert. Wieso?«

»Wegen der Fingerspuren von mir.«

»Nicht auch wegen des Blutes?«

»Das auch.«

»Das heißt: Sie haben mit diesem Aschenbecher auf den Kopf Ihres Opfers eingeschlagen. Wann?«

»Nach allem. Zuletzt.«

»Sie haben Ihr Opfer richtig tot wissen wollen?«

Da kann Rainer Jonker bloß nicken.

»Sie haben eine schwarze Tasche hierher zu uns mitgebracht.«

»Meinen kleinen Koffer.«

»Können Sie uns zeigen, was er enthält?«

»Ich habe damit gerechnet, dass Sie mich dabehalten. Nach meinem Geständnis, meine ich. Ich habe deshalb das Wichtigste, was mir gehört, mitgenommen.«

Als sie hineinsehen, Setzepfand die wenigen Kleidungsstükke nacheinander hochhebt, eine Hose, einen Pullover, Unterwäsche, zwei Hemden, sind sie überrascht. Das ist die wichtigste Habe eines Kolonnenführers?

5

»Er lügt. Er hat das Mädchen, das ihn so schnell zu sich einlud, als leichte Beute gesehen. Vielleicht sind ihm öfter solche schnellen Erfolge in den Schoss gefallen. Aber als sie sich wehrte, ist er explodiert.«

»Ich seh's genauso. Doch weis ihm das nach. Er ist der einzige Zeuge vom Tatort. Er hat sich keine ungeschickte Strategie ausgedacht.«

»Wirf die Flinte nicht zu früh ins Korn, Herbert. Auch solchen Burschen sind wir schon gründlich auf die Spur gekommen.«

»Warum er sich wohl von selbst gestellt hat? Begreifst du's? Ist's tatsächlich nur das Gewissen, das in ihm rumort, der Druck, mit dem er nicht mehr allein fertig werden kann?«

»Wir werden es herausfinden.«

»Da haben wir nun den Täter, gewissermaßen in letzter Minute, als wir schon gar nicht mehr daran glaubten. Und was ergibt sich daraus? Arbeit, neue Arbeit.«

»Wir müssen Jonkers Bekannte finden, die Leute von diesem Tierschutz vernehmen. Am besten, wir fangen heute noch an. Und wir müssen die alten Protokolle noch einmal durchgehen.«

Sie blicken sich an. Sie lächeln unvermittelt beide. Auch von ihnen ist erst einmal erheblicher Druck abgefallen.

Am nächsten Tag kommen die Zeitungen mit großen Schlagzeilen heraus, auch mit einem Foto, das Rainer Jonker zeigt, einen dunkelhaarigen, melancholisch dreinblickenden jungen Mann mit buschigen Augenbrauen: DER KABELMÖRDER STELLT SICH SELBST!

Acht neue Zeugen unter vielen:

Torsten Kleinlenz, 37

»Wir werben für den Tierschutz, wir nennen uns Noah 2000, nach diesem Noah, na, Sie wissen schon, die alte Geschichte aus der Bibel. Ich habe meist zehn, zwölf Leute draußen, manchmal noch mehr, gleichzeitig in verschiedenen Städten, Torgau, Leipzig, Wittenberg, da kann ich mich nicht um jeden einzelnen kümmern. Manche von meinen Burschen – es sind meist sehr junge, dynamische Kerle – sehe ich wochenlang nicht. Sie müssen ja alle selbständig arbeiten, danach regelt sich auch ihr Verdienst. Erst die Prämien bringen es, fünfzehnhundert Mark Provision im Monat, für die Werbung neuer Mitglieder für unsere Organisation, die sind schon drin. Die Burschen müssen übrigens morgens zehn Uhr vor Ort sein, Stände aufbauen, Material auslegen, Plakate, und dann geht es los: werben, werben, werben, Leute ansprechen, für uns gewinnen. Arbeitszeit ist jeweils bis achtzehn Uhr. Das sind unsere Bedingungen.

Herr Jonker war ein knappes halbes Jahr mit mir unterwegs, Aachen, Neuss, Oldenburg, Würzburg. Hat er wohl alles mitgemacht. Wir arbeiten lieber in den alten Bundesländern, da haben wir mehr Erfolg. Dort ist mehr Geld unter den Leuten. Herr Jonker erwies sich als fleißig, redegewandt. Die Mädchen standen auf ihn, er ist ein Frauentyp. Die Stände, an denen er arbeitete, waren von Mädchen oft geradezu umlagert. Er wollte selber auch am liebsten mit Mädchen arbeiten, er brauchte sie, sie steigerten sein Selbstwertgefühl. Mehr kann ich Ihnen wirklich nicht sagen. Beim besten Willen nicht.

Nun ja, vielleicht das noch: Er gab wohl mehr Geld aus, als er verdiente, ich habe ihm selber ein paarmal einen Schein geborgt, er war schnell in finanziellen Schwierigkeiten. Einmal, wir arbeiteten wohl gerade in Braunschweig, blieb er tagelang weg. Er war in Rostock gewesen, Versicherungen verkaufen, erzählte er später großtönend, eine tolle Gelegenheit. Aber ich wusste, er spann wieder mal rum. ›Warum bist du nicht dort geblieben?‹ fragte ich ihn. Ich war mir ja sicher, er hatte nichts Besseres als uns.

Ich kann Ihnen wirklich nicht viel über Rainer Jonker erzählen, Herr Kommissar. Ich lebte im Hotel, die Burschen schliefen in einer billigen Pension. Und was abends ablief, war jedermanns Privatsache. Da musste keiner Rechenschaft geben. Nun gut, zwei-, dreimal kam Jonker morgens nicht zur Arbeit. Der hat wieder 'ne Neue aufgerissen, sagten seine Kumpels, der ist wieder über Land. Über Land, so nannten sie das wohl. Manchmal hatte er's auch mit zwei, drei Mädchen gleichzeitig. Mich hat's nicht interessiert. Nur einmal, wohl in Neuss, kriegte eine seiner Freundinnen raus, dass er noch eine andere hatte, da gab es Zoff am Stand, Gekreische. ›So nicht‹, sagte ich da, schlug auf den Tisch. ›Noch einmal so ein Gedöns, und zwei Minuten später sind wir geschiedene Leute‹, knallhart. Ich bin wirklich knallhart in solcher Situation. Aber Jonker hat sich dran gehalten.

Nein, auf mehr als zwofünf im Monat ist der nie gekommen.«

Ralf Koczian, 32

»Nun weiß ich, wieso Herr Jonker über Nacht nicht mehr zur Arbeit erschienen ist: Sie haben ihn in Verwahrung genommen.

Herr Jonker war bei uns seit Mitte September tätig, er machte sofort einen guten Eindruck auf mich, so habe ich ihn rasch als Gruppenführer eingesetzt. Wir werben Abonnenten für einen Buchclub, verkaufen Bücher billig. Auch bei uns wird die Höhe des monatlichen Einkommens vor allem durch die Provisionen bestimmt. Drei- bis viertausend Mark brutto im Monat, auf die konnte Herr Jonker durchaus kommen. Davon wurden dann die notwendigen Auslagen abgezogen, zum Beispiel die Miete, dreihundert Mark, das hing davon ab, wie hoch die Belegung in einem Zimmer war.

Wenn Sie mir hier Bilder vorlegen, dann muss ich erklären: Ja, ich kann mich an diese junge Frau erinnern. Herr Jonker ging mit ihr einen Kaffee trinken, und als er zurückkam, sagte er: ›Heute abend habe ich ein Date.‹ Er hatte oft ein Date. Er sagte manchmal: ›Diese junge Frau ist gut im Bett, da fahre ich wieder hin.‹ Ja, ich bin sicher, dieser Ausdruck ist öfter gefallen.

Herr Jonker hatte ein lockeres Verhältnis zu Frauen, man kann es nicht anders sagen. Er hätte manchmal drei, vier in einer Nacht haben können, und er ist oft auf ihre Angebote eingegangen. Er kam ja mitunter sogar mit ihren Namen durcheinander. Ob es jeweils mehr als ein Flirt war? Ich will mal sagen: Wenn's geklappt hat, nahm er mit, was sich bot. Kann schon sein, dass er die Zuneigung der Mädchen ausgenutzt hat, wenn er mal knapp bei Kasse war.

Nein, ich kann nicht sagen, dass Herr Jonker grundsätzliche finanzielle Probleme hatte. Nun gut, wenn ihm mal das Kleingeld für ein Taxi fehlte, habe ich ihm ausgeholfen, und anfangs, beim Eintritt in unsere Firma, zahlte ich ihm einen Vorschuss. Da war ihm sein bisheriger Arbeitgeber, diese Arche, das letzte Gehalt noch schuldig geblieben. Irgendwann war auch die Rede von einem Autoschaden, wohl eine Alkoholfahrt, noch während seiner früheren Arbeit, fünfzehntausend Mark im Eimer. Aber daran war wohl eine Freundin schuld, die trug das dann auch, glücklicherweise.

Dabei hätte es auch Herrn Jonker treffen können. Er trank gewöhnlich viel, nicht am Stand, da herrscht strenges Alkoholverbot, aber danach und besonders an den Wochenenden. Herr Jonker kann unter Alkohol rasch ausrasten, sich grob streiten, geradezu aggressiv werden, nicht gegenüber Mitarbeitern, wohl aber bei Fremden. ›Den putz ich weg, den mach ich nieder‹, habe ich ihn drohen hören. Er schlägt dann eben auch zu. Einmal war er mit blutig verschmierter Kleidung von einer solchen Auseinandersetzung zurückgekommen. Ich habe das nicht selber gesehen, er hat das nur in meiner Gegenwart erzählt. Er musste jedenfalls am andern Tag die Kleidung wechseln. Herr Jonker kam sonst immer im Anzug.

Besonders in den letzten Wochen hat Herr Jonker dann noch mehr getrunken. Aber das hing wohl mit dem Tod seiner Schwester zusammen. Die war in seiner früheren Heimat nach kurzem Krankenhausaufenthalt verstorben.

Noch etwas ist mir in diesen letzten Wochen aufgefallen: Wenn sich jetzt Polizei unserer Geschäftspassage näherte, verschwand Herr Jonker regelmäßig. Er verzog sich zum Beispiel auf die Toilette. Ich habe ihn freilich darauf nicht angesprochen. Es ist mir nur deutlich aufgefallen.«

Sabine Sommer, 27

»Ich bin für diesen Buchclub freiberuflich tätig, ich habe mit Herrn Jonker unmittelbar bis zu seiner Haft zusammengearbeitet. Ich war total überrascht, als es hieß: Rainer hat sich zu dieser Bluttat bekannt. ›Aber der doch nicht‹, sagte ich, ›was redet ihr. Das kann nie wahr sein, das ist eine Verleumdung.‹

Herr Jonker, als der bei uns anfing, hat er gleich gute Stimmung in unser Team gebracht, uns aufgeweckt, er war allezeit ein fröhlicher Typ. Ich habe nie bemerkt, dass er schlechter Laune war, auch in letzter Zeit nicht. Freilich, er war immer ein bisschen klamm, was das Geld betraf, meine ich. Seine Freundin unterstützte ihn, gab ihm Taschengeld, am Anfang erhielt er von unserem Chef tausend Mark Vorschuss. Doch wenn er wieder flüssig war, gab er's leichthin aus. Einmal, als ich mit meiner Familie innerhalb der Stadt umzog, schenkte er mir sogar Geld. Nicht viel, aber ein bisschen ungewöhnlich war das schon.

Damals erzählte er: Er hat ziemlich wohlhabende Eltern an der Nordseeküste. Sie wohnen in einer riesigen Villa, sind an zwei komfortablen Hotelketten beteiligt. ›Wenn das so ist, musst du doch keine solchen Kopfstände machen und jeden Tag arbeiten gehen‹, lachte ich. ›Ich will nicht von ihnen abhängig sein‹, erwiderte er da. ›Ich will was Eigenes auf die Beine stellen.‹

Wir waren etliche Male gemeinsam essen, was trinken, mein Mann und ich, dazu Herr Jonker und seine Freundin. Seine Freundin ist dieses Mädchen mit dem griechischen Namen. Ich konnte mich hervorragend mit ihr verständigen. Sie musste sich einiges von ihm gefallen lassen.

Am Anfang hat Rainer jeden Abend ein anderes Mädchen abgeschleppt, es kam deshalb auch zum Streit mit seiner Freundin Lisa, als die plötzlich eines Tags wieder auftauchte. Er ist an dem Abend mit einer Rapsgelben aus dem Restaurant davongezogen. ›Aus Rache‹, erklärte er am nächsten Tag. Ich kann nicht sagen, was dem vorausgegangen war.

Nein, ich habe nie eine Beziehung zu Herrn Jonker gehabt, kein Verhältnis, unterstellen Sie mir das nicht. Ich bin verheiratet. Rainer und ich, wir waren lediglich befreundet.

Was mir sonst noch an Merkwürdigem, Auffälligem in Erinnerung ist? Einmal fehlten in unserer Kasse tausend Mark. Exakt tausend Mark. Herr Jonker besaß den Schlüssel für die Kasse und den fürs gesamte Geschäft. War der Verlust ein Rechenfehler, ein Versehen? Aber es fehlte wohl wirklich Bargeld. Wer dafür verantwortlich war, wer vielleicht das Geld tatsächlich nahm, ist nie geklärt worden. Ich weiß auch nicht, ob eine Anzeige erfolgt ist.

Ja, Herr Jonker telefonierte immer mit einem Handy. Ich habe nie bemerkt, dass er mehrere besaß, sie wechselte.«

Jana Kettler, 24

»Rainer Jonker hab'ch im Sommer vergangenes Jahr kennengelernt, nein, dies Jahr. Bei dieser Tierschutztruppe war der damals, Noah 2000 nannten die sich, als ob sie Heilige wärn. Die hatten ihr Wohnheim in der WasserStraße, da suchte ich selber 'ne Bleibe, was zum Unterkriechen. Dort sind wir uns begegnet. Ja, wir hatten was miteinander, kurzzeitig. Ich blieb drei Wochen in der WasserStraße, dann sagte ich mir: Das war's, Jana, sieh zu, dass du davonkommst, und ich ging wieder zurück in meine eigene Wohnung. Ja, zu meinem Mann. Heim is heim, denk ich manchmal.

Später besuchte er mich noch gelegentlich. Und am 18. August sitzen wir, grillen, da meldet er sich auf einmal per Telefon und gratuliert mir, tatsächlich. Zum Geburtstag. Na, ich war schon ein bisschen hei und gleich gerührt. ›Komm her‹, sag ich, ›feire mit, du kennst doch meinen Mann, der hat bestimmt nischt dagegen.‹

Als Rainer kam, sahen wir alle gleich die Wunde an der Stirn, die war noch ganz frisch, kein bisschen verschorft, und er zeigte uns sogar die Blutspritzer auf der Hose. ›Kommst wohl grade vom Hahnenkampf‹, lachte mein Mann. Und ich sagte: ›Setz dich, Rainer, Junge, trink was auf den Schreck.‹ Nein, das war wirklich am 18. August, nicht früher, nicht später. Am 18., da haben wir gegrillt, und er zeigte die Blutflecke auf dem Stoff. An dem Abend gab's ja noch Zoff, Geschrei. Aber mein Mann hat's unterbunden, dass nicht noch mal 'ne Klopperei daraus wurde. Rainerle, der feine Herr, der Junker, Herr Jonker. Jedesmal kam er im Anzug. Der Frauenheld. Im Sommer, die paar Wochen dort in der WasserStraße, haben wir auch viel gequasselt. Er hört sich ja gerne reden, vor allem über sein Verhältnis zu den Frauen. ›Frauen sind für mich Gebrauchsgegenstände‹, hat er gesagt, ich hab kein Wort von dem Satz vergessen, ›und ich will jeden Tag wenigstens eine.‹ Und er zeigte mir seine Kalender, zwei hatte er, voll beschrieben mit Verabredungen, Namen, dass sie nicht jedesmal alle auf eine Seite passten. Wie ich's gesagt hab: Nach drei Wochen hatte ich die Gusche voll, da war ich manche Nacht schon wieder allein geblieben.

Später erklärte er mal, er hätte nun eine feste Freundin, Ella, Elli oder Lisa, jedenfalls eine Ausländerin, Studentin in Leipzig. Sie ist mir nie über den Weg gelaufen. Sie war gerade zu ihren Eltern in Urlaub gefahren, nach Italien oder nach Spanien, und er war solo. ›Ich telefoniere jeden Tag mit ihr‹, sagte er, stolz wie ein Hahn. ›Hast du dich doch mal ernsthaft verknallt, hat's dich etwa erwischt?‹ fragte ich ihn. Ich war inzwischen so was wie 'ne Beichtmutter für ihn. Er wurde regelrecht rot zwischen den Ohren. ›Aber bis sie zurück ist, tobe ich mich noch mal richtig aus‹, sagte er dann und war jede Nacht unterwegs.

›Mit wenigstens vierzig Frauen habe ich mit meinen zwanzig Jahren schon Sex gehabt‹, erklärte er ein andermal. ›Und zu Hause wartet ein Kind auf mich.‹«

Elisabeth Angelos, 22

»Ich lebe seit vielen Jahren in Deutschland, ich bin hier geboren. Ich spreche vielleicht besser deutsch als griechisch. Manche staunen, wenn ich ihnen meinen griechischen Familiennamen sage. Du bist wirklich eine Ausländerin? fragen sie. Ein Mädchen so weit aus dem Süden? Nun gut, deine dunklen Haare, deine tiefbraunen Augen. Aber laufen heutzutage nicht viele mit schwarz gelocktem Haar herum oder mit hundert schmalen Afrikanerzöpfen? Ja, wenn ich meinen Namen nicht nenne, nur mit den Leuten spreche, ich könnte ganz selbstverständlich für eine Deutsche gelten.

Seit einem Jahr wohne ich in dieser Stadt. Das Leben ist hier billiger als anderwärts, das Studium freundlicher. Ich will Lehrerin werden, ich weiß noch nicht wo. Am 3. Juli wollte ich zu meinen Eltern fliegen, Urlaub, in die Heimat, das Semester war zu Ende. Ich lief zum Bahnhof, ich hatte noch Zeit, bis der Bus zum Flughafen fuhr, ich konnte auch einen späteren nehmen. Ich sah mich ziellos ein bisschen um, da sprach mich plötzlich ein junger Mann an. Ob ich Tiere mochte, vielleicht zu Haus ein Tier hätte, ob ich nicht spürte, wie Menschen oft wenig Rücksicht auf Tiere nähmen, sie quälten. Er bat mich zu sich an einen Stand, er zeigte mir Bilder, Broschüren. Er gehörte zu einer Gruppe, die für den Tierschutz warb. Ich fand sein Anliegen lobenswert, ihn selber auf Anhieb ziemlich sympathisch. Ich ließ mich gern von ihm zu einem Kaffee einladen. Schließlich tauschten wir sogar unsere Telefonnummern aus.

Ich hatte trotz allem zu Hause ganz anderes im Kopf als ihn: Ich genoss jeden Tag das Wiedersehen mit der Heimat, den Eltern, die wieder in Griechenland leben, weit weg von den Touristenstädten. Da klingelte das Telefon, und er rief an. Er rief am ersten Tag an und am zweiten, er rief jeden Tag an. Wir sprachen über Belangloses und Wichtiges, wir kannten uns ja nicht. Er erzählte von seiner Familie und von seiner Arbeit, von Begegnungen mit Leuten. Er fragte mich nach meinen Eltern und meinen Tagesabläufen, meinem Land. Ich war schließlich fast süchtig nach seinen Anrufen. Ich vermied, aus dem Haus zu gehen, Verwandten- oder Bekanntenbesuche zu machen, wenn er einen Anruf angekündigt hatte. Und er war pünktlich. Als ich nach drei Wochen zurückflog, erwartete er mich am Flughafen. Er hätte einen Nachmittag freigenommen von der Arbeit für seine Aktion, sagte er, er brachte mir eine einzelne blassrote Rose mit. Ich war eigentlich da schon wie von Sinnen. Mir war solche Zuneigung noch nie widerfahren. Ich hatte viele Bekannte in der Stadt, nicht nur unter den Studenten, aber ich war eigentlich doch oft allein. Wenn ich es wollte, nun nicht mehr? Ich schickte das Taxi weg, ich ließ es zu, dass er gleich den ersten Abend bei mir blieb.

Ja, ich liebte ihn. So ein Gefühl war das wohl. Mit zweiundzwanzig hat man Sehnsucht nach was Totalem. Nun sehe ich vieles anders, mich selber sehr kritisch.

Ich glaube an das Gute im Menschen. Ich kann leicht verzeihen, den anderen verstehen. Er hat das wohl rasch bemerkt. Er hat mich in seine Wohnung in der WasserStraße eingeladen, dort hauste er mit einem Kollegen seiner Firma, ziemlich simpel. ›Such dir andere Arbeit‹, habe ich manchmal zu ihm gesagt, ›eine andere Wohnung, wie oft redest du voller Zweifel von deinen Leuten.‹ Ich bin da öfter ein und ausgegangen, habe dort auch übernachtet. ›Das sind nicht die richtigen Leute für dich, such dir eine andere, eine vernünftigere Arbeit‹, habe ich gesagt. Er fühlte sich selber auch immer unwohler in diesem Zimmer. Als es ernst wurde mit der Trennung, zog er zu mir, übergangsweise.

Er hat mir manche schlimme Geschichte erzählt. Zum Beispiel: Er war verlobt, aber die Verlobte hat ihn betrogen. Am schlimmsten jedoch war die Geschichte mit seiner Schwester.

Sie war krebskrank, schon seit Jahren, nun würde es ganz ernst, sagte er. Er telefonierte mit ihr, wie er zuvor mit mir in Griechenland telefoniert hatte, jeden Tag. Als sie starb, war er total fertig.

Ich sehe das nun auch aus dem Abstand: Er wollte offensichtlich bemitleidet werden. Immer sollte ihm etwas widerfahren, sollte ihn ein schlimmes Schicksal treffen, dass man ihn nur ja bedauerte.«

Katja Reichardt, 21

»Ich glaubte Rainer Jonker am Ende kaum noch etwas. Dass seine Eltern ihr Geld in irgendwelche Hotelketten gesteckt hatten? Meine Güte. Vielleicht hatten sie eine halb zerfallene Klitsche geerbt, die sie sich noch dazu mit drei, vier Geschwistern teilen mussten. Vielleicht stimmte auch das nicht mal. Und diese Geschichte von der Schwester, die an Leukämie starb?

Einmal hat mir Rainer Jonker von einer Exfreundin erzählt. Er will sie geliebt haben wie niemanden sonst. Sie ist die Mutter seines Kindes. Dieses Kind hat er jedenfalls, das ist vielleicht das einzige, was an seinen Märchen stimmt. Aber dass sie ihn betrogen hat, ihn zusammenschlug, dass er ihretwegen ins Krankenhaus gebracht werden musste?

Rainer lebt in einer Scheinwelt, er macht sich was vor. Er spinnt sich Dinge zusammen, um anzugeben, Eindruck zu schinden. Schlimmer noch: Er glaubt selber an vieles, was er sich vormacht, weil er sich seine Schwächen nicht eingestehen kann. Weil diese Verlobte oder Fast-Verlobte ihn betrog, beschimpfte, verriet, will er keine festen Beziehungen zu Frauen mehr, nur noch sexuelle Befriedigung? Und wenn er einfach niemanden gern haben kann? Oder wenn's eine Freundin mit so einem wie ihm nie lange aushält?

Ja, es gab ein Verhältnis zwischen mir und Rainer Jonker. Wir arbeiteten ja für dieselbe Kette. Es fing damit an, dass ich merkte, er war finanziell abgebrannt. Er konnte nicht zu seinem Kind fahren. Da habe ich ihm das Geld dafür gegeben.

Weiß der Teufel, frage ich mich heute, was er damit angefangen hat.

Ja, es tut mir weh, immer noch, dass aus uns nichts geworden ist. Aber ich bin froh, dass ich Schluss gemacht habe. Rainer ist kein starker Mensch, er lebt gern auf Kosten anderer. Es geht ihm nur um sein Vergnügen. Er hat mir seine zwei Dienstplaner gezeigt, die beiden Terminkalender: die Fülle der Namen und Verabredungen. Alles Angabe. Er möchte viel Frauen haben. Ob's ihm tatsächlich gelingt? Wenigstens kann er keine halten.

Als er im Suff diesen Unfall hatte, zusammen mit einer Freundin, als sie sich hinterher stritten, rannte er danach in den Puff, seinen Frust abzureagieren. Sie staunen? Hat Ihnen das noch kein Zeuge gesagt?«

Cornelia Pfister, 22

»Rainer war manchmal albern, geradezu kindisch, verspielt. Einmal wurde er zudringlich, hat mir Gummis in den Ausschnitt geschnipst. Da gab's ein paar Ohrfeigen. Aber hinterher war alles vergessen. Das heißt: Er zog seine Jacke aus, warf sie in eine Ecke, sagte: ›Ich geh jetzt, ihr seht mich in diesem Leben nicht wieder.‹ Aber eine halbe Stunde drauf war er wieder da. Auch andere versuchte er zu necken, vor allem weibliche Mitarbeiter. Er versuchte sie in die Schulter oder in die Wade zu beißen. Er war eben ein verrückter, aufgekratzter Typ. Dabei konnten ihn alle gut leiden.

Ich vor allem. Ich verdankte ihm ja meinen Job bei diesem Club. Ich war in meinem Laden quasi rausgeschmissen. Ich hab zuvor als Verkäuferin in einer Boutique mein Geld verdient, da brachte er's tatsächlich fertig, mich beim Club unterzubringen. Ja, er hat ein paarmal versucht, mich anzumachen, wir arbeiteten ja nun nebeneinander. Er hat mich eingeladen, zum Essen, zur Disko. Ich habe abgelehnt. Er war nicht sauer. Zumindest hat er es mir nicht gezeigt.

Dass er gern trank, das weiß ich. Kurz vor seiner Verhaftung war Streit im Laden. Eine Freundin von ihm war da, Elli, die kannten wir mittlerweile alle. Sie weinte. Warum? Auch Rainer war erregt. Er trank ein paar Schluckflaschen, mischte den Schnaps mit Cola. Er wusste mit Sicherheit, er riskierte seinen Rauswurf. Bei uns herrscht striktes Alkoholverbot an den Ständen. Aber er setzte sich darüber hinweg. Danach war er tagelang aufgeregt, zerfahren.

Er erzählte: Er kam aus der Gegend von Hamburg, hatte früher beim Tierschutz gearbeitet. Seine Eltern waren reich, stinkreich, Hotelbesitzer, aber er hatte sich mit ihnen überworfen. Seine Schwester hielt's trotzdem bei ihnen aus. Einmal zeigte er mir ein Foto: eine Frau mit Baby. ›Traust du's mir nicht zu?‹ fragte er. ›Das ist wirklich und wahrhaftig mein Kind. Kannst du glauben. Du kannst nach Leipzig fahren, die Mutter besuchen.‹

Ein paar Wochen vor Rainers Verhaftung gab es dann diese zwei Unfälle. Rainer hatte sich einen Leihwagen gemietet, mit Elli als Beifahrerin die Ölwanne kaputtgefahren. Das Wochenende drauf mietete sie das Auto, einen grünen Golf, wenigstens lief alles auf ihren Namen. Aber Rainer ist ihn wieder gefahren. In der Nacht hat's ihn aus der Kurve getragen, und er ist frontal gegen einen Baum geknallt. Aber Elli hat wohl alles übernommen.

Er hat oft angegeben, weshalb ich ihm auch die Sache mit dem eigenen Kind nicht abkaufe. Er trinkt nur Whisky, hat er gesagt, die Flasche zu achtzig Mark. Und er kann Handys besorgen, preiswert auftreiben. Einmal sollte ich für zwei davon vierzehnhundert Mark bezahlen. Da habe ich mich nur an den Kopf getippt. ›Ich kenne Handys, die kosten achtzehnhundert Mark‹, hat er schließlich erklärt, ›bloß ein einzelnes.‹ Ich habe mich jedenfalls nicht darauf eingelassen.

Nun, wo er verhaftet ist, fällt der Verdacht auch in anderen Sachen eindeutig auf ihn. Einmal verschwand eine Einkaufstasche bei uns vom Stand samt achthundertfünfzig Mark, ein andermal hatte jemand die ganze Tageskasse mitgehen heißen, rund tausend Mark waren drin. Es wurde nie geklärt. Nun sagen alle: Auch das ist Rainer gewesen.«

Zum zweiten Mal: Elisabeth Angelos

»Ich kann verstehen, dass Sie noch einmal mit mir sprechen müssen, dass es noch Fragen gibt. Nein, ich habe Rainers Familie nie kennengelernt. Einmal, ich hatte darauf gedrungen, wollten wir zusammen an die Nordsee fahren, aber in letzter Minute haben wir es sein lassen, die Fahrkarten zurückgegeben. Das heißt, gekauft hatte ich sie, er gab sie zurück, behielt auch das Geld.

In Geldschwierigkeiten steckte er ja immer. Was da so erzählt wird, was er selber erzählt hat, wieviel er verdient hat mit allen Provisionen, wieviel andere verdienen an den Ständen – es ist nur Augenwischerei, Angabe. Drei-, viertausend Mark hat Rainer nie im Monat gebracht, vielleicht gerade mal die Hälfte. Aber wenn er dann Geld besaß, hat er maßlos damit um sich geworfen. Wir sind ausgegangen, weggefahren, er spendierte Sekt, sogar Champagner. Er muss offenbar geheime Geldquellen besessen haben. Anfangs habe ich ernsthaft geglaubt, seine Eltern steckten ihm reichlich zu. Dann erfuhr ich irgendwie, sie hatten sich von ihm losgesagt. Es hatte da schon einmal einen Unfall gegeben, Konflikte mit dem Gesetz. Jedenfalls, als es dann um den Unfallschaden mit dem Mietwagen ging, wer die Summe begleichen sollte, gab es keine reichen Eltern, hatten wir riesigen Streit. Nun bleibt alles wohl an mir hängen, ich habe den Wagen damals gemietet.

Ich kann noch heute nicht begreifen, warum er dieses Mädchen getötet hat, wieso er überhaupt zu diesem Mädchen gegangen ist. Aber ich hatte eben etliche Nebenbuhlerinnen. So sagt man wohl in Deutschland. Trotzdem: Wenn Sie mich fragen, ob ich ihm die Tat zutraue, dann würde ich jetzt noch sagen: Nein, nein, nein. Ihm fällt vieles in den Schoss, aber er kann keine Härte aufbringen, keinen festen Willen, etwas zu erreichen. Er lügt auch, macht sich viel vor. Aber einen anderen töten, ein Mädchen, so alt wie ich?

Ich muss vieles neu sehen, mich daran gewöhnen. Zu oft hat er mein Mitgefühl für sich haben wollen. Dabei: Seine Schwester ist nicht gestorben. Ich habe geweint, als ich das erfuhr. Mit wem hat er da bloß immer telefoniert, wem seine Trauer vorgespielt? Seine Eltern sind geschieden, haben keine Reichtümer, keine Hotelketten. Nie wäre er mit mir zu ihnen gefahren. Vielleicht hat er nicht einmal dieses Kind, das er auf dem Bild immer vorzeigt.

Ich glaube jetzt schon, er hat sich diese Geschäftskasse angeeignet und das Geld von den Mitarbeitern genommen. Auch hat er an heimlichem Handel verdient. Mit Handys zum Beispiel. Er hat mir ein paarmal einige gezeigt. Und er wollte der Polizei nicht in die Arme laufen. Wir sind in Seitenstraßen abgebogen, wenn wir sie kommen sahen. ›Die rollen die Sache mit dem Unfall noch einmal auf‹, sagte er.

Ja, er war in den letzten Wochen vor seiner Verhaftung manchmal unsicher, zerstreut, aufgeregt. Ich habe das auf die Schwierigkeiten in unserer Beziehung zurückgeführt. Wir spürten wohl beide, dass es mit uns zu Ende ging.

Nun fragen Sie mich, wo ich die Gründe dafür sehe, dass er sich freiwillig der Polizei gestellt hat? Wenn er nun endlich reinen Tisch machen wollte? So vieles war doch zusätzlich zusammengekommen: Unsere Beziehung zerbrach, diese neuen Unfälle, die Geldsorgen.

Einmal, ich erinnere mich, kabbelten wir uns, steigerten uns in einen ernsthaften Streit. Als ich anfing zu schreien, griff er mit der Hand nach meinem Hals. Als er's gewahr wurde, zog er die Hand jäh zurück. Es war wie ein Reflex, er war selber erschrocken und entschuldigte sich.

Ich habe mehrfach darüber nachgedacht, ob das hätte wieder passieren können. Nein, meine ich, nein, nie hätte er sich ernsthaft an mir vergriffen. Aber im Endeffekt hat das alles nichts mit der Tatsache zu tun, dass er sich gestellt hat.«

Katrin Wegner, 34

»Ich bin Mitarbeiterin der Jugendhilfe, Sie kennen mich. Ich habe versucht, Herrn Jonkers Vertrauen zu gewinnen. Ich habe auch die Akten früherer Jugendämter einsehen können, die mit ihm zu tun hatten.

Herr Jonker schloss nach der neunten Klasse die Hauptschule ab, mit gutem Zeugnis, er hätte weiterlernen können, aber er entschied sich für eine Berufsausbildung. Seine Eltern, geschieden, waren einfache Leute, die Mutter Hausfrau, und es fehlte immer an Geld. Der Vater konnte die Pfennige nicht zusammenhalten, er war kein Finanzmensch. Daran ging auch die Ehe kaputt. Dabei mochte der Junge den Vater, doch er musste mit der Mutter gehen, sie erhielt das Sorgerecht. Nun haben die Eltern wohl wieder neue Beziehungen, aber nur das. Keiner heiratete wieder.

Rainer Jonker lernte Wasserleitungsinstallateur, eine schmutzige, ungeliebte Arbeit. Er hat auch die Lehre nicht beendet. Seine Firma ging pleite. Gott sei Dank, dachte er da. Er hätte lieber anderes gelernt, Koch zum Beispiel, noch lieber wäre er irgendwohin in ein Büro gegangen.

Als Kind war er Einzelgänger. Es war kein Geld vorhanden, um Freunde einzuladen. Nun änderte sich das allmählich. Zwar war er ein halbes Jahr arbeitslos, aber dann kam eine Zeit in einer Druckerei als Buchbinder, danach im Gaststättengewerbe. Immer löste sich das Verhältnis vor Ende der Probezeit. Doch er fand Kumpel. Einer aus dem Versicherungsgewerbe wechselte schließlich zum Tierschutz, da ging er mit. Er hatte längst entdeckt, dass er reden konnte, auf andere Eindruck zu machen verstand.

Seine erste Freundin hatte er mit fünfzehn. Sie liefen ins Kino, hielten Händchen, mehr war kaum. Mit der nächsten wurde es intimer. Mit der dritten war er zwei Jahre zusammen, schließlich zog er zu ihr in die Wohnung. Mit ihr hat er eine Tochter, die kam Ende 96. Da wurde ihm das Verhältnis zu fest. Seine Freundin stand vorm Abitur und wollte die Schulausbildung nicht unterbrechen, dafür sollte er sich um die kleine Laura kümmern. Da verschwand er. Er hatte die Vaterschaft anerkannt, die monatliche Unterhaltszahlung wurde auf 240 Mark festgesetzt, aber er zahlte nur am Anfang. Er hat auch jetzt keinen Kontakt zu seiner Ex-Freundin mehr, erst recht nicht zu dem Kind. Nur über alte Bekannte hat er noch einmal etwas von ihm erfahren: Es gedeiht. Er gibt gelegentlich mit ihm an.

Herr Jonker erhielt früh Jugendstrafen. Er brach mit anderen in einen Tante-Emma-Laden ein, besorgte sich Alkohol.

Dafür musste er gemeinnützige Arbeit leisten, zwanzig Stunden lang Straßen kehren. Danach gab es eine Verurteilung für einen Kaufhausdiebstahl. Er hatte da nicht zum ersten Male Schuhe mitgehen lassen. Ein Jahr später wurde gegen ihn gleichzeitig Anklage wegen verschiedener Delikte erhoben: zehnfacher Diebstahl, Trunkenheit am Steuer, Fahren ohne Fahrerlaubnis, Benutzung eines fremden Kraftfahrzeugs. Der Diebstahl betraf immer dieselbe Person, die Ex-Freundin vor der Mutter seines Kindes. Außerdem täuschte er eine Straftat vor: Er wurde angeblich zu den Gelddiebstählen gezwungen, erpresst.

Er hatte zeitig schwere Auseinandersetzungen mit seiner Mutter, die nicht mit ihm fertig wurde. Sie stellte sogar den Antrag, ihn aus der Familie zu nehmen. So kam er in ein Kinderheim. Aber er hat sich in der Gemeinschaft dort nicht wohl gefühlt, er wurde rasch aus ihr ausgeschlossen und kehrte zur Mutter zurück. Mit seiner fünf Jahre älteren Schwester dagegen verstand er sich gut. Die lernte Verkäuferin und vermittelte oft. Nein, sie ist meines Wissens nicht verstorben. Sie kümmert sich noch jetzt um ihre anfällige Mutter.

Glücklich wurde Herr Jonker erst später in anderen Wohngemeinschaften: unterwegs auf Tour mit den Leuten, mit denen er zusammenarbeitete. Jeder hatte seine Schlafstelle, jeder konnte machen, was er wollte, ohne Verpflichtungen. Man trank Bier, lief in die Diskos, hatte schnelle Freundinnen.

Da reiste er nun also schon herum, lebte, wie er meinte, intensiv und voller Überraschungen. Er war ein erfolgreicher junger Mann in der Werbung, hatte seine Wirkung kennengelernt, besonders auf Frauen, er kannte seine rhetorischen Stärken.

Er verfügte plötzlich auch über Geld, viel mehr als je zuvor. Äusseres wurde ihm wichtig, Kleidung: auffallen, gesehen werden! Oder war das schon immer seine Sehnsucht? Er schämte sich nun seiner kläglichen Herkunft, erfand die Villa der Eltern, ihren Reichtum, ihre Beteiligung an Hotelketten, an denen er freilich nicht teilhaben wollte, aus Stolz. Er wollte eben allein hochkommen. Eines Tages eine Bar für gehobene Ansprüche sein eigen nennen, das war erst mal sein Ziel. Ein tolles Leben führen, viele Bekannte haben, nein, keine Freunde, keine tiefe Beziehung. Wenn irgendwo Probleme auftraten, ist er immer gegangen, hat sich abgewandt. Einzig für Fräulein Angelos hat er wohl tiefere Zuneigung empfunden. Sie ist ja auch attraktiv, mit ihr kann er Eindruck schinden. Ein Haus auf einem Hügel vorm Wald wollte er ihr eines Tages bieten.

Ja, Herr Jonker lebt in einer Scheinwelt. Er muss lernen, Verantwortung zu übernehmen, echte Aufgaben, er kann nicht etwas anfangen und dann davonlaufen. Vielleicht ist sein Geständnis der Anfang einer Umkehr.

Einige Freundinnen haben sich inzwischen gerührt, Forderungen an ihn gestellt. Er hat offenbar immer nur nahe, vertraute Leute bestohlen. Mittlerweile hat sich sogar sein Vater gemeldet, er will wohl die Sache mit dem Unfall regeln, die Kosten übernehmen. Ich weiß nicht, wovon. Aber Herr Jonker sucht keinen Kontakt zu seiner Familie. Seine Mutter ist seit längerem psychisch schwer krank. Er kümmert sich nicht darum.«

7

»Auf dem Tisch in der Wohnung der Toten haben wir eine einzelne Rose in einer Vase gefunden. Haben Sie die Fräulein Kändler mitgebracht?«

»Ja.«

»Sie haben das manchmal gemacht, mit einer einzelnen Blume Eindruck erweckt. Haben Sie die Rose bei einem fliegenden Händler gekauft, am Hauptbahnhof vielleicht?«

»Ich habe Sie aus einem Nachbargarten gepflückt. Kurz bevor wir Ulrikes Fahrrad im Keller verstauten.«

Kriminalhauptkommissar Jülich und Herbert Setzepfand lassen sich Rainer Jonker zu einer Reihe von Verhören vorführen. In welchem die Rose eine Rolle spielte? Jedenfalls nicht im ersten. Und wann redeten sie gründlich über Geld?

»Wir müssen noch einmal auf Ihre Einkünfte zurückkommen, Herr Jonker. Es gibt da sehr widersprüchliche Aussagen.«

»Bei Noah 2000 blieben mir nach allen Abzügen, Miete und Essen, vielleicht tausend Mark. Das war nicht viel für einen Kolonnenführer. Beim Buchclub fiel dann mehr ab.«

»Wieviel mehr?«

»Vielleicht fünfhundert im Monat.«

»Wofür haben Sie das Geld verbraucht?«

»Ich ging in Bars, Nachtclubs, ich musste für Mädchen bezahlen.«

»Ein aufwendiger Lebensstil. Einmal haben Sie gesagt, nach den Ereignissen in der Wohnung Ulrike Kändlers hätten Sie Ihr Leben radikal verändert, Sie wären abends nicht mehr in Gaststätten und Bars gelaufen. Diese Entscheidung war offensichtlich nicht von langer Dauer. – Haben Sie eigentlich noch Nebeneinkünfte, Herr Jonker? Da ist bei den Zeugen zum Beispiel mehrfach von einem Handel mit Handys die Rede.«

»Wer sagt Ihnen so etwas? Ich habe lediglich einmal ein Handy weiterverkauft, ohne Gewinn. Alle Versuche, in diesem Bereich zusätzlich Fuß zu fassen, erwiesen sich als enorme Belastung.«

»Und wie stehen Sie zu diesen Vorwürfen, sich heimlich aus den Kassen des Buchclubs oder Ihrer Kollegen bedient zu haben?«

»Das ist alles üble Verleumdung. Ich kenne diese Vermutungen, aber ich habe sie alle zurückweisen können.«

»Lassen wir das erst einmal dahingestellt. Drei Tage, bevor Sie bei uns vorsprachen, hatten Sie jedenfalls eine erhebliche Geldmenge in Ihrem Besitz, rund zweieinhalbtausend Mark.«

»Ich hatte endlich meine rückständige Provision von Noah 2000 bekommen, dazu einen Abschlag vom Club.«

»Und wofür haben Sie das ganze Geld verwendet? Als Sie das erste Mal vor uns saßen, hatten Sie kaum noch einen Pfennig, weder in Ihrem spärlich bestückten Koffer noch in Ihrer Brieftasche.«

»Ich hatte eingekauft, nicht auf die Mark gesehen.«

»Und ein Auto gemietet.«

»Das lief auf den Namen meiner Freundin, Elisabeth hat den Vertrag unterschrieben.«

»Aber Sie haben den Wagen zu Schrott gefahren, ziemlich betrunken. Nicht zum ersten Mal übrigens ist Ihnen das passiert. Haben Sie Ihren Führerschein eigentlich noch? Nun wird keine Versicherung einen Pfennig herausrücken. Wie haben Sie sich da die Regelung des Schadens gedacht?«

»Ich werde Elisabeth unterstützen, soweit ich kann.«

»Fräulein Angelos ist weiß Gott auch kein Krösus. Wie soll Sie das schaffen?« fragt Herbert Setzepfand. »Können Sie sich übrigens vorstellen, dass Ihr Vater Fräulein Angelos helfen will?«

»Vater? Ernsthaft? Ich habe ihn über ein Jahr lang nicht gesehen.«

»Sie haben angegeben«, fährt Kommissar Jülich danach fort, »immer mehr von Ihrem Gewissen gequält, zu Ihrem freiwilligen Geständnis gedrängt worden zu sein. Doch wie kann jemand, der angesichts seiner Tat mit einer langen Freiheitsstrafe rechnen muss, sich Tage zuvor noch für anderthalb oder zweitausend Mark mit neuen Klamotten eindecken? Nein, Herr Jonker, wir haben trotz vieler Einzelheiten, die Sie uns präsentieren, immer noch unsere großen Zweifel am grundsätzlichen Wahrheitsgehalt Ihrer Aussagen.«

So arbeiten sie Punkt für Punkt ihren umfangreichen Fragenkatalog ab, aber so gründlich sie auch vorgehen, in den entscheidenden Dingen gelingt ihnen kein Durchbruch. Starr verharrt Rainer Jonker bei seinen Aussagen: Sein Gewissen, die Tatsache, mit einem nicht eingestandenen Verbrechen nicht weiter leben zu können, haben ihn zu seinem Geständnis bewegt, nicht irgendeine hoffnungslose Lage, in die er geraten ist. Und vor allem: Er habe sich nicht mit falschen Erwartungen auf den Weg gemacht, als er an jenem Augustabend Ulrike Kändlers Wohnung aufsuchte. Er wollte mit ihr lediglich angenehm reden, quatschen, wie man in der Gegend hier nur allzugern sagte; er suchte keine schnelle

Nacht, kein rasches Erlebnis. Er hatte seine Freundin. Ulrike Kändler vielmehr war es, die mit ihrer Enttäuschung nicht zurechtkam.

»Sie berufen sich immer wieder auf die Treue zu Ihrer griechischen Freundin, Herr Jonker. Stimmt es, dass Sie nach dem ernsten Streit mit ihr, am Tag nach dem Autounfall, umgehend in ein Bordell der Stadt gestürmt sind?«

Aber auch dieser Einwurf macht Rainer Jonker nicht wankend.

8

Mitte Dezember, viereinhalb Monate nach der Tat, anderthalb Monate nach Rainer Jonkers Verhaftung, schließen die Kriminalisten ihre Ermittlungen ab. Soll der Staatsanwalt nun den Antrag stellen, das Verfahren zu eröffnen. Soll das Gericht über Rainer Jonkers Motive und die Schwere seiner Tat entscheiden.

Der, Jonker, macht sich freilich noch immer Illusionen. Er rechnet nach wie vor nur mit ein paar Jahren Haft für ein Geschehen, das für ihn eine Art Unfall war, eine Verkettung unglücklicher Umstände.

Das Urteil

1

Der Prozess gegen Rainer Jonker beginnt in den letzten Apriltagen des letzten Jahres im alten Jahrtausend. Er ist einer der letzten spektakulären Prozesse des ausgehenden Jahrhunderts nicht nur in der Stadt, nein, in der gesamten Region. Rainer Jonker wird angeklagt, einen Menschen vorsätzlich getötet zu haben, ohne Mörder zu sein. Er hat sein Opfer, die zweiundzwanzigjährige Lernschwester Ulrike Kändler, mit einer Kabelschnur gedrosselt, ihr mit einem Aschenbecher mehrere Schläge auf den Kopf versetzt und sie mit seinen Händen erwürgt.

Wird es in den sechs Wochen bis zum Urteilsspruch der Kammer irgendwelche Überraschungen geben? Die Presse hat reichlich vorinformiert.

»Ich bin bereit auszusagen«, erklärt Rainer Jonker auf eine der ersten Fragen des Gerichts an ihn, und er fügt hinzu: »Die vorgetragene Anklage stimmt in vollem Umfange.«

Vierzig, fünfzig Zuschauer – der kleine Saal ist nicht jeden Termintag derart voll besetzt wie am ersten –, Medienvertreter und Familienangehörige des Opfers, dazu Dutzende Neugierige haben von nun an Gelegenheit, den Angeklagten direkt zu erleben, ihn reden zu hören. Was verbirgt sich hinter dem weichen, fast hübschen Gesicht mit den dunklen melancholischen Augen und den buschigen Brauen, die an einen bayerischen Politiker erinnern? Alle im Saal kennen dieses vergrößerte Passfoto. Die Zeitungen haben es dutzendfach gedruckt, in mehrfacher Millionenauflage. Auch die Mutter der toten Ulrike sitzt im Saal, vorn auf der Bank der Nebenklage, dem Angeklagten direkt gegenüber, an jedem Termin wird sie anwesend sein wie ihr Mann und die meisten anderen Familienangehörigen in der ersten Zuschauerreihe. Wie kann man das auf sich nehmen, wie es ertragen? Kein Wort des Mörders soll ihnen entgehen, keine seiner Finten. Sie wollen ihn hart verurteilt sehen, sie können da vorn kein melancholisches, fast hübsches Gesicht entdecken, sie erblicken einen eiskalten Täter, der freilich auch jetzt noch erstaunlich emotionslos und nüchtern von dem seinerzeit Geschehenen berichtet.

»Als Sie Ulrike Kändler zu würgen begannen, wann war das?«
»Da lag sie schon vor mir auf dem Boden, rücklings.«

»Fräulein Kändler stand am nächsten Morgen ihr erster Einsatz im OP-Saal bevor, und sie wird als verantwortungsbewusst geschildert. Weshalb sollte sie sich da noch bis tief in die Nacht hinein mit Ihnen einlassen? Es fällt uns schwer, bei Ihrer Vorgeschichte die Ereignisse nicht völlig umgekehrt zu denken: Sie haben Erfahrung mit jungen Frauen, Sie haben Erfolg bei ihnen, offenbar ist Ihnen in der Vergangenheit da nichts schief gelaufen. Nun plötzlich wehrt sich jemand, verhält sich nicht so, wie Sie es erwarten. Und da rasten Sie aus.«

»Ja, ich habe einige Freundinnen gehabt, bin mit ihnen ausgegangen, aber ich neige nicht zum Ausflippen, ich bin kein Gewaltmensch. Ich begreife meine Eskalation selber nicht. Ich kann nur sagen: Ulrike wollte mit aller Macht, dass ich noch blieb. Da ist es geschehen. Es war alles ein unglückliches Zusammentreffen von Umständen. Ich habe das auch den Kriminalisten immer wieder gesagt.«

»Oder haben Sie von Ulrike Kändler Geld gefordert, und sie gab Ihnen keins?«

»Geld spielte wirklich keine Rolle. Danach habe ich erst später gesucht.«

»Also doch. Diese Suche ... Wie sollen wir uns die kühle Bedachtheit erklären, mit der Sie, nachdem Sie eine Zigarette geraucht hatten, die Wohnung durchsuchten, ans Spurenbeseitigen gingen? Sie haben übrigens nur einen Teil Ihrer Spuren verwischen können, wie später noch dargestellt werden wird. Wir haben sieben Zigarettenkippen gefunden, die Sie rauchten. In einem Mülleimer. Wir fanden Ihren Daumenabdruck an Ihrem Tatwerkzeug, dem Aschenbecher, und Ihre Hautpartikel am Hals und an den Armen Ihres Opfers.«

Es hat in jener Nacht keinerlei sexuelle Kontakte zwischen Täter und Opfer gegeben, der vorgefundene Zustand der Kleidung Ulrike Kändlers lieferte dafür nicht den geringsten Anhaltspunkt. Fällt es Jonker deshalb leicht, bei seiner Aussage stur zu verharren: Es hat seinerseits auch nie nur die Absicht einer solchen Annäherung bestanden, vielmehr löste Ulrike Kändlers eindeutiges Verhalten die Katastrophe aus.

Ulrike Kändlers eindeutiges Verhalten?

Nein, Rainer Jonker hinterlässt keinen günstigen Eindruck, weder beim Publikum, noch – offensichtlich – beim Gericht.

Nach seiner gründlichen Anhörung marschiert die lange Reihe der Zeugen auf. Da kommt Jonker wenig zu Wort. Die Hausbewohner und Nachbarn werden als erste befragt. Hat das Schreien des Opfers in der Tatnacht sie nicht zu Hilfeleistungen bewegt? Es war nicht eindeutig, und wer nimmt denn so etwas an? sagen sie. Sie haben die merkwürdigen Laute nach Mitternacht erst später gedeutet, sagen andere. Ein Schreien war weder beim Drosselvorgang noch später beim Würgen möglich, höchstens ein unterdrücktes Röcheln, wird übrigens später die Gerichtsärztin bekunden. Das Schreien, sagt sie, muss vorher erfolgt sein. Bevor Ulrike das Kabel plötzlich um den Hals lag, hat sie nie geschrien, erklärt da Rainer Jonker. So wird – wie bei vielen Prozessen – manche Einzelheit unbewiesen, mancher Widerspruch ungelöst bleiben.

Danach werden auch die Polizisten angehört, der junge Assistent Schreiber, dem Jonker als erster seine Probleme andeutete, später Kriminalhauptkommissar Jülich. »Ich kann nur sagen, dass der Angeklagte durchaus aussagewillig war im Rahmen seiner Aussagestrategie, dass er aber auch sehr selbstgerecht uns gegenüber auftrat. Vor allem bagatellisierte er die Vorfälle ständig. Sie waren ein Unfall, an denen er nicht allein Schuld trug.«

Oberkommissar Setzepfand wird nicht vernommen.

Und die Reihe der Mitarbeiter aus den Bereichen Tierschutz und Buchclub? Sie haben ihren Aussagen vor der Polizei nichts wesentlich Neues hinzuzufügen. Im Gegenteil. Manchem muss seine einst klare, unmittelbare Darstellung von Umständen und Zusammenhängen noch einmal vorgehalten werden.

Und wie viele wollen frühere Eindeutigkeiten und Urteile abschwächen? Rainer Jonker zeigt wenig Regung, als seine früheren Kollegen und Freunde über ihn urteilen, Episoden berichten; er blickt nur gelegentlich auf, die andern zu mustern. Das schafft er freilich keine Sekunde, als Elisabeth, seine griechische Freundin, von ihren Hoffnungen und tiefen Enttäuschungen spricht. Da hält er den Kopf reglos über seine verschlungenen Hände gesenkt, streift nur manchmal mit einer Hand über die andere – kaum sichtbare Gesten.

So sitzt er auch, als die Mediziner zu Wort kommen. Ulrike Kändler starb erst, sagt eine Ärztin, als Jonker sie mit bloßen Händen würgte. Zehn Minuten höchstens dauerte der Vorgang, eine längere Zeitspanne ist unvorstellbar. Dabei konnte Ulrike Kändler nicht mehr um Hilfe schreien. Auch den Schlag mit dem Aschenbecher erhielt sie vor dem Würgevorgang, höchstens zeitlich parallel mit ihm, die Blutung unter der Kopfhaut beweist es. Möglich, dieser Schlag hat sie bewusstlos und wehrlos gemacht. Und der zweite Arzt erklärt: Die Speichelreste in den Zigarettenresten und die fremden Partikel an der Haut der Toten, ausgewertet, besagen: Der Täter ist Rainer Jonker. Mit einer Sicherheit von eins zu zehn Millionen. So häufig, nein, so selten wiederholt sich die in den Proben vorgefundene genetische Konstellation.

»War die Tötung Ulrike Kändlers eine Tat im Affekt?« wird schließlich der gutachtende Psychiatrieprofessor gefragt. »Affekttäter erschrecken plötzlich über ihre eruptive Tat, wachen auf, kehren in die Wirklichkeit zurück, sie wollen das Geschehene ungeschehen machen, vielleicht den Getöteten ins Leben zurückrufen, sich selber töten. Nichts davon bei Rainer Jonker. Er kann sich an seine Tat von Anfang bis zu Ende erinnern, es gibt keine Amnesie, keine Gedächtnislücken, er beschreibt die Vorgänge ziemlich genau, nur kommen sie ihm endlos vor, und der Schlag mit dem Ascher wird unrichtig eingeordnet. Aber solche fehlende Bewusstseinstrübung ist ganz ungewöhnlich bei Taten im Affekt.

Herrn Jonkers Einsichtsfähigkeit war nicht eingeschränkt, seine Steuerungsfähigkeit nicht beeinträchtigt, wenngleich da letzte Zweifel bestehen. Aber es gibt vom psychiatrischen Gesichtspunkt keine Gründe, die Jugendgesetzgebung für das Urteil anzuwenden. Herr Jonker war fähig, Arbeitsgruppen zu führen, Entscheidungen zu treffen. Es gibt bei ihm auch kein Anzeichen für eine psychische Erkrankung, keine Hirnschädigung, keine einschränkende Sucht, erst recht keinen Schwachsinn.«

»Und wie sehen Sie das ungewöhnliche Nachtatverhalten des Angeklagten, vor allem den Umstand, dass er sich freiwillig gestellt hat?«

»Das passiert freilich nicht häufig. Herr Jonker hätte lange Zeit, vielleicht sein ganzes Leben lang unentdeckt bleiben können. Ulrike Kändlers Tod war das fast perfekte Verbrechen, es gab keinen Zeugen, der Täter hatte keine bekannte Beziehung zu seinem Opfer. Aber er war nicht zu diesem Mädchen gegangen, um es zu morden, er war in diese Situation hineingeraten. Und obgleich er so eiskalt Spuren beseitigt hat: Diese Kälte passt nicht zu seinem Charakter. Er hat in der Vergangenheit für viele Konflikte eine Erklärung gefunden. Er hat sich immer vor bedrückenden Emotionen abzuschotten vermocht. Wer solche seelischen Mechanismen in sich spürt, ist sicher vor Störungen, zum Beispiel, wenn man Frau und Kind verlässt. Das ist gewissermaßen ein Immunisierungsapparat der Seele. Aber nun war Herrn Jonkers Abwehrmechanismus offenbar doch überfordert. Er wurde reizbarer, suchte Ablenkung und zugleich Ruhe. Er reagierte panisch, er konnte sich nicht mehr kontrollieren. Alles kann aber auch so erklärt werden: Er empfand Reue.«

»Und sein Geltungsbedürfnis, sein Egoismus?«

»Das ist altersbedingt, dass man egoistisch handelt, noch ohne Verständnis für die sozialen Komponenten. So sehe ich auch die Flucht vor Freundin und Kind.«

»Also doch Unreife in der Entwicklung?«

2

Wie nach allen Ermittlungen und Gutachten urteilen?

»Wir haben nur die Tatdarstellung des Täters«, sagt die junge Staatsanwältin, »wir müssen ihr bei allen Zweifeln glauben, wir haben keinen anderen Zeugen. Wir können nicht sagen: Hier hat ein Täter seinen brutalen Willen einer jungen gutgläubigen Frau gegenüber rücksichtslos durchzusetzen versucht, wir können nur sagen: Hier geschah eine absolut unsinnige Tat. Der Angeklagte hätte die Wohnung so leicht verlassen können. Warum blieb er, warum entwickelte er eine so ungezügelte Gewalt, warum fing er plötzlich zu drosseln, zu würgen an, warum griff er nach dem Aschenbecher? Wir begreifen es nicht.

Der Angeklagte tötete nicht grausam, nicht heimtückisch, aber er ist des Totschlags schuldig; er tötete, ohne Mörder zu sein. Für ihn war das Leben so oft ein Spiel, hat seine Freundin gesagt. Er hat nur nach seiner Lust gelebt, sich seine Scheinwelt errichtet. Dass er sich freiwillig stellte? Da war alles über ihm zusammengebrochen. Aber wir müssen das berücksichtigen. Ohne dieses freiwillige Geständnis würden wir noch heute nach einem Täter suchen.

Ich sehe trotz allem die Defizite in der Entwicklung Rainer Jonkers. Er war zur Tatzeit einem Jugendlichen gleichzustellen. Ich beantrage eine Jugendstrafe von neun Jahren für ihn.«

»Nein«, erwidert die Rechtsanwältin der Nebenklage, »das Verschulden des Angeklagten war so extrem stark motiviert wie Mord, deshalb muss er wie ein Erwachsener bestraft werden. Ihn nach guter Führung nach sechs Jahren wieder in Freiheit zu sehen, die Vorstellung bedrückt nicht nur die Eltern des Opfers. Jonkers Tat ist Ausdruck des gesellschaftlichen Werteverfalls.

Sein Lebensmittelpunkt war das Geld, nicht Neigung, Gefühl, nicht Liebe. Ein Mann kann mit achtzehn wählen, in den Krieg ziehen, aber er kann nicht Mörder sein? Das ist eine rückständige Haltung unserer Gesellschaft.«

Sowieso sei die Rolle des Opfers und seiner Familie zu wenig berücksichtigt und nirgendwo die volle Wahrheit im Prozess gefunden worden.

»Die Gesellschaft muss vor solchen Straftaten geschützt werden. Ich beantrage eine Sanktion von vierzehn Jahren nach Erwachsenenstrafrecht.«

»Mein Mandant ist von Natur aus kein gewalttätiger Mensch«, erklärt danach der Verteidiger, noch am selben Vormittag zu seinem Plädoyer aufgefordert. Der Prozess soll nun zügig zu Ende gebracht werden. »Mein Mandant hat andere Schwächen. Aber er hat keine Neigung zur Aggression. Das Geschehene war auch für ihn eine Ausnahmesituation, eine Zäsur in seiner Entwicklung.

Wie konnte das alles bloß passieren? fragen wir uns. Aber da fängt unser Unverständnis schon an. Wir erwarten einen adäquaten Beweggrund. Doch es gibt ihn nicht. Mein Mandant hat ihn nicht. Wir stellen von vornherein schon die falsche Frage. Die nichtigsten Anlässe können zu solchen Taten führen. Anlass und Folge stehen da in keinem adäquaten Verhältnis. Solche Taten gibt es.«

Wieviel hundert Plädoyers für unterschiedlichste Angeklagte hat der erfahrene Verteidiger schon gehalten? Vieles wiederholt sich. Aber wieviel nicht? Dieser Prozess ist auch für ihn ein außergewöhnlicher.

»Weshalb hat sich mein Mandant so verhalten, wie er es tat? Da ist, auch im Einverständnis mit dem gutachtenden Professor, mit letzter Sicherheit verminderte Steuerungsfähigkeit nicht auszuschließen. Ich gestehe, eine plausiblere Erklärung wäre mir lieber. Solche sinnlosen Taten schlagen jedem aufs Gemüt, auch einem Verteidiger. Aber Rechtsfrieden ist etwas anderes. Dass ich nach allem für die Anwendung des milderen Jugendstrafrechts stimme? Ich sehe den eindeutigen Grund dafür im bisherigen Lebenslauf meines Mandanten. Der ist Ausdruck einer Entwicklung, die geprägt ist von viel Verantwortungslosigkeit und Unreife. In Konflikten ist er eine noch sehr unreife Persönlichkeit.«

Und die Kammer?

»Ob wir hier acht oder zehn, zwölf oder vierzehn Jahre Strafe verhängen«, sagt die Vorsitzende Richterin, »was macht es. Ein junger Mensch ist aus nicht nachvollziehbaren Gründen getötet worden, das ist nicht mehr zu ändern.

Natürlich, es bleiben Zweifel an der Version des Angeklagten. Wenn wir uns sein Opfer vorstellen, Ulrike Kändler, ein lebenslustiges, kontaktfreudiges Mädchen, das viele Bekannte und Freunde hatte – nein, die Geschichte passt zu ihr nicht, dass sie sich so aufdringlich gibt, derart anbiedert. Verständlich deshalb die Ermittlungen der Polizei, die von der Annahme ausging, dass der Angeklagte mit erheblichen Hoffnungen in Ulrike Kändlers Wohnung kam und dort nach Mitternacht ausflippte. Aber das sind Spekulationen. Man konnte sie dem Angeklagten nicht beweisen.

Es sind auch viele Zweifel darüber geblieben, ob der Angeklagte alles erzählt hat. Aber wir müssen letztlich sogar honorieren, dass er den Mut aufbrachte zu seinem Geständnis, dass er nach innerem Kampf diesen seinen Entschluss fasste. Er hätte die Stadt auch verlassen können. Was dann? Vielleicht, dass er bei einer Routineüberprüfung aufgefallen wäre mit seinen

DNA-Werten. Möglich, der Fall wäre nie aufgeklärt worden, und man würde heute noch im Bekanntenkreis der Familie Kändler suchen. Nun kann man dort allen Menschen im Umfeld beruhigt ins Auge blicken: Da ist kein Verbrecher.

Auch die Kammer ist der Meinung: Es hat eine Eskalation stattgefunden, die völlig sinnlos war. Auch sie fragt sich: Warum musste das alles passieren? Es war kein Mord: Wir haben keinen Zeugen dafür. Wir müssen auch alle Bedenken zurückweisen, das Jugendstrafrecht hier nicht greifen zu lassen. Bei jungen Menschen sind andere Maßnahmen nötig als bei älteren, wo oft eiskalte Dissozialität die Gedankengänge bestimmt. Hier ist ein junger Mensch noch mitten im Entwicklungsprozess, er hat eine deutliche Reifeverzögerung, er hing falschen Wertvorstellungen an. Als sie ihm über den Kopf wuchsen, beherrschte er die Situation nicht.«

Die Strafe für Mord kann noch geringer ausfallen als für Totschlag. Im Erwachsenenstrafrecht steht dabei die Tat im Vordergrund, bei Jugendstrafen der Täter. Also wieviel?

»Die Ungeheuerlichkeit der Tat war dem Täter bewusst, als er zur Polizei ging. Diese große Schuld darf im nachhinein nicht vernebelt werden.«

Die Höchststrafe ist zehn Jahre. Die Tatsache, dass Rainer Jonker zur Aufklärung wesentlich beigetragen hat, ist zu berücksichtigen.

Also wieviel?

Neun Jahre Jugendstrafe. Die Kammer folgt dem Strafantrag der Staatsanwaltschaft.

»Der Angeklagte hat mehrfach erklärt: Er weiß nicht, warum das alles passiert ist. Er hat sich bisher leichtfertig über sein Verhalten, seine Tat hinweggesetzt. Alles ist furchtbar schiefgelaufen, hat er gesagt. Die Kammer spricht ihre Hoffnung aus, dass der Angeklagte in der Haft begreift, was mit ihm vorgegangen ist.«

Ich habe an den meisten Termintagen im Gerichtssaal gesessen, ich verlasse ihn nun nicht ohne Genugtuung. Wenngleich: So viele Fragen bleiben.

»Wird das Urteil bald rechtskräftig, oder wird Ihr Mandant Einspruch einlegen?« frage ich, als wir vor dem schweren Ausgangsportal stehen.

»Warum sollte er?« meint sein Rechtsanwalt. »Kann er ein noch günstigeres Urteil erwarten?«

Der Tod kam um die Mittagszeit

Siebzehn Stunden

1

»Na, Meister, dann wollen wir mal. War ja kein Fest, so auf dem Stuhl zu hocken, die Wurzel aufgebohrt zu kriegen. Habe ja selber drunter gelitten, schon beim bloßen Zusehen. Aber was hilft's? Was sein muss, muss sein. Sie haben sich übrigens wacker gehalten. Muss man schon sagen.«

Sie sind zu dritt in dem üblichen weißen Arztraum, zwei Angestellte in Anstaltsuniform, dazu ihr Delinquent, den sie den Meister nennen, auch den General oder einfach B. B. Außerdem stehen der Zahnarzt und die beiden Helferinnen in weißen Kitteln zwischen den Geräten und den Schränken. Was die Mädchen wohl mitunter empfinden, wenn sie ihnen ihre Patienten aus der Klinik zuführen?

Der Arzt hat den Zahn nicht gezogen, er will ihn retten, sieh an. Auch ein Delinquent aus der Psychiatrie verdient Aufmerksamkeit und die volle Unterstützung der Krankenkasse. Wird der sanierte Reststumpf sogar noch überkront? Das weiß nur der Doktor. Jedenfalls braucht man mindestens noch einen neuen Termin, der wird auf die übliche Weise abgesprochen, geheim, ohne Wissen des Patienten, per Telefon.

»Tschüs«, sagt der Arzt, »auf gelegentliches Wiedersehen.« Und die beiden Mädchen, jungsche Dinger, starren auf sie, wie sie die stählerne Fesselacht um die Handgelenke des Delinquenten klicken lassen. Oder kennen die beiden keinerlei Ängste? Sind sie längst abgebrüht im Umgang mit den Leuten von nebenan?

Sie schließen die Tür. Sie steigen die Treppe hinab, einer vor dem Mann in Handfesseln, der andere dahinter. Der Mann in Handfesseln, das ist B. B. So nennen sie ihn am liebsten. Er ist schon seit Jahren bei ihnen in der Klinik. Er ist groß, breit, derb, bärtig, ein gelernter Fleischer. Manchmal sitzt er bei ihnen und unterhält mit seinen Geschichten die ganze Truppe. Bernhard Büchner. Auf seinen Armen spreizen sich eintätowierte Gestalten und Wörter, auch ein Schwert.

Nun steigt also B. B. die Treppe von der Zahnarztpraxis ins Erdgeschoss hinab, wartet ordentlich, dass sie die Tür öffnen, tritt über die Türschwelle die Stufe hinunter in den Vorgarten, wartet, dass sie sich erneut einordnen: einer vor ihm, einer dahinter. Blickt er sich um? Sieht er, rechts, links, die beiden Figuren? Bronze oder angestrichener Gips? Ein tanzender Delphin gleitet über eine Schale, die das Wasser eines kleinen Springbrunnens fängt. Eine Nixe, gegenüber, küsst einen Harlekin.

»Na, Meister, die letzten Schritte. Auf denn.«

Sie öffnen die Zaungittertür, lassen ihn als ersten hinaus. Da steht ihr Klinikwagen noch nicht da, nur gegenüber, in der Gegenrichtung, ein anderes Fahrzeug, braun, mittelgroß, unauffällig, ein Renault, ein Ford? Können sie den Wagen später exakt beschreiben? Seine Hintertür zur Straßenseite ist geöffnet. Als B. B., der General, der Meister, die sieht, stürzt er davon, stürzt er hinüber mit gefesselten Händen, springt er hinein, während der Wagen schon anfährt.

»Der haut ab, der türmt!«

Sie brüllen sich's zu, der eine reagiert schneller als der andere, klammert sich an die fremde Wagentür, wird mitgeschleift, zerreisst sich die Hose, schabt sich die Haut blutig an den Knien und am linken Arm, bis er zehn, zwölf Meter weiter vor Schmerzen loslässt.

»B. B. ist entkommen!« schreit der andere schließlich ins Telefon, als der Anstaltswagen endlich vorgefahren ist. »Da war ein Helfer. Er hat ihn in einem Auto erwartet, einem Renault, da bin ich sicher. Ein Viertürer, metallicbraun. Die Nummer? GEL und irgendwas mit zweihundert. Wir fahren ihnen nach, versuchen sie zu erwischen. Alarmiert, was Räder hat. Er ist ohne Schwierigkeiten durch die Schranke nach draußen gekommen.«

2

Wochentags um den Mittag herum ist eine merkwürdige Zeit für eine Dorfkneipe. Mal überraschen zwei, drei Autobesatzungen den Wirt in der Küche, sechs, acht Leute verlangen ein schnelles, gutes Essen mit allem Komfort, jeder ein anderes, dazu halten zwei Fernfahrer vor dem offenbar beliebten Haus, und nun kommen auch die Monteure vom Ferngas oder die Elektriker aus der Stadt. Plötzlich ist Trubel, Hektik zwischen den Tischen und vorm Herd.

An anderen Tagen sitzen höchstens die am Tresen, die immer kommen, halten sich stundenlang an zwei, drei Bier fest, quatschen auf die Wirtin ein, erzählen ihr immer dieselben Geschichten. Was passiert auch schon an Neuem innerhalb einer Woche in so einem kleinen Dorf vor der Großstadt? Im vergangenen Herbst ist die Konkurrenz abgebrannt, das »Eichhörnchen«, die dritte Gaststätte im Dorf. Aber hat es deshalb mehr Zulauf im »Grauen Wolf« gegeben?

Helga Kröber hat eingeheiratet, seit sechs Jahren ist sie Wirtin im »Grauen Wolf«. Niemand hat ihr erklären können, weshalb der so ungewöhnlich heißt, keinen Löwen oder Bären zum Namensvetter hat.

Manchmal ist sie lustlos: Werden sie's über die Jahre hinweg packen, durchstehen? Dann wieder, wenn sich die Gäste bis tief in die Nacht hinein drängen, überkommt sie Freude: Sie haben alles richtig gemacht. Nein, sie brauchen sich keinen Makler zu suchen, der ihnen ihr Anwesen verscherbeln hilft. Sie müssen bloß weiter durchhalten. In drei Jahren werden sie genug gespart haben, um einen Ausbau ernsthaft in Angriff zu nehmen: Ein Zimmertrakt für Dauergäste fehlt ihnen noch. Bloß ob sie über allem Stress noch an ein zweites Kind denken können? Jan ist nun drei Jahre. Sie selber ist allein aufgewachsen, Steffen, ihr Mann, ebenso. Da haben sie sich beide jahrelang wenigstens zwei Kinder gewünscht. Aber ob das jemals dazu kommen wird? Jan ist so oft auf sich allein gestellt, isst nicht mal regelmäßig, nur nach Lust und Laune.

Dieser Freitag, es ist der siebzehnte April, ist wieder einmal so ein trauriger Tag. Nicht einmal die, die immer zum Mittagsbier kommen, haben sich sehen lassen. Nur die Monteure poltern herein, bestellen sich das Einfachste, dreimal Bratwurst mit Pommes, dazu jeder einen Spezi, eine alkoholfreie Mischung von Cola und Limonade, schön kalt. Danach aber ist absolut tote Hose, Stille. Als sich Helga Kröber schon überlegt, ob sie nicht vorzeitig schließen, in die Nachmittagspause gehen soll, kommt noch ein unerwarteter Gast, ein Fremder. Es ist ein Mann um die Fünfzig, beschreibt sie ihn später, er ist bärtig, kräftig, breit in den Schultern. Er bestellt ein Bier und einen Korn. Und dann das gleiche noch mal, sagt er, lacht. Sie weiß selber nicht, warum, aber als sie ihm die Bestellung bringt, setzt sie sich zu ihm an den Tisch. Sie ist es so gewohnt. »Sind Sie zu uns ins Dorf hier herausgelaufen?« fragt sie. »Da kommt kaum mal wer Fremdes her. Touristen haben wir hier überhaupt nicht. Die treibt's alle weiter, wenigstens zum Fernsehturm hin oder zur Waldkapelle.«

134

Sie sieht ihm auf die Arme, die Hände, die nach den Gläsern greifen, ihren Inhalt gierig in den Mund schütten. Sie sieht die in die Haut tätowierten Streifen und Ringe unter dem hochgestreiften Hemdsärmel. Einmal ergeben die blauen Punkte und Linien ein Schwert, einmal einen deutlich lesbaren Namen: Brigitte.

»Sie müssen wohl tüchtig gerannt sein, dass Sie so einen Brand haben, so einen Durst. Sie schniefen ja auch wie wild.«

»Machen Sie sich da mal keine Sorgen, junge Frau. Ich bin nur gerade mit dem Motorrad gefahren, nicht wenige Kilometer.«

»Und Sie wollen gleich weiter?«

»Vielleicht.«

Sie sitzen einander schließlich schweigend gegenüber. Auch das zweite Bier, das der Fremde bestellt hat, kippt er, als es dann kommt, rasch hinunter. Später zählt er das verlangte Geld für seine Zeche auf den Tisch, leert den Inhalt seiner Jackentasche aus, alles Kleingeld, Markstücke. Nur zwei, drei Mark bleiben am Ende übrig. Und Pfennige. Merkwürdig. Im Grunde ist Helga Kröber froh, dass der Fremde danach bald aufbricht. Er riecht streng, ziemlich streng, durchgeschwitzt, wie seit Tagen ungewaschen.

In so einer Kneipe hast du's schon mit allen möglichen und unmöglichen Kerlen zu tun, denkt sie. Dann steht sie am Fenster, blickt ihm nach. Sie entdeckt erst jetzt den bunten Plastebeutel, den er mit sich führt. Er läuft geradeaus mitten ins Dorf hinein, direkt auf den Friedhof zu. Und wo ist das Motorrad, mit dem er, wie er gesagt hat, angeblich ins Dorf gekommen ist?

Doch was bringt's, ihm nachzuspionieren. Er hat in zehn Minuten eine anständige Zeche gemacht. Nichts anderes gilt.

3

Die Steinerts wohnen seit ewigen Zeiten im Dorf. Ein Urgroß-
vater, als Tischlergeselle auf der Walz zwischen Harz und Elbe,
ist einmal eines Mädchens wegen hier hängengeblieben, hat
eingeheiratet und Kinder gezeugt, alles Söhne. Die sind sämtlich auf und davon mit den Jahren, nur der Älteste ist geblieben
und von dem wieder der Älteste und aus der nächsten Generation genauso der älteste Enkel. Sie haben ein bisschen am Haus
gewerkelt und auf dem Grundstück, ein paar Tiere gehalten
und ein paar Schläge Feld bewirtschaftet. Sie sind nicht reich
geworden darüber. Der eine, vor dem Krieg, ist in die eine Partei
gegangen, sein Sohn, nach dem Krieg, in die nächste. Sie haben
ihr bisschen Land in die Genossenschaft eingebracht, wie es die
meisten taten, nun haben sie es wieder selber am Halse und ver-
pachtet. Sie haben sowieso genug anderes zu tun. Was die Steinerts über Jahrzehnte hinweg nebenbei erledigt haben, ist nun
ihre Hauptbeschäftigung. Sie betreuen den Friedhof nebenan,
sorgen für Ordnung zwischen den Gräberreihen; Rudolf Steinert hebt die Gräber aus, wenn es gewünscht wird, und sorgt für
die Gedenksteine. Und wie viele Gräber sind mittlerweile ganz
seiner Obhut übergeben, weil die Verwandten der Verstorbenen
längst aus dem Dorfe weggezogen sind? Da hat man sein Brot.

Wer so in nächster Nähe mit dem Tod und dem Sterben lebt,
hat ein enges Verhältnis zur Vergangenheit, nicht nur zu seiner
eigenen. Und so kann denn, wer will, zu den Steinerts kommen
und die Unmenge der gesammelten Fotos aus wenigstens acht
Jahrzehnten betrachten, die in den Treppenfluren und Zimmern hängen, dazu stapeln sich ein paar Alben. Rudolf Steinerts
Großvater hat einmal mit dem Sammeln angefangen. Sein Enkel hat sich nicht lumpen lassen. Da ist mit den Jahren allerhand
zusammengekommen, und die Steinerts, gut gelitten im Dorfe,
haben nicht nur deshalb ringsum zahlreiche Bekannte.

Dieser Freitag im April ist ein frischer, windiger, aber sonniger Tag. Am Nachmittag ist Rudolf Steinert in die nahe Stadt gefahren, einige Besorgungen zu erledigen, und Hanna Steinert ist allein zu Haus. Das Geschirr vom Mittag hat sie längst abgewaschen, nun sitzt sie bei einer Tasse Kaffee vorm Fernseher – die Talkshow mit diesem dunkelhäutigen Mädchen läuft gerade –, als es an der Tür klingelt. Als sie öffnen geht, stehen zwei Frauen aus dem Dorf draußen, halten ihr einen Beutel entgegen, buntbedruckte Plaste.

»Kennste den?«

»Wo habt ihr den denn gefunden?«

»Na, wo schon? Drüben auf dem Friedhof. Würden wir sonst zu dir kommen? Nu kannst'n aufheben, bis sich der meldet, dem er gehört. Komisch is das schon, so'n Beutel auf dem Friedhof, an der Bank.«

»Habt ihr mal reingesehen, was drin ist?«

»Nichts Besonderes. Eine Dose Bier und Papiere. Lauter fremde Namen. Kann erst heute passiert sein, dass den wer vergessen hat. Aber was für ein junger Bursche geht schon auf den Friedhof?«

»Ich leg den Beutel bereit. Wird sich schon melden, wem er gehört. Wollt ihr reinkommen, einen schönen Kaffee bei mir trinken?«

Hanna Steinert hat auf gut Glück gefragt, eigentlich auch keine Zustimmung erwartet. Die beiden Großmütter lehnen ab, müssen sich um ihre Enkel kümmern. Wer weiß, wo die herumtollen, was sie zu Hause anstellen.

»Na dann, gute Verrichtung. Könnt ja gelegentlich mal nachfragen, was aus eurem Fund geworden ist.«

Hanna Steinert bleibt noch ein paar Minuten an der Tür stehen, sieht den beiden Frauen nach. Sind nun auch schon über die Fünfzig, die beiden, wie sie selber. Die Jahre vergehen.

Wann sind sie mit kurzen Röcken und Kniestrümpfen in die Schule gerannt, darauf aus, jede als erste den Jungs zu beweisen, wie abgehärtet sie war?

Sie blickt über den Friedhof, der jetzt offenbar menschenleer liegt, dann hinüber aufs Nachbargrundstück. Vor Mittag war dort lautes Treiben. Hans Seliger ließ den Betonmischer laufen wie jeden Tag. Und seine Mutter grub und harkte mit ihren Einundsiebzig im Garten, als ob ihr der Krückstock, an dem sie laufen musste, nichts ausmachte. Nun war Ruhe drüben. Vielleicht machten sie endlich eine verdiente Pause. Die Seligers ... Waren auch so Verrückte, Hans vor allem. Seit zwei Jahren arbeitslos, wollte er nun allein seinen Hausanbau zu Ende bringen, ohne fremde Hilfe. War nur zu hoffen, dass es etwas Dauerhaftes wurde mit Tochter Heike und ihrem Mark. Der war ja selber auf dem Bau und half seinem möglichen Schwiegervater schon manchmal. Aber Heike ist nun mal gerade erst sechzehn geworden. Was ist da dauerhaft?

Mit solchen Gedanken wendet sie sich um, läuft zurück in ihr Wohnzimmer. Die Talkshow mit dem sympathischen braunhäutigen Mädchen, dem sie manche Frechheit verzeiht, ist sicherlich zu Ende. Hans Meiser, den sie noch lieber mag, kommt erst in einer Stunde. Aber sie wird schon eine Beschäftigung bis dahin finden.

4

Mark Weber, achtzehn, mag Heike Seliger schon lange. Zwei Jahre lang sind sie im selben Schulbus zwei Dörfer weit zur Sekundarschule dort gefahren, und er hat manchmal hinter ihr gesessen und sie beobachtet, wie sie sich gab, lachte, gestikulierte. Er hat sogar geschmeckt, wie ihr Haar duftete. Dann war alles vorbei, tatsächlich vergessen. Er begann seine Lehre, traf andere Leute. Bis vor einem halben Jahr alles neu und frisch zurückkam: In der Disko trafen sie sich wieder, fand er sie nicht mehr albern und sie ihn nicht mehr eingebildet. Bald danach sahen sie sich jeden Tag oder telefonierten wenigstens miteinander über zwei Dorfstraßen weg. Was hat man sich nicht alles zu sagen, wenn man frisch verliebt ist.

Am Abend dieses siebzehnten April kehrt Mark Weber von seiner Baustelle, auf der er als Lehrling beschäftigt ist, erst nach zwanzig Uhr in sein Dorf zurück, ein paar Arbeitskollegen haben ihn aufgehalten. Sie mussten noch zwei, drei Bier trinken. Nun isst er doppelt hungrig von dem, was seine Mutter ihm vorsetzt – ihrem Einzigen, sonst ist da noch eine Schwester, längst verheiratet –, ein warmes Essen natürlich, Schnitzel mit Blumenkohl (oder schon mit erstem Spargel?). Dann muss er unbedingt noch mit Heike sprechen, sie vielleicht sehen. Es hat ein bisschen Spannungen gegeben. Die Puhdys werden in Magdeburg auftreten, er will hinfahren, sie nicht. So'n alter Kram, hat sie gesagt, so'ne Greise, wen interessieren die denn noch. Nun will er ihr noch einmal sagen, dass er wirklich nicht auf der Fahrt beharrt. Soll sie sich selber aussuchen, wohin sie will.

»Frau Seliger, Entschuldigung, dass ich Sie ans Telefon hole, dass Sie vielleicht so weit herlaufen müssen. Ich möchte mit Heike sprechen. Können Sie sie bitte holen?«

»Das geht jetzt nicht. Nein.«

»Ist Heike da?«

»Nein, nein. Ja.«

»Warum sind Sie denn so kurz angebunden, Frau Seliger?«

»Du kannst Heike nicht sprechen. Sie, sie ... will nicht.«

»Sie hat mich missverstanden. Das war kein Streit mit ihr. Sie kann sich aussuchen, wohin wir fahren wollen, zu welchem Konzert. Sagen Sie ihr das. Nein, holen Sie sie doch mal ans Telefon. Bitte.«

»Ich muss jetzt auflegen. Heike will dich nicht sprechen.«

»Das kann ich nicht glauben. Bitte, bitte, Frau Seliger.«

»Ich lege jetzt auf.«

Mark Weber erschrickt. Heikes Mutter mag ihn, sie hat es ihm so oft zu verstehen gegeben. Warum ist sie plötzlich so unfreundlich, geradezu abweisend? Will Heike ihn wirklich nicht sprechen? Ist sie zickig wegen des Streits, oder ist da etwa ein anderer? Oder hat er's mit den Seligers verdorben, den Eltern, hat er ihnen vielleicht nicht so beim Hausbau geholfen, wie sie's erhofften?

Er wirft sich eine Jacke über, läuft hinaus in die frühe Nacht.

Er rennt die paar Straßen, geht nicht langsam. Er sieht das Haus der Seligers, es ist nur von einer Straßenlaterne in mattes Licht getaucht. Im Vorgarten liegen die zwei Kieshaufen unverändert, die gestapelten Bausteine, die Bretter, die Heikes Vater für den Ausbau braucht. Seit Wochen der gleiche Anblick, auch jetzt im Halbdunkel. Er läuft zur Haustür, drückt die Klinke. Die Tür ist nie verschlossen, warum jetzt? Er drückt den Klingelknopf, drei-, viermal, nach einer Pause erneut. Da endlich bewegt sich etwas, erscheint Heikes Mutter im Fensterviereck neben der Tür, aber sie schließt nicht auf, lässt ihn nicht herein.

»Heike will dich nicht sprechen. Es geht ihr nicht gut. Begreifst du das nicht?«

Mit Mühe versteht er ihre Worte, sieht er ihren Kopf, der sich abwehrend hin- und her bewegt. Wer soll das alles verstehen?

Minuten später erst geht er, niedergeschlagen. Heike verleugnet sich, will ihn nicht einmal mehr sprechen. Selbst das ist ihr zuviel. Es ist aus, aus, aus.

Er liegt die halbe Nacht wach, versucht es zu verstehen. Wie kann er's? Er weiß plötzlich: Heike ist seine erste richtige Liebe.

5

»Hanna, bist du's ? Bist du am Telefon?«

»Wer spricht da? Ich erkenn dich nicht. Du redest so hektisch.«

»Hilde ist hier, Hilde Seliger.«

»Natürlich, ja. Jetzt versteh ich dich. Was rufst du so früh an? Es ist Sonnabend. Ist was passiert?«

»Wir haben Besuch. Ein Bekannter. Er glaubt, gestern was verloren zu haben.«

»Kann ich euch helfen?«

»Er wollte gestern abend schon wieder abreisen. Aber ohne den Beutel kann er's nicht.«

»Ein Beutel?«

»Ja. Er war schon gestern abend bei dir, wollte dich fragen. Aber es war niemand da. Einen Beutel hat er verloren.«

»Aus Plaste, bunt?«

»Du hast ihn, meine Güte. Es hat ihn wer abgegeben?«

»Carla und Susanne.«

»Wir kommen gleich zu dir. Gleich, verstehst du. Machst du uns auf? Du gibst den Beutel heraus?«

»Warum denn nicht?«

Hanna Steinert blickt auf die Uhr. Es ist halb acht. So früh ruft selten einmal jemand an. Und nun Hilde von drüben, einigermaßen aufgeregt. Aber Rudolf und sie haben längst schon Kaffee getrunken. Sonnabend ist für sie kein besonderer Tag. Sie greift nach diesem Beutel. Sie hat ihn noch am Flurschrank stehen, beinahe vergessen. Nicht einmal Rudolf gegenüber hat sie ihn erwähnt, als sie sich gestern am Abend mit ihm in der Stadt traf, später mit ihm zurückkehrte. Sie schiebt die Plastehälften zur Seite, blickt noch einmal in den Beutel. Wirklich, gefaltetes Papier und eine Bierdose. Wer sollte inzwischen etwas herausgenommen haben?

Als sie vor die Tür auf die Straße tritt, sieht sie Hilde Seliger schon auf sich zulaufen, sogar Heike begleitet sie, und zwischen ihnen geht ein Mann, derb, breit, bärtig. Sein Gang ist watschelnd. Sein Körper pendelt ein bisschen nach links, dann nach rechts. Sie hat den Mann noch nie gesehen. Haben die Seligers mal von so einem Bekannten gesprochen? Woher kommt er? Und wieso sind die drei so schnell vor ihrer Tür? Sind sie aus dem Hinterausgang über den Friedhof gestiegen? Hilde kennt ja wie sie diesen geheimen Durchgang. Sicher haben sie ihn benutzt.

Sie hält mit beiden Armen den Beutel vor ihren Körper, da nickt der fremde Bekannte der Seligers, lächelt, greift nach ihm, freilich nur mit einer Hand, die andere bleibt hinter Hilde Seligers Rücken. Fällt es ihr gleich auf? Oder erinnert sie sich erst später an diese Merkwürdigkeit?

»Ich danke dir, Hanna. Für deine Mühe.«

Auch der Fremde nickt, bedankt sich. Nur Heike hat nicht einmal einen Morgengruß. Dann laufen sie zu dritt weiter, eng zusammen, wenden sich noch halb nach ihr um, Hilde Seliger wenigstens und ihre Tochter. Ist die Telefonzelle drüben am Platz hinter dem Friedhofszaun ihr Ziel? Tatsächlich. Aber wenn sie die Absicht hatten zu telefonieren, warum haben sie's nicht gleich zu Hause oder wenigstens bei ihr versucht? Hanna Steinert verfolgt ein bisschen staunend, was da drüben geschieht: Heike, nachdem sie die Tür der Zelle geöffnet, etwas erklärt hat, kommt plötzlich zurückgelaufen, an ihr vorbei. »Das ist ja ein Kartentelefon«, sagt sie, »ich hol die Karte von uns.« Hanna Steinert kann nur nicken. Sollen die machen, was sie für richtig halten.

Später, vom Schlafzimmerfenster im ersten Stock aus, an dem sie mit ihrem Mann steht, sieht sie die beiden Frauen mit diesem bärtigen, kräftigen Fünfzigjährigen noch immer gemeinsam an der Telefonzelle warten. »Na ja, alles klärt sich«, sagt sie dann zu Rudolf, als ein Taxi vorfährt, der Fremde einsteigt. Sie kommen gerade die Treppe vom Oberstock ihres Hauses herab, als es plötzlich wieder an ihrer Tür klingelt, diesmal stürmisch, viel stürmischer, ohne Ende, und als sie verwundert öffnen, stürzen ihnen die beiden Frauen in die Arme, Hilde und Heike Seliger, hängen ihnen am Hals, schwer, fast schon ohnmächtig. »Ruf die Polizei, Rudolf«, sagt Hilde Seliger, »schnell. Das war ein Mörder. Glaubt's mir. Drüben liegen Hans und die Mutter. Tot. Ruft die Polizei! Glaubt's mir.«

6

Das Dorf liegt nahe an der großen Stadt, kaum zwei Kilometer weit weg, aber die können sich dehnen, endlos lang werden, auch sonnabends vormittags, wenn jedes Auto sich durch den Stau hindurchmühen muss. Die Umgehungsstraßen, die Autobahn, die einen Großteil des Verkehrs rund um die Stadt einmal auffangen sollen, sind noch längst nicht fertig ausgebaut, da bleibt nur der Weg durch das Nadelöhr im Norden, an den Baustellen vorüber, die, wenn sie verschwunden sind, freilich die Durchfahrten leichter machen werden. Aber bis dahin?

Der gelbe Mercedes hat die Strecke bis zum Stadteingang noch nicht geschafft, als sein Autotelefon plötzlich klingelt, der Fahrer den Hörer abnimmt. »Ja«, sagt er, »was wollt ihr? Ich komm schwer voran, steck im Stau. Ich bin die nächste halbe Stunde noch dicke beschäftigt. Ja, ja«, meint er dann, »ich komm aus diesem Ort. Ich hab einen Fahrgast, ja, einen. Hauptbahnhof, das ist unser Ziel. Fragt mich nicht, wann ich dort eintreff.«

In diesem Augenblick spürt der Fahrer die derbe Hand des Mannes neben sich, die ihm den Hörer vom Ohr reisst, auf die Gabel drückt.

»Das war deine Zentrale, was? Oder die Polizei? Was haben die gefragt?«

»Die Zentrale war's, keine Polizei.«

»Du biegst jetzt ab, du fährst mich nach Leipzig. Hintenrum, über die Dörfer. Du kennst deine Wege. Und wag ja nicht zu telefonieren, irgendwem Zeichen zu geben. Ich hab 'ne Pistole. Glaub mir. Ich hab die nicht zum Spaß. Ich komm aus der Psychiatrie. Da hab ich nischt zu verlieren.« Der Bärtige beobachtet mit Genugtuung, wie der Fahrer – er ist durchaus kräftig bei Leibe – ängstlich gehorcht, auf die viel weniger benutzte Gegenfahrbahn wendet, was nicht sonderlich auffällt. Einige Wagen, unterschiedlichste Typen, geben unterwegs auf, versuchen sich offenbar auf Seitenstraßen in die Stadt zu mogeln.

7

Kriminalhauptkommisssar Werner Jülich

»Wir reagierten, glaube ich, sehr schnell. Wir erhielten die erste Nachricht von dem mehrfachen Gewaltverbrechen an dem betreffenden Sonnabend kurz vor acht Uhr. Wir konnten über die Zentrale des zuständigen Gewerbebetriebs das entsprechende Taxi ausmachen, noch ehe es die Innenstadt erreicht hatte. Leider war es nicht mit der notwendigen Notrufeinrichtung versehen, so dass wir es kurz danach wieder verloren, offenbar durch massive Einflussnahme des Täters.

Der erste Streifenwagen sicherte den Tatort gegen acht Uhr dreißig, ich selbst traf eine halbe Stunde später ein. Der Tatort war ein in einer NebenStraße gelegener, zum Teil zweistöckiger Altbau, der durch etliche in der Mehrheit noch unfertige weitere Räume ausgebaut wurde. Diese neuen Räume waren zum Teil noch unverputzt, zum Teil als Lagerräume verwendet. In der Küche des bewohnten Altbau-Hausteils fanden wir, auf dem Boden liegend, mit zwei Wachstuchdecken abgedeckt, eine männliche Leiche vor, Alter etwa fünfzig Jahre, mit einer Schusswunde an der rechten Stirn, deren Ausflussfäden bereits eingetrocknet waren. In dem Schlafzimmer daneben stießen wir auf eine zweite Leiche, und zwar die einer älteren Frau, etwa siebzig Jahre. Sie wurde auf dem Bauch liegend vorgefunden, vor der rechten Doppelbetthälfte, mit Decken abgedeckt, unter denen sowohl Füße wie Kopf und ausgebreitete Haare herausragten. Bei erster Inaugenscheinnahme war zu vermuten, dass der Tod dieser Frau durch Drosselung oder Strangulation herbeigeführt worden war.«

Hilde Seliger vor der Polizei am Nachmittag dieses Sonnabends

»Ich kam gestern wie immer von meiner Arbeit nach Hause, halb vier, mit dem Bus. Ich war ein bisschen aufgebracht, als ich vor der verschlossenen Haustür stand. Die war doch nie abgeschlossen, was waren das für neumodische Sitten, Außerdem steckte der Schlüssel von innen. Da lief ich zum Hintereingang und die Treppe hinauf zu unserer Wohnung, wir wohnen oben, im Obergeschoss. Ich wunderte mich noch, die Tür von Elfriede, meiner Schwiegermutter, die Tür zu ihrer Wohnung unten, meine ich, war geschlossen, obgleich Licht dahinter brannte, Elfriede also zu Hause war. Was ist denn heute los, dachte ich. Ich stürmte durch die obere Wohnung, aber ich fand niemanden, nur die Tür vom Vogelkäfig stand sperrangelweit auf. Heike wird unten sein, bringt den Vogelsand weg, und Hans werkelt mal wieder im Keller, so meine Vorstellungen. Ich wollte nachsehen, sie suchen.

Wo war denn Ulli, unser Wellensittich? Als ich noch die Treppe hinunterstieg, öffnete sich die Tür zu Elfriedes Wohnung, und Heike trat heraus. Sie war offenbar völlig nackt, hatte sich eine Decke übergehängt, die sie mit den Händen zusammenhielt; sie sah mich mit großem starrem Blick an.

Ich begriff nicht, was da vorging. Ich sah diesen ... diesen Kerl, diesen Mörder hinter ihr nicht. ›Was soll der Blödsinn?‹ fragte ich Heike. ›Was treibst du dich in Omas Wohnung herum?‹ Da trat er hinter Heike hervor, zielte mit einer Pistole auf mich und sagte: ›Eigentlich wollte ich mir deine Tochter vornehmen, aber nun bist du dran.‹ Er sagte es noch brutaler. Und es war erst der Anfang. Es ging die ganze Nacht durch bis in den nächsten Morgen. Und immer war die Pistole dabei. Er zeigte uns auch die Munition. ›Ich putz euch weg, leg euch um‹, drohte er, ›wenn ihr nicht tut, was ich sage, wenn ihr die Leute herbei schreit.‹«

Heike Seliger am selben Nachmittag vor einer Kriminalbeamtin

»Ich war an diesem Tage, gestern, von früh an zu Hause, ich war krank, erkältet, nicht in der Schule gewesen. Am Mittag sah ich fern, diese Talkshow mit der dunkelhäutigen Arabella. Ich war so dabei, dass ich fast vergessen hätte, was mir Mutter aufgetragen hatte: Ich sollte den Vogelkäfig säubern. Ich fing damit an, hörte der Sendung weiter von der Küche aus zu. Als Schritte die Treppe heraufkamen, dachte ich: Mein Gott, Mutter, sie ist schon da, jetzt schon. Aber ich blickte mich nicht um. Warum auch? Da vernahm ich plötzlich diese schreckliche fremde Stimme hinter mir. Ich erschrak furchtbar und drehte mich rasch um. Da hielt mir der Mann, dieser Mörder, seine Pistole entgegen. ›Schrei nicht! Wehe, du schreist!‹ drohte er. ›Wie lange bist du schon im Haus?‹ wollte er dann wissen und: ›Wo hast du dich versteckt gehabt? Was hast du gehört?‹ Ich versuchte ihm zu antworten, ich zitterte, hab auf seine Pistole gestarrt. Ich verstand trotzdem nicht, was vorging. Ich habe es bis jetzt noch nicht richtig verstanden: Während dieser Mann unten bei uns im Haus Oma und Papa umgebracht hat, habe ich stundenlang in unserer Wohnung gesessen und ferngesehen. Und ich habe nichts gehört. Nein, nichts. Was wäre anders geworden, wenn ich hinunter- und dazwischen gegangen wäre? Lebte Oma dann noch, oder wäre ich selber jetzt auch tot?

Der Mann, der Mörder, fragte mich dann, wo meine Eltern ihr Geld versteckt hätten und wann meine Mutter nach Hause kommt. Zur selben Zeit musste ich meine Sachen ausziehen, Pulli, Jeanshose und Schuhe. Er sagte: ›Damit du mir nicht auf dumme Gedanken kommst, etwa abhaust.‹ Er lachte. Dann sollte ich die Treppe runtergehen, und er folgte mir ganz nahe. Ein paarmal hat er mich mit der Pistole in den Rücken getippt.

Wir liefen an der Küche von Oma vorbei, da sah ich hinter der halb offenen Tür Vater. Er sass auf einem Stuhl, zusammenge- sunken. Über seinen Kopf war ein Handtuch geworfen, so dass ich Gesicht und Haare nicht sehen konnte. Ich war voller Angst. Ich weinte. Er hat Vater was angetan, habe ich gedacht. Ist Vater bewusstlos? Oder schon tot?

Ich durfte nicht in die Küche hineingehen. Ich musste wei- ter geradeaus in Großmutters Schlafzimmer. Dort lag Oma auf dem Fußboden, auf dem Bauch. Eine Bettdecke war über sie hingeworfen. Oder hatte sie sich die selber heruntergezogen? Ihre Füße ragten lang unter dem Leinen hervor, ich sah auch ihr Haar, dazu die Stirn, die ganz blau verfärbt war. ›Was ist mit Oma? Lebt sie nicht mehr?‹ schrie ich. ›Ach was, Oma schläft nur‹, erklärte er da.

Dann musste ich mich auf Omas Bett legen, während er durch das Zimmer rannte, rauchte und aus einer Cola-Flasche trank. Mit der Pistole hat er immer wieder herumgefuchtelt. Er riss Schrankfächer und -türen auf, wühlte dahinter herum. Bald begriff ich, was er suchte: Verbandsmaterial oder Garn und Stricke, um mich zu fesseln. ›Na, sagst du nun, wo ihr euer Geld versteckt habt? Und wo steht euer Auto?‹ – ›Vater ist arbeitslos‹, erwiderte ich, ›seit Januar vorigen Jahres. Und Mutter hat von der Firma, wo sie jetzt beschäftigt ist, noch keinen Lohn bekommen. Bei uns ist Geld immer knapp. Wir haben auch kein Auto, keinen PKW, auch keinen gebrauchten.‹ Er glaubte mir nicht. ›Lüg nicht. Wer baut, hat immer Geld‹, beharrte er.

Er fing nun an, meine Hände hinter meinem Kopf zusammenzubinden.«

Noch einmal aus den Aussagen Hilde Seligers am selben Nachmittag

»Ich fragte ihn, der nun immer wütender und zorniger wurde: ›Wo ist mein Mann?‹ Da zeigte er im Vorübergehn auf die Tür zur Küche: ›Der ist da drin. Ich musste ihm eine verpassen.‹ Heike flüsterte mir im selben Augenblick zu: ›Er hat auch Oma umgebracht.‹ Als er uns ins Schlafzimmer stupste, sah ich sie schon auf dem Boden unter ihrem Deckbett liegen. Da war ich nur noch ein Bündel Angst. Wir mussten hier heil herauskommen, wenigstens lebend. Vor allem Heike musste davonkommen. Ich musste alles dafür tun.

Später, als wir ins Obergeschoss hinaufsteigen mussten, lockerte er uns die Fußfesseln, damit wir die Treppe hinaufkamen. Dort hatten wir uns im Schlafzimmer wieder auf die Betten zu legen, und er fesselte uns stärker. Er hatte auch noch Mullbinden gefunden. Dann ließ er die Jalousien vor den Fenstern herab und beobachtete zwischen den Lamellen hindurch, was auf dem Friedhof geschah. Ich hatte ihm erklärt, dass er das von hier oben aus am besten konnte. Er hatte am Mittag unter der Bank, auf der er gesessen hatte, wie er erzählte, einen Beutel mit Briefen, Fotos und anderen Papieren liegengelassen. Nun hatte er offenkundig Angst, dass jemand draußen die Unterlagen fand und mitnahm, Frauen, die an den Gräbern beschäftigt waren.

Am Abend, in der ersten Dunkelheit, zog er den Jogginganzug von Hans an und lief hinunter. Er wollte wohl für meinen Mann gehalten werden, wenn ihn jemand zwischen den Gräbern suchen sah. Aber er kehrte erfolglos, mit leeren Händen zurück. Er war nun wieder sehr aufgeregt. Die Bilder und Papiere bedeuteten ihm wohl sehr viel. Wahrscheinlich konnte man an ihnen leicht erkennen, wer sich im Dorf aufgehalten und sie verloren hatte. Wo jemand, der den Beutel gefunden hatte, ihn abgeben würde, schrie er mich an. Danach lief er zum zweiten Mal vors Haus, klopfte, klingelte nebenan bei den Steinerts. Doch es war wohl niemand bei ihnen daheim.«

8

Ehe sie diese Einzelheiten und noch viele bedrückende mehr an diesem Nachmittag erfahren, ist anderes längst in die Wege geleitet. Hilde und Heike Seliger haben einen Namen und ein paar Lebensumstände des brutalen Eindringlings, dieses eiskalten Mörders, erfahren. In den siebzehn Stunden, die sie mit ihm gemeinsam in ihrem Haus zusammen sein mussten, zusammen auch mit den beiden Toten, hat er ein paarmal geradezu wehleidig mit sich selber gesprochen. »Da wirst du aber Ärger kriegen, Bernd, wie kannst du bloß so schusselig sein«, hat er einmal gesagt und wohl den verlorenen Plastebeutel gemeint. Und ein andermal, als sie über den Kreuzworträtseln oder vorm Fernseher saßen, hat er sich selbstgefällig gegeben. »Das kann man mit dem lieben Bernd nicht machen«, hat er gesagt. Sie können sich zwar nicht mehr an den Zusammenhang erinnern, in dem diese Worte gefallen sind, aber den Namen Bernd oder Bernhard hat er da, im oberen Wohnzimmer, zum zweiten Male, eindeutig auf sich bezogen, ausgesprochen. Und als er sie kurz danach wieder mit dem Revolver bedrohte, hat er ihnen zu verstehen gegeben, er habe nichts mehr zu befürchten, er schrecke auch vor nichts zurück. Er sei sowieso aus der Psychiatrie entwichen. »Aufs Kreuz habe ich die alle gelegt.«

Ein Mann zwischen Vierzig und Fünfzig, bärtig, Vorname Bernd oder Bernhard und aus der Psychiatrie entwichen? Aber der muss sich doch sofort finden lassen. Da muss es doch Fahndungslisten geben, vielleicht sogar ein Bild, ein Fax mit genaueren Daten!

Sie haben bald darauf auch ein eigenes Bild. Sie haben die couragierte Helga Kröber gefunden, die Wirtin vom »Grauen Wolf«, oder Helga Kröber hat sie gefunden, die Nachricht von den grausigen Vorfällen im Haus hinterm Friedhof hat im Nu die Runde in dem kleinen Dorf gemacht. Dazu sieht jeder die unvermittelt eingetroffene Kavalkade der Polizeifahrzeuge und fremden Wagen. Auch die Steinerts stehen als Zeugen zur Verfügung, die dem Täter gegenübergestanden haben. Gemeinsam helfen sie nun einem Polizeizeichner, den die Staatsanwaltschaft oder die Polizei vorausschauend herbeordert hat, aus einer Skizze allmählich die festen Konturen eines bärtigen, bulligen Gesichts entstehen zu lassen: kurzgeschorener, schon angegrauter Vollbart, genauso kurz gehaltenes Haupthaar, keine Schläfenecken. Sie korrigieren verschiedentlich, streiten sich auch. Aber das Ergebnis befriedigt am Ende alle. Als das Bild Mutter und Tochter Seliger gezeigt wird, erschrecken die: Ja, so, genauso, fast genauso hat er ausgesehen.

Damit kann man doch etwas anfangen.

Und wo ist das Taxi abgeblieben, dessen Fahrer sich lediglich einmal übers Telefon von seiner Zentrale erreichen ließ, mit dem die Verbindung jäh abbrach, weil sich offenbar sein Fahrgast einschaltete? Mit einiger Verzögerung erfahren sie's: Er hat sich in der Nachbarstadt gemeldet, im benachbarten Bundesland, in Leipzig bei der Polizei, und die dort hat ihre eigene Fahndungsmaschinerie in Bewegung gesetzt, um den flüchtigen offensichtlichen Doppelmörder zu ergreifen. Sogar ein Hubschrauber ist angefordert. Bald wird er über den nordöstlichen Wald- und Parkgebieten der Messestadt kreisen, den Flüchtigen aufspüren helfen.

Denn flüchtig ist er noch, weiterhin flüchtig.

»Ich bin, wie der Fremde es wollte, über die Dörfer gefahren«, erzählt der Taxifahrer des gelben Mercedes. »Er hat mir die Pistole ein paarmal vorgewiesen, auch Munition. Ich hatte Angst. Als das Telefon ein zweites Mal klingelte, riss er es wieder an sich, wollte es aus der Verankerung zerren. Da sagte ich: ›Lass mir wenigstens den Hörer.‹ So nahm er bloß den Akku heraus und verschwand, seinen bunten Beutel in der Hand. Ich weiß nicht, ob er in die Stadt lief oder mit der Straßenbahn fuhr. Wir waren da schon in den Vororten von Leipzig, wohl in Möckern, er rannte erst mal in eine NebenStraße. Natürlich hatte er nicht bezahlt. Ich habe dann eine Telefonzelle gesucht und die Polizei angerufen.«

Als die eintrifft, das Taxi sichert, es nach verwertbaren Spuren untersucht, zeigt das Taxameter noch immer 121,40 DM an. »Mein Fahrer ist neu, noch nicht lange bei mir angestellt«, erklärt der Hallesche Fuhrunternehmer später, der auch einige Taxis betreibt. »Er kannte sich mit unserer Technik noch nicht voll aus. Ich bin froh, dass er heil davongekommen ist. Die geprellten Fahrtkosten kann ich verschmerzen.«

Die Presse beschreibt am Montag darauf unterschiedliche Versionen dieser Taxifahrt nach Leipzig. Nach ihrer Darstellung hätte es dem Taxifahrer durchaus nicht an Courage gefehlt, die Notrufanlage zu betätigen. Aber es war einfach keine im Wagen installiert. Überaus kritisch vermerkt es die Presse und fragt: Hätte der Doppelmörder nicht längst gefasst sein können, wenn die notwendige Technik installiert gewesen wäre? Außerdem: Man hat das Taxi wohl erst in Leipzig ausgemacht und angerufen, der Täter geriet demnach schon bei diesem ersten

Anruf in Panik und ergriff sogleich die Flucht. Warum aber erreichte man den Mercedes so spät? »Es gab Probleme mit dem Funk«, soll man in Halle bei der Kripo erklärt haben, was auch immer das bedeutete.

Wo aber ist der Täter, wer ist der Täter?

Noch am selben Vormittag glaubt man ihn zu kennen. Zunächst gerät ein Mann ins Visier, der vor zwei Tagen aus dem Psychiatrischen Krankenhaus in Bernburg entwichen ist; er konnte bislang nicht aufgegriffen und zurückgeführt werden. Hat er sich unmittelbar nach seinem Ausbruch auf den Weg nach Sernitz begeben, um dort derartig schwer straffällig zu werden? Aber weder ist er wuchtig gebaut noch bärtig im Gesicht, er ist auch deutlich jünger, und er heißt nicht Bernd oder Bernhard. Nein, dieses schmächtige Kerlchen wird es wohl nicht sein, ihm sollte ihre alleinige Aufmerksamkeit nicht gelten, er redet ein bisschen irre, ist schizophren, aber er ist in der Vergangenheit noch nie als gewalttätig aufgefallen.

Fast zum selben Zeitpunkt haben sie einen zweiten Namen: Bernd Portisch, dreiundvierzig Jahre alt, ein Klotz von einem Kerl, dazu bärtig. Vor sechs Wochen ist er aus der Justizvollzugsanstalt in Naumburg ausgebrochen, getürmt. Nein, genauer: Er ist von einem Freigang nicht zurückgekehrt und inzwischen genauso wenig wieder gefasst worden wie der Kleine aus Bernburg. Sie besorgen sich ein Foto von ihm, lassen es sich erst einmal zufaxen. Sie zittern, als sie es vor sich liegen haben, es Hilde und Heike Seliger vorlegen, auch Helga Kröber. »Ja, der ist es«, sagen sie alle nach kurzem zögerndem Bedenken. Vielleicht sind seine Haare in Wirklichkeit im Nacken etwas länger, aber die können, seit die Aufnahme gemacht worden ist, gut und gerne so lang gewachsen sein.

Bernd Portisch. Insgesamt über zehn Jahre hat er schon hinter Gefängnismauern verbracht. Den Chef der Pelzbande hat man ihn genannt, auf deren Konto insgesamt über zweihundertdreißig Einbrüche kamen. Pelzmäntel und Rohmaterial waren offensichtlich ihre Spezialität. Da hatte die Bande feste Abnehmer. Irgendwo in alten Akten ist die Gesamtbeute beziffert: 1,8 Millionen Deutsche Mark. Zuletzt ist Portisch noch einmal wegen Diebstahls und Einbruchs verurteilt worden. Von den diesmal zweieinhalb verordneten Jahren hat er noch vier Monate bis zum Sommer abzusitzen. Da plötzlich überkommt es ihn. Der Freiheitsdrang, der Übermut, die Lust, eine Gelegenheit wahrzunehmen? Am 13. März hat er Freigang in Naumburg. Mit einem unbewaffneten Justizangestellten, mit seiner neunzehnjährigen Stieftochter und ihrem Freund läuft er durch den Vorfrühling in den Straßen der Stadt. Mittags, nach ihrem Bummel, wollen sie in einem Restaurant gut essen. Die Justizküche kocht ordentlich, aber ihren Geschmack kennt man, man muss ihn sich nicht jeden Tag leisten. Die vier nehmen an einem Tisch Platz, unterhalten sich normal, freundlich. Als den Justizmann einmal die Blase drängt, geht er, scherzt noch mit Portisch: »Dass du mir in der Zwischenzeit ja nicht abhaust!« Als er zurückkommt, ist das gute Essen zwar gegessen, aber nur noch die beiden jungen Leute sitzen verlegen am Tisch. Portisch ist doch auch zur Toilette, sagen sie. Tatsächlich? Die rasche hektische Suche ist vergeblich. Erst am 17. April taucht Portisch wieder auf: in Sernitz, in der Kneipe »Zum grauen Wolf« und danach in dem Haus am Friedhof. Im Haus der Seligers wird er zum Doppelmörder, vergewaltigt er die beiden Frauen.

Klar, Portisch ist ihr Mann. Noch für den Nachmittag werden sie eine außerordentliche Pressekonferenz einberufen, an die Öffentlichkeit gehen. Ganz Deutschland wird dann nach dem Doppelmörder Portisch fahnden. Der Mann ist ihre Bank. Kleinigkeit, den Haftbefehl für ihn auszustellen.

9

Werner Jülich, der Hauptkommissar, weiß: Er kann eiskalt sein. Seine Gefühle beherrschen zu lernen gehört zu seinem Beruf, zu seiner Arbeit, die neben unendlicher Langeweile und Gleichförmigkeit auch genügend ganz unerwartete Belastungen und Überraschungen bringen kann. »Du kriegst unvermittelt Einblicke in Leben und Umstände, die dich erschüttern. Immer nahe am plötzlichen Tod, mit ihm konfrontiert, erfährst du viel Leid. Da musst du einen kühlen Kopf bewahren können.« (Übrigens erklärt er nie öffentlich, vor allem nie gegenüber der Presse, dass in seiner Arbeit je gleichförmige oder gar langweilige Zeiten vorkommen.)

Und doch gibt es Fälle, da ist auch einer wie er bis an die Grenzen des Menschenmöglichen, des Erträglichen gefordert, vielleicht schon darüber hinaus. Sich das vorzustellen: Zwei Frauen, eine davon ein halbes Kind noch, müssen es mit diesem Wüstling siebzehn Stunden in ein und demselben Haus, im eigenen Haus aushalten, neben den Leichen ihrer eben getöteten Verwandten, sie müssen sich aufs Bett der toten Schwiegermutter und Oma legen, damit dieser Kerl seine Lüste austoben kann. Wie lang wird da eine Stunde? Wie sehr dehnt sich selbst eine Minute? Und was haben die beiden außer dem, was sie der Polizei mittlerweile schon mitgeteilt haben, noch tun und durchstehen müssen? Man will es im Grunde gar nicht wissen, aber man wird es erfragen müssen, um das ganze Ausmaß des Geschehenen zu dokumentieren.

Werner Jülich geht durch das Haus. Die Einrichtung ist bescheiden, ordentlich und bequem, aber nirgendwo übermäßig. Für Luxus, Überfluss ist hier kein Platz. Der Altbau ist das Haus der Großmutter, der Anbau, nur in Teilen fertig, gibt der nächsten Generation Wohnraum, auch dem Mädchen Heike. Da ist vieles noch unfertig, die Wände sind noch nicht alle verputzt.

Im Vorgarten liegen die Materialien für den Fortgang der Arbeit, Steine, Bretter. Wer wird die Arbeit nun fortsetzen?

Hat der Täter sich von hier vorn, durch den Vorgarten und die Vordertür, Zugang ins Haus verschafft? Jülichs Blicke fallen auf die Fenster, an denen der Osterschmuck noch nicht abgenommen ist, Pflanzengehänge mit bunten Eiern, Sträuße, ein bisschen angewelkt. Am Briefkasten klebt ein Schild: Vorsicht – neugieriger Nachbar. Alles ist alltäglich. Nichts deutet auf das Entsetzliche hin, über das man vielleicht morgen schon reden wird zwischen Nordsee und München wie über einen Flugzeugabsturz vor Neufundland mit zweihundert Toten oder über den Kindermord in der Familie Weimar: Nun kommt es tatsächlich zum dritten Prozess gegen die Mutter.

Wieso musste sich der Täter ausgerechnet dieses Dorf, diese Familie und dieses Haus aussuchen, dem man allenthalben doch seinen dürftigen Wohlstand ansehen konnte? Am Altbau bröckelt der Putz, am Neubau gibt es alles andere als eine spektakuläre Glasfensterfront. Hat der spätere Mörder hier wirklich Geld vermutet, ist er aus Zufall hierher geraten, oder hat er dieses Haus mit genauer, sicherer Absicht heimgesucht? Oder ist er ganz einfach ein Psychopath, ein auf schlimme Art Kranker?

Werner Jülich fürchtet, wie er so scheinbar absichtslos um das Haus herumstiefelt: Über die Motive dieser Tat werden sie sich vielleicht noch lange die Köpfe zerbrechen müssen. Und keine ihrer Varianten wird eindeutig sein.

Nun, denkt er schließlich, der Täter ist von der anderen Seite gekommen. Er hat diese zwei Bier und die Schnäpse im »Grauen Wolf« getrunken, dann ist er geradeaus weiter. Wozu noch den Umweg über den kleinen Markt und den Kirchplatz machen, er ist direkt auf den Friedhof gegangen. Er hat diese Bank dort gesehen, hat an die Bierdosen gedacht in seinem Beutel, wenig genug, aber er hat den Durst noch gespürt, den er in der Kneipe nicht hat löschen können. Dann hat er sich hingesetzt in die Frühjahrssonne. Aber er hat nicht beide Dosen aus dem Beutel leer getrunken, nur die eine. Weshalb? Was ist ihm plötzlich wichtiger gewesen als dieser Durst? Da war noch etwas Schweres drin in dem Plastebeutel, etwas, was ihn schwermachte, runter zog, hat die Frau vom Friedhofsgärtner gesagt, außer den Papieren, irgend welchen Postkarten oder Bildern, ja, eine Bierdose ist es gewesen.

Werner Jülich schlägt die Zaungattertür zurück, betritt den Friedhof. Es sind nicht viele Schritte hin bis zu dieser Bank; vielleicht zwanzig. Er läuft sie, setzt sich, lehnt sich zurück. Er hat Friedhöfe nie gemocht. Er ist noch nicht so alt, um auf ihnen heimisch zu sein. Er hat nicht selten mit dem Tod zu tun, aber wenn irgendein Kollege oder naher Verwandter unters – wie sie es nennen – Gras gebracht wurde, hat er sich davon gemogelt, hat er geschwänzt, sooft es ging. Dabei weiß er, es zieht viele auf die Friedhöfe: die Ruhe dort, die Ausgeglichenheit. Erst recht romantische Liebespaare, die keinen Aufpasser brauchen. Ein Freund, den es in die Lehrerei verschlagen hat, läuft manchmal dorthin, wenn er Aufsätze oder Diktate zu korrigieren hat. Unvorstellbar ...

Jülich sieht sich um. Das ist kein besonderer Friedhof. Natürlich nicht. Ein paar höhere Grabsteine, ein Engel, der seine Flügel ausbreitet, nicht mehr. Rechts stehen die stabsmäßig ausgerichteten Reihen der Urnengräber. Zwischen den alten Grabfeldern links fehlen schon etliche Geviere. Sie warten auf neue Dauergäste.

Warum trinkt, wer hier auf der Bank sitzt und Durst verspürt, kein zweites Bier?

Jülich blickt zur Seite. Hinter dem Staketzaun und der letzten Grabreihe liegt das Grundstück der Seligers, zunächst der Garten, dahinter der Hof. Auch hier Baumaterial, dazu der Betonmischer. Der Garten ist gut einzusehen. In ihm hat vor zwei Tagen Elfriede Seliger gearbeitet, tatsächlich trotz ihres Knie-

oder Hüftleidens ein Beet umgegraben (oder erledigte das der Sohn?), geharkt, Gemüsesamen ausgebracht. Hat sie den Mann da drüben auf der Bank entdeckt, hat sie ihn gerügt? »He, wie kann man sich auf den Friedhof hocken und Bier in sich hineinkippen? Und dann vielleicht noch die Dose hinterlassen!« Hat sie etwas in der Art gesagt, den andern angemacht, ihren späteren Mörder, ihn gereizt mit solchen Vorwürfen? Oder hat er ein Gespräch begonnen beim Anblick der ein bisschen schwitzenden Frau, der man ihr Alter nicht ansieht, die noch gräbt und werkelt wie eine Junge trotz ihrer Behinderung? Ist ihm da plötzlich der Einfall gekommen: Hier kannst du was holen, hier steigst du ein? Waren eventuell sexuelle Gedanken im Spiel?

Ja, so etwa kann es gewesen sein. Hier, von der Friedhofsbank aus hat alles begonnen. Der Täter hat kein zweites Bier mehr getrunken, er hat in seiner Hast, seiner Gier selbst seinen Plastebeutel vergessen: Er ist über den Zaun oder durch eine Zaunlücke geklettert, jedenfalls ist er hinüber zu Elfriede Seliger.

Sie haben das Gartengerät, die Harke, noch quer über dem Beet liegend vorgefunden. Und Elfriede Seligers Oberbekleidung war an einen Schuppen gehängt, über einen hölzernen Bock geworfen. »Nein, Elfriede würde sich selbst bei der größten Hitze nicht halbnackt hinstellen«, hat eine Nachbarin gesagt, die Frau vom Friedhofsgärtner, Hanna Steinert. »Dazu schämt sie sich viel zu sehr.« Was heißt das? Sie ist gezwungen worden, Rock und Bluse abzulegen und die Schürze. Der Täter hat mit seinem Revolver nicht nur gespielt, sie vielmehr ernsthaft bedroht. Sollte sie so, nur in der Unterwäsche, alles Schreien unterlassen, nicht auf sich aufmerksam machen, ihm gefügig das vorhandene Geld zeigen? Wahrscheinlich.

Sie läuft nie ohne Krückstock aus dem Haus. Nun darf sie wenigstens noch an der Gehhilfe vor ihm her ins Haus hinken. (Die finden sie später im Parterre, auch am Boden liegend.) Sind sie dabei schon im Hof ihrem Sohn begegnet oder erst drin im Haus? Beides ist vorstellbar. Vielleicht hofft Hans Seliger, dass seine Mutter ihm ein bisschen Mittagessen zubereitet, aufwärmt. Nun trifft er auf sie in ungewohnter Weise, sie ist halbnackt, und der Fremde läuft hinter ihr. »Was soll der Quatsch?« erregt sich Hans Seliger vielleicht. »Was machen Sie mit meiner Mutter? Was wollen Sie überhaupt hier?« Da zeigt der andere, der Mörder, seine Pistole und erklärt unverhüllt, direkt: »Euer Geld!« (Oder ist doch sexuelle Lust das vordergründige Begehren des Eindringlings, und der Sohn ist plötzlich im Wege?)

Offenbar eskaliert in der Küche der Großmutter der Streit, der Täter zielt plötzlich kaltblütig auf Hans Seliger, der jetzt auf einem Küchenstuhl sitzt, und erschießt ihn. Einfach so. Danach treibt er die geschockte, hilflose Elfriede Seliger nach nebenan in ihr Schlafzimmer, wirft sie zu Boden und erdrosselt sie von hinten, stemmt dabei einen Fuß in ihren Rücken, seine Kräfte zu verstärken. Auf ihrem Hemd findet sich ein schwarzer Schmutzfleck, ziemlich eindeutig ein Schuhabdruck. Jedenfalls: Es gibt keinen Zeugen mehr für den Mord an Hans Seliger. Und weil der Anblick der Toten den Mörder stört, wirft er ein Deckbett über sie und ein Handtuch nebenan in der Küche über den Kopf von Hans Seliger. Dann macht er sich auf, das Haus zu durchsuchen. In der Küche des Anbaus, im Oberstock, stößt er unvermutet auf Heike, die Enkelin. Sie kann ihn wenigstens davon überzeugen, von den Vorgängen der letzten Stunde nichts mitbekommen zu haben. Keine halbe Stunde später kehrt Hilde, die Mutter, von ihrer Arbeit zurück.

Nein, Jülich kann nicht eiskalt sein. Seine Gefühle zu beherrschen, das mag Teil seines Berufes sein. Hier schafft er es kaum. Er betritt das Haus durch den Hintereingang vom Hof aus, wie der Mörder und sein Opfer. Mittlerweile ist das Landeskriminalamt zur Unterstützung angefordert worden. Die Beamten sollen am frühen Nachmittag eintreffen. Zwei Fotografen schleppen einstweilen Scheinwerfer, um die vorgefundenen Räume und die Lage der Toten auf einem Videoband zu dokumentieren. Der Gerichtsmediziner tritt Jülich aus der Küche entgegen. »Gut, dass ich dich treffe. Dieses männliche Opfer ...« – »Hans Seliger, ja? Was ist mit ihm?« – »Er ist nicht nur mit dem einen Schuss in die Schläfe niedergestreckt worden, den wir zunächst bloß festgestellt haben. Es existiert da noch ein zweiter Einschuss im Nacken. Ein regelrechter Fangschuss, würde ich meinen.«

Nein, Werner Jülich kann nicht eiskalt sein.

10

Nach der eiligen Pressekonferenz am Sonnabendnachmittag erscheint Bernd Portischs Bild in einigen Sonntagszeitungen. Auch über Rundfunk und Fernsehen wird nach ihm gefahndet. Das muss doch Erfolg haben!

Da erhalten die Kriminalisten der Stadt am Sonntagmittag einen dringenden Anruf aus Berlin. Es ist an diesem Sonntag nicht nur die übliche »Stallwache« anwesend, fast die halbe Abteilung hat Dienst, entweder draußen in Sernitz am Tatort oder im Gebäude des Präsidiums am Untermarkt. Hier erwartet man die eingehenden Hinweise aus der Bevölkerung, hier ist man bereit, ihnen unverzüglich nachzugehen, sie auszuwerten. Einiges an Maßnahmen ist schon eingeleitet.

Und nun dieser Anruf aus Berlin, aus dem dortigen Präsidium. Ob man sich tatsächlich sicher ist, in Portisch den Doppelmörder von Sernitz vor sich zu haben? fragt man.

Wieso diese Zweifel? Und was geht das ausgerechnet die Berliner an?

Nun ja, an diesem Vormittag hat hinter dem Scheibenwischer eines Berliner Streifenwagens ein Briefchen geklemmt, das von einem gewissen Bernd Portisch unterzeichnet war. Dieser Portisch, derzeit ohne festen Aufenthalt, weil auf der Flucht, wie er erklärte, schrieb: Er habe in seinem Leben schon etlichen Blödsinn angestellt, er habe dafür auch büßen müssen, Jahre im Strafvollzug verbracht. Aber was er getan habe, hätte sich niemals gegen das Leben anderer gerichtet, höchstens gegen ihr Eigentum. Gewalt gegen Menschen sei nie sein Fall gewesen. Mit anderen Worten: Er protestiere aufs heftigste gegen die öffentlichen Unterstellungen, ein Doppelmörder und brutaler Sexverbrecher zu sein. Zu Frauen zum Beispiel habe er ein ganz selbstverständliches Verhältnis und müsse sich ihre Liebe nicht erzwingen. Jedenfalls: An den fraglichen Tagen und Stunden der Ereignisse in diesem Sernitz, das er überhaupt nicht kenne, habe er sich in Berlin aufgehalten, es wird genug Leute geben, die ihm sein Alibi bestätigen.

Hat Portisch Namen genannt?

Ja, wenigstens zwei. Die eine zugehörige Person hat sich freiwillig gemeldet, nun gut, seine Stieftochter, die auch den Zeitpunkt seiner Flucht in Naumburg miterlebte, man weiß um diesen Sachverhalt, die Neunzehnjährige hat ihn selber benannt. Aber da gibt es offenbar noch eine ganze Handvoll von Leuten, die Portisch am fraglichen Wochenende in Prenzlauer Kneipen gesehen, mit ihm gegessen und getrunken haben, unabhängig voneinander. Außerdem ...

Was: Außerdem?

Dieser Portisch hat sich offensichtlich an verschiedene Zeitungsredaktionen mit seiner Erklärung gewandt. Bei einigen wird er offene Ohren gefunden haben. Macht euch auf geharnischte Artikel morgen gefasst. Deshalb fragen wir ja: Seid ihr euch sicher, dass dieser Portisch euer Doppelmörder ist?

11

Sind sie sich sicher?

Als sie am darauffolgenden Vormittag in die nächste Pressekonferenz gehen, die diesmal nur einem Thema gilt, in diese übliche Montagsbesprechung mit den Gerichtsreportern der Sender und Zeitungsredaktionen, überrascht sie der Chef der Polizei gleich zu Beginn mit einer kurzen, knappen Erklärung: Man hat inzwischen den Tatvorwurf gegen Bernd Portisch fallen lassen. Bernd Portisch ist nicht der Täter von Sernitz. Er hat ein offensichtlich zweifelsfreies Alibi. Er hat sich in Berlin aufgehalten. Und vor allem: Seine Fingerspuren sind mit Sicherheit nicht mit denen identisch, die man am Tatort oder in diesem Mercedes-Taxi in Leipzig vorgefunden hat. Hätte man die Unterschiedlichkeit dieser Fingerspuren nicht schon früher feststellen können? Wieso haben die Tatortbeamten, sogar das LKA sechsunddreißig Stunden gebraucht, um sich sicher zu sein? Es hagelt Fragen und Vorwürfe. Wieso hat man lediglich nach der Ähnlichkeit von Fotos und Phantombildern geurteilt, einen Unschuldigen mit diesen schwersten Tatvorwürfen konfrontiert? Wieso hat man die Presse in diesen Riesenflop sauber mit hineinlaufen lassen? Und: Verstrich über allem nicht viel zuviel Zeit, kostbare Zeit, in der man nach dem wirklichen Täter hätte intensiver suchen können?

Kriminalisten und Staatsanwalt weisen die Vorwürfe energisch zurück, es sind ihnen keine Pannen unterlaufen. »Wie wollen Laien von außen beurteilen«, sagt zum Beispiel der Chef der Polizei und geht in die Offensive, »wie man solche Ermittlungen führen muss? Es hat keine Fehler gegeben, im Gegenteil, die Ermittlungen wurden sehr exakt und gründlich geführt.« Sowieso sind sie nicht einfach gewesen. Der Täter hat Spuren verwischt – »wir haben es mit einem ausgefuchsten Verbrecher zu tun« –, da brauchte es Geduld, um überhaupt verwertbare Abdrücke zu finden. »Das schafft man nicht in ein paar Minuten, auch nicht in Stunden. Außerdem muss man die Beweise so sichern, dass sie vor Gericht anerkannt werden. Der Tatort war in diesem Falle groß, sehr groß, das gesamte Wohnhaus, da gab es auch Fasern und Sekretspuren zu dokumentieren. Nein, unsere Kriminalisten und die Mitarbeiter des Landeskriminalamts sind sehr präzise tätig gewesen. Wenn man Fingerspuren heranziehen muss, ist die Situation immer kompliziert.«

Nun wissen sie, warum der Chef persönlich zur Montagsbesprechung gekommen ist. Er lässt sich so leicht nicht die Butter vom Brot nehmen, heißt es. Auch an diesem Vormittag nicht. Freilich, was die Fahndung nach Bernd Portisch anbelangt, muss auch er zurückstecken. »Natürlich kann man im nachhinein unterschiedlicher Auffassung sein«, räumt der Präsident ein, »ob eine so schnelle Fahndung nach dem dreiundvierzigjährigen Mann aus dem Naumburger Gefängnis angebracht war, ob es vor allem richtig war, sogleich damit in die Öffentlichkeit zu gehen. Wir meinen allerdings«, fährt er dann fort, »wir mussten öffentlich nach Portisch suchen. Drei ernsthafte Zeugen hatten ihn auf dem vorgelegten Foto unabhängig voneinander mit nahezu absoluter Sicherheit erkannt. Da war es in unserem wie im Interesse der Bevölkerung, den vermuteten Täter so schnell wie möglich zu ergreifen, die Menschen vor ihm und weiteren Verbrechen zu schützen.«

Eigentlich erstaunlich, dass man an diesem Morgen dem kritischen Blick auf das Zurückliegende so viel Raum lässt, denn: Der eigentliche Clou dieser Besprechung, die brisante Nachricht, der Fakt, der wie eine Bombe einschlagen wird, kommt ja erst noch. Kaum hat nämlich der Präsident seine Anmerkungen zur Lage abgeschlossen, gibt er dem Pressesprecher des Landesamtes der Kriminalisten das Wort. Der, jung, ziemlich sportlich, in der Stadt noch wenig bekannt, beginnt scheinbar ganz undramatisch, nüchtern. Er hat im Grunde auch nur wenige Sätze mitzuteilen.

»Das Landeskriminalamt wurde am vergangenen Sonnabend gegen halb zwölf Uhr mittags um seine Unterstützung in der Mordsache in Sernitz gebeten. Unsere Beamten waren gegen fünfzehn Uhr vor Ort und begannen sogleich mit ihrer Arbeit, die, worauf der Herr Präsident bereits hinwies, wegen der Grösse des Tatorts sehr umfangreich war. Am Sonntagmorgen wurden die entscheidenden Fingerabdrücke genommen und anschließend im Labor untersucht. Diese Laborauswertung hatte als erstes sichtbares Ergebnis die Erkenntnis, dass die aufgefundenen Fingerabdruckspuren nicht von der zur Fahndung ausgeschriebenen Person stammten. Also nicht von Portisch. Ich sage Ihnen bis hierher nichts Neues. Aber: Wir gingen mit diesen Spuren dann an den Zentralrechner des Bundeskriminalamtes und gaben unser Material ein. Der Computer hat uns daraufhin etwa dreißig Abdrücke genannt, die mit dem eingegebenen Material große Ähnlichkeiten aufwiesen. Wir haben diese Abdrücke überprüft und mehrfach von Experten begutachten lassen. Das Ergebnis: Mit nunmehr hundertprozentiger Gewissheit steht der Verursacher fest, der die Abdrücke in Sernitz und am Taxi hinterlassen hat.«

»Der Verursacher steht fest? Das heißt, ihr habt den Kerl?«

Die Stimmen der Journalisten überschlagen sich, schwirren durcheinander, sind kaum zu verstehen: »Was macht ihr für ein Geheimnis daraus!« – »Warum sagt ihr das nicht gleich?« – »Nennt den Namen!« – »Den Namen!« – »Seid ihr euch denn diesmal wirklich ganz sicher mit eurem Verdacht?«

Da nickt der Präsident, hebt beschwichtigend die Hände, übernimmt die Gesprächsleitung wieder: »Ja, diesmal sind wir uns ganz sicher. Die neue Fahndung läuft bereits. Nun bitten wir auch Sie um Ihre Unterstützung. Es sind Fotoabzüge vorbereitet, mit denen Sie arbeiten können. Der Tatverdächtige heißt

Bernhard Büchner, ist Jahrgang 1948 und mehrfach einschlägig vorbestraft. Zwei Tage vor der Tat in Sernitz ist er bei einem Arztbesuch, genauer: bei einem Zahnarztbesuch seinen Betreuern aus dem nordrheinwestfälischen Landeskrankenhaus Düren entkommen.«

»Kennen die Zeugen, die Portisch identifizierten, das Foto des neuen Verdächtigen?«

»Wir haben es ihnen vorgelegt. Sie sind diesmal ohne Schwanken und Vorbehalte einhellig überzeugt: Das Bild zeigt den Täter.«

»Weshalb ist dieser Büchner ausgerechnet in unsere Gegend gekommen? Gibt es schon Vermutungen über die Gründe?«

»Natürlich nicht. Nur das wissen wir bereits: Büchner hat einmal in unserer Stadt gewohnt, wenigstens in ihrer unmittelbaren Nähe, vier Jahre lang, von 1952 bis 1956. Er ist hier eingeschult worden, ehe er mit seinen Eltern an den Niederrhein oder ins Ruhrgebiet verzog.«

»Hat dieser Büchner Helfer gehabt bei seiner Flucht?«

»Zwei, soweit wir wissen, es hat auch zwei Fluchtfahrzeuge gegeben.«

Die Journalisten drängen sich am Tisch der beiden Sekretärinnen, die die Fotos und Unterlagen ausgeben, sie starren auf das Bild des vermutlichen Doppelmörders, das sie von nun an dutzendfach in ihren Blätter veröffentlichen werden. Nun ja, die Ähnlichkeit mit dem Gesicht von Portisch ist deutlich, aber auch die Unterschiede sind augenfällig, scheint ihnen, die derberen Brauen, die kürzeren, stärker anliegenden Haare, der derbe, bullige Gesamteindruck. »Einhundertzwölf Kilogramm Gewicht, ein Meter dreiundsiebzig groß«, lesen sie auf dem beigefügten Material. »Von Beruf Metzger, Kopffleischer. Die gegen Büchner ausgesprochenen Strafen bedeuten, dass er bis zum Jahre 2033 einsitzen muss.«

»Kopffleischer«, raunt man sich zu. »Wisst ihr, was für eine spezielle Tätigkeit das ist?«

12

Ja, von nun an ist dieses Bild beinahe jeden Tag in ihren lokalen Zeitungen und weithin darüber hinaus zu finden. Fernsehen und Radiosender berichten, Zielfahnder des Landeskriminalamtes, heißt es, sind auf Büchner angesetzt, »und die haben noch immer ihre Aufgaben erfüllt, können eine hohe Erfolgsquote aufweisen«. Man sucht Büchner, sagen andere, sogar europaweit. Wie das? Heißt das: Er hat Deutschland verlassen können? Allein oder mit fremder Hilfe, als friedlicher Eisenbahntourist getarnt oder in einem Mietwagen? Wo halten sich übrigens die beiden Männer auf, die Büchner in Düren die Flucht zu bewerkstelligen halfen? Der Renault Laguna, der in Düren beim Zahnarzt vorfuhr und den mit Handschellen gefesselten Büchner aufnahm, ist längst gefunden worden (er war natürlich gestohlen), ein zweiter Helfer muss einen zweiten Wagen gesteuert haben, in den Büchner und sein Komplize dann umstiegen. Sind die beiden Helfer von Düren nun weiterhin für Büchner tätig, haben sie ihn überhaupt in die Nähe von Sernitz gebracht, schleusen sie ihn jetzt gar ins Ausland?

Die einheimischen Kriminalpolizisten, auch Werner Jülich, sehen in der Zwischenzeit einen möglichen Schlüssel zu Büchners Tat in seinem früheren Aufenthalt in dieser Gegend.

Weshalb sonst soll er aus dem fernen kleinen Ort bei Aachen ausgerechnet hierher gekommen sein? Also: Gibt es noch verwandtschaftliche Spuren, Verwandte, die hier leben? Auch: Wer kann sich noch an die Familie Büchner von damals erinnern?

Aber diese Ermittlungen über viereinhalb Jahrzehnte hinweg erweisen sich als äußerst schwierig. »Weil ein Meldewesen in der DDR erst ab 1954 aufgebaut wurde«, berichtet eine Zeitung am 23. April, fünf Tage nach dem Bekanntwerden der Taten von Sernitz, »und in jenem Jahr die Herausgabe von Adressbüchern endete, wurden die Fahnder bislang nicht fündig. Deshalb hoffen sie, nach der erfolglosen Überprüfung von möglichen Grabsteinangaben auf dem Friedhof in Sernitz Hinweise auf eine Verwandtschaft in einem anderen Saalekreisdorf im Kirchenbuch (Angaben zu Geburt, Konfirmation, Tod) zu finden. Weil das Kirchenbuch gestern nicht zugänglich war, soll die Sichtung heute nachgeholt werden.«

Zur selben Zeit streiten sich im nordrhein-westfälischen Düren Vertreter von Polizei und Landeskrankenhaus um die Verantwortung. Wer hat entscheidend versagt, indem er Büchner, dem mehrfach Vorbestraften, um dessen Gefährlichkeit man doch genau Bescheid wusste, die Flucht ermöglichte? Die Klinik hat ihm zwei Pfleger beigegeben, ihn mit Handschellen gesichert. »Das ist das Maximum an Maßnahmen, die uns bei einem Arztbesuch gestattet sind. Im Grunde wäre Polizeischutz angebracht gewesen.« Da weist die Polizei den versteckten Vorwurf zurück. »Die Klinik hat in der Vergangenheit in solchen Fällen noch nie Polizeischutz beantragt.« Außerdem: Sind nicht zur Zeit noch zwei weitere gefährliche Patienten ohne Abmeldung unterwegs, also geflohen? Sind nicht seit Jahresbeginn nachweislich insgesamt 24 Insassen aus der Landesklinik verschwunden, ganz einfach abgehauen, davon allein zehn aus dem Bereich der Forensik? Wer hat sich da selbstkritisch einen Kopf zu machen?

Zur selben Zeit gibt es auch in Halle Ärger, und zwar mit der Polizei der benachbarten Messemetropole. Die hat in der Leipziger Innenstadt Tausende von Blättern mit Büchners Foto und Angaben über ihn verteilen lassen, sie hat ihren Großeinsatz sogar mit Hubschraubern unterstützt, aber in Halle »werden Staatsanwaltschaft und Polizei erst informiert, als die Aktion bereits läuft«. Das heißt: Die Hallenser erfahren von den Leipziger Aktivitäten per Zufall aus dem Radio. Natürlich ist ihr interner Protest energisch, aber nach außen hin »äußern sie sich lediglich verwundert«. Was, wenn in diesem unkoordinierten Vorgehen wichtige, vielleicht entscheidende Hinweise verlorengehen? Weshalb haben die Leipziger überhaupt ihr Unternehmen gestartet? Sie haben, heißt es, ein paar ernsthafte Hinweise erhalten, dass sich Büchner noch in ihrer Stadt aufhält. Er hat sich in einer Pension ein Zimmer bestellt, dort freilich nicht wieder vorgesprochen. Nun überprüfen die Leipziger alle Hotelunterkünfte und -anmeldungen der letzten Tage.

Und von alldem erfährt man in der Nachbarstadt erst im nachhinein?

Am selben Tag, an dem die Zeitungen von diesen erstaunlichen internen Kontroversen berichten, melden sie auch: Zwei Fahrzeuge sind ins Visier der Polizei geraten, ein BMW mit einem britischen Kennzeichen und ein roter VW Golf mit Gladbacher Kennnummer. Sind es die Autos von Büchners Helfern in Düren? Benutzen sie diese Wagen jetzt anstelle des abgestellten und gefundenen Renault und des Mercedes, der offensichtlich das Umsteigefahrzeug war? Nein, mindestens der BMW ist nun genauer erkannt. Man hat ihn offenbar zunächst für diesen Mercedes gehalten.

Die vervielfältigten Unterlagen über Büchners Leben, die den Medien übermittelt wurden, besagen: Einmal hat Büchner, nicht wenige Jahre, mit seiner Familie in dem Ruhrgebiets-Städtchen Marl gewohnt.

Da beschließt der Reporter einer Kölner Boulevardzeitung, den Mitteilungen auf den möglichen Grund zu gehen, und fährt in die Stadt, um Erkundigungen einzuholen. Er hat Glück. Er trifft auf Bernhard Büchners Mutter. Die alte Frau wohnt noch dort, ist fünfundsiebzig und zu Auskünften gern bereit. Ach was, sie quillt voller Emotionen von ihnen über. »Der Bernd, wenn sie den fangen«, sagt sie, »der darf nie wieder raus aus der Haft. Der ist verrückt. Seit einer Woche ist wieder die Angst in mir da. Als alle Welt voll war von den Nachrichten über seinen Ausbruch, habe ich gleich alle Türen verriegelt. Ich habe im Fernsehen das Foto der Frau gesehen, die Bernd erwürgte, diese Einundsiebzigjährige. Ich war erschrocken: Die sieht mir ja ähnlich. Nun fürchte ich mich: Er hat an mich gedacht, als er sie erdrosselte.«

»Sie haben noch Kontakt zu Ihrem Sohn?« fragt der Reporter.

Da hebt Marianne Büchner die Hände, wehrt ab.

»Seit zehn Jahren nicht mehr. Damals hab ich ihn das letzte Mal besucht, in so 'ner Psycho-Klinik. Im September vergangenes Jahr, als sein Vater im Sterben lag, klingelt er auf der Station im Krankenhaus an. Der arme Mann, schwer herzkrank, kriegt am Telefon kein Wort heraus. Da reiss ich den Hörer an mich, ich wusste ja, wer dran war: Nichts mehr wollen wir mit dir zu tun haben, Bernd, nichts, nichts! Der Bengel hat schon früh gelogen, geklaut. Seinen Geschwistern hat er heimlich die Osternester geplündert, mir hat er das Geld aus dem Portemonnaie genommen. Später gingen wir nach Marl, ehe die Mauer da war. Da hat er die Schule geschwänzt. Mit sechzehn hat er das erste Mal ein Mädchen vergewaltigt, von ihr genommen, was sie ihm nicht freiwillig gab. Als er in der Jugendhaft Freigänger wurde und Metzger lernte, brach er bei der ersten Gelegenheit aus, zwei Schlachtermesser im Gepäck. Von da an wollte er auch uns umbringen, ich habe keine Ahnung, warum.«

Die Zeitung druckt die Geschichte ausführlich. Sie wird auch in den neuen Ländern fleißig kolportiert.

Wie gesagt: Die Zeitungen sind voll mit Geschichten über Büchner, und beinahe jeden Tag erscheint dazu sein Bild, dieses derbe, bullige, verbissene Gesicht. Und noch immer ist die Bestie, der Sex-Gangster, der Doppelmörder, nicht gefasst! heißt es dazu.

Aber diese Fluchthelfer? Führen nicht wenigstens sie auf Büchners Spur?

Man weiß, erstaunlich, bald um die Identität der beiden, man spürt sie rasch auf. Natürlich hofft man, dass sie sich mit Büchner treffen. Man observiert erst einmal ihr Verhalten, tagelang. Als die Beobachtung schließlich nicht den geringsten Erfolg bringt, keinerlei Anknüpfungspunkt, greift man zu.

Sollen sie auspacken, was sie wissen, vielleicht nutzt das mehr. Der eine, Heinz Werner, 52, wird im Raum Siegburg gefasst, der andere, Claus, 30, am Tag darauf in der Nähe von Frankfurt am Main. Beide sind amtsbekannt und vorbestraft wegen Raub und Erpressung.

Heinz Werner hat mit Büchner jahrelang in einer Zelle gelegen, ist gut Freund mit ihm gewesen; er hat ihn danach auch noch ein paarmal besucht, im Knast wie in der Forensik. Stimmt's? Heinz Werner jedenfalls hat die Fäden gezogen. Claus aber, aus Duisburg stammend, ist der Pepita-Mann gewesen. Pepita-Mann, so haben ihn die beiden Pfleger aus der Klinik genannt. Er hat am Steuer des Renault Laguna gesessen, ein kariertes Hütchen auf dem Kopf, weiße Handschuhe über den Fingern, »wie ein aufgeblasener Butler vom Großkotz«.

Nun plaudert Claus fleißig beim Verhör, schwadroniert, und die Zeitungsleute erfahren es aus erster Hand.

»Heinz Werner klaute nachts einen Renault Kombi bei einer Autoverleihfirma in Leverkusen. Er wusste, dass Bernd am nächsten Tag einen Zahnarzttermin kriegte. Woher? Das fragen Sie ihn selber. Heinz Werner wartete im Industriegebiet ›Im großen Tal‹ in dem BMW mit dem britischen Kennzeichen, ich im Renault vor der Klinik. Als Bernd kam, öffnete ich die hintere Wagentür. Er wusste sofort Bescheid, sprang in den Wagen, und wir rasten davon. Wir wechselten das Auto wie vorgesehen und fuhren zum Kölner Hauptbahnhof. Dort kauften wir Bernd ein Bahnticket nach Halle. Unterwegs haben wir ihn mit einem Bolzenschneider von den Handfesseln befreit.«

Ob alles stimmt, was er sagt? Oder schneidet er auf?

»Sie kauften Büchner ein Bahnticket nach Halle im Osten? Was wollte er dort, ausgerechnet im fernen Osten?«

»Er hatte da wohl Bekannte und erhoffte sich Geld von ihnen, viel Geld. Er brauchte es, sagte er, für ein Gutachten in seiner Klinik.«

Noch einmal: Die Zeitungen sind voll mit Geschichten über Büchner, sie drucken fleißig auch diese: »Der Pepita-Mann packt aus!« – »So gelang die Flucht!« Nur das Geld im Osten, merkwürdig, verschweigen sie noch. Oder hat der Pepita-Mann erst später darüber gesprochen?

Und immer erscheint Büchners bulliges Porträt im Artikel und meist der Hinweis daneben: »Die Sex-Bestie von Sernitz noch immer auf freiem Fuß.«

Nein, auch seine Entführer haben keinen Kontakt mehr zu ihm gehalten, sind keine Spur zu ihm.

13

Heinz Wegener lebt in Leipzig. Es ist ihm einiges schiefgelaufen im Leben. Er hat sich mit seinen Eltern für immer überworfen wegen eines Mädchens, aber die Ehe danach hielt nicht. Nun hat Wegener manchem nachzutrauern: der verlorenen Zeit, der Zuneigung seiner Eltern, seiner Ehe, der verlorenen Arbeit im Kesselbau. Und sein Kind? Er hat sich ziemlich gehen lassen mit den Jahren, er hat in ein paar Wohngemeinschaften gehaust, nun ist er Sozialhilfeempfänger. Wo sollen da Alimente für ein Kind herkommen? Eigentlich hat er es auch schon längst vergessen. Fast sechzehn ist das Kind, Mädchen gehen in dem Alter längst eigene Wege. Da plötzlich trifft er sie wieder, die Kleine, und sie ist ein properes, ansehnliches Ding und alles andere als abweisend.

Eines Tages im April kauft Heinz Wegener billig im Supermarkt ein. Er sieht ein bisschen heruntergekommen aus, wenig gepflegt. Sein Haar ist schütter, aber halblang gewachsen, sein Bart wuchert wirr. Er ist nun vierzig, sieht jedoch deutlich älter aus. Er legt wenig in seinen Einkaufswagen, ein paar Getränke, zwei Dosen Suppe, ein halbes Brot. Zigaretten wird er sich erst an der Kasse nehmen. Wie er neugierig durch die Markthalle wandert – er hat ja Zeit, keiner wartet auf ihn –, bemerkt er ein paarmal, dass er beobachtet wird. Zwei, drei Leute glucken zusammen, flüstern, fixieren ihn. Später noch einmal zwei. Ganz offensichtlich. Da drängt es ihn plötzlich, er weiß selber nicht, warum, zum Ausgang, zur Kasse. Dort, als er seine paar Einkäufe in einen Plastebeutel packt, erschrickt er. Zwei Polizisten laufen direkt auf ihn zu, ergreifen ihn. Er soll mit ihnen kommen, sagen sie. Aber warum? Er ist dieser Mörder, erwidern sie, nach dem alle Welt fahndet, der aus Plastebeuteln lebt. »Ich bin dieser Sex-Gangster, der zwei Tote auf dem Gewissen hat? Ich?

Wann soll ich's getan haben?« Doch er wird in einen der beiden vor dem Supermarkt parkenden Streifenwagen gebeten, man greift recht unsanft nach seinen Armen, als er sich sträubt. Erst auf dem Kommissariat kann er sich einigermaßen erklären: Er ist Heinz Wegener, wer schleppt immer seinen Personalausweis mit sich rum? Da begleiten sie ihn sogar in seine Wohnung, seine Absteige, das Zimmer, dessentwegen er sich plötzlich schämt, sie fahren ihn sogar zu Sybille, der Tochter. Ist sie da? Wird sie sich zu ihm bekennen? Nach zwei Jahren haben sie sich mal wieder getroffen, ausgerechnet an dem Freitagabend, für den er eine Erklärung braucht, ein Alibi. Wird sie's ihm geben? Auch ihr Freund war doch dabei, nicht viel älter als sie. »Ihr könnt ihn laufen lassen«, sagt sie da, »er ist mein Alter.

Er hat mir ein Essen spendiert an dem Abend, ja, wir haben im ›Blauen Kuckuck‹ gesessen. Den kennt ihr doch?«

Er hätte ihr um den Hals fallen können.

Die Polizisten entschuldigen sich nicht. Eine Verwechslung, erklären sie, verständlich bei all der Hysterie ringsum.

»Ich habe mir noch am selben Abend eine Zeitung gekauft. Ich lese sonst nie, höchstens die Überschriften an den Kiosken. Aber ich musste wissen, was es mit dem Mann auf sich hatte, der so aussah wie ich. Ein doppelter Mörder? Um Gottes willen! Ich sah nur sein Gesicht. Das sollte wie meines sein? Die Augenbrauen voller, geschwungener, das Haar dunkler, derber, der Bart viel kürzer geschnitten als meiner, geradezu gepflegt. Trotzdem, es war komisch. Andere mussten das anders sehen als ich. Ich wurde ein paarmal, ach was, neun-, zehnmal von Polizisten kontrolliert, wenigstens dreimal sooft von Leuten verdächtig angestarrt. Ich trug schließlich meinen Ausweis immer bei mir, damit ich ihn sofort herzeigen konnte. Ich wagte mich bald kaum noch aus meinem Haus, meiner Wohnung, nur noch zum nötigsten Einkauf. Hoffentlich ist der Alptraum bald vorüber, und sie fangen den Kerl.«

»Er hat eine Selters gekauft?«

»Eine Selters. Ja.«

»Und?«

»Er sieht aus wie der Mann auf dem Bild. Wie der Mörder, die Bestie.«

»Wo ist er jetzt?«

»Er sitzt auf der Bank am Park. Er trinkt. Er trinkt diese Selters. Das Rad steht neben ihm.«

»Was für ein Rad?«

»Was für ein Rad, was für ein Rad. Seins natürlich. Es heißt doch: Der Mann ist mit einem Rad unterwegs. In Leipzig haben sie ihn zweimal gestern auf diesem Rad gesehen, schwarzer Rahmen, rote Schrift. Rote Schrift hat seins hier auch.«

»Wir kommen. Wir kommen rasch. Können Sie ihn ein bisschen aufhalten?«

»Ich versuch es.«

Keine halbe Stunde später sind sie dort, ein ganzes Spezialkommando, in Eile zusammengestellt, eine halbe Polizeistation. Da sitzt der Mann tatsächlich noch immer auf der Bank. Neben ihm kein Zeuge, kein Tipgeber, nur dieses Rad, schwarzer Rahmen, rote Schrift.

»Na, Opa, hast du 'nen Ausweis, kannst du ihn uns zeigen? Wo bist du vergangenen Freitag gewesen? Weit weg über Land?«

»Ich bin froh, wenn ich die paar Kilometer von meinem Haus zu den Kaufläden hier schaffe. Ich bin siebzig. Hoffentlich verlässt mich meine Kraft nicht. Bei uns zu Haus ist vieles langweilig. Ich muss da immer mal raus.«

Siegfried Kempf ist Rentner, was soll man ihm vorwerfen? Er trägt einen Vollbart und fährt Rad. Wie der Mörder.

»Beamte der Polizeistation haben den Siebzigjährigen nach allen Regeln der Polizeikunst überprüft«, erklärt der Polizeidirektor später der nachfragenden Presse. »Wir konnten ihn nicht wegen irgendwelcher unbewiesenen Verdächtigungen festhalten.«

Geschehen in Bad Schmiedeberg, Sachsen-Anhalt.

Und in Dötzen und Bad Birkesholm, Schleswig-Holstein? Am selben Tag? Ein roter Nissan befährt die Strecke. Der Mann am Steuer trägt einen knappen Bart, schon leicht ergraut, wie auf dem bekannten Foto, heißt es. Als man den Fahrzeugbesitzer ermittelt hat, ist auch hier alles ein Versehen, eine Verwechslung. Der dreiundfünfzigjährige Unternehmer hat sichere Zeugen für seinen Aufenthalt am Wochende. Und überhaupt war er noch nie in den neuen Bundesländern.

Die Polizei erhält in der ersten Woche über zweihundertfünfzig Hinweise. Allen geht man nach. Wie gründlich? Sogar aus Sernitz selber kommt plötzlich die Nachricht: Die Bestie ist wieder aufgetaucht. Eine Frau Mitte Zwanzig will den Mörder gesehen haben. Er ist mit dem Rad nach Gutendorf hinübergefahren. »Sein Bart war kurz, sein Haar auch. Er hat es sich schneiden lassen. Trotzdem habe ich ihn genau erkannt.« Natürlich ist auch das ein falscher Alarm. Kehrt ein solcher Täter tatsächlich an den Ort seines Verbrechens zurück?

Kennt man dafür das letzte Versteck des Mörders, ehe er ins Dorf kam? Keine zehn Kilometer weiter ist in ein Gartenhaus eingebrochen worden. Leere Bierdosen und Zigarettenreste liegen herum. Da wird er sich aufgehalten haben. Mitarbeiter des Mobilen Einsatzkommandos ermitteln.

Und was ist mit der »Stadtresidenz«? In diesem Leipziger Seniorenwohnheim hat sich ein Mann nach einer Bleibe für seine Mutter erkundigt. Die Heimleiterin erschrickt noch Tage danach: Der Fremde trug Vollbart, einen breitkrempigen Hut, alles Tarnung. Er war der Doppelmörder! Tatsächlich? (Ist das die »ganz ernst zu nehmende Mitteilung«, derentwegen die Leipziger ihren Großalarm auslösten samt massiertem Hubschraubereinsatz?)

Wie gesagt: Die Polizei erhält allein in der ersten Woche wenigstens zweihundertfünfzig Hinweise.

14

»Das Netz zieht sich zusammen.« »Dem Doppelmörder ganz dicht auf den Fersen.« – Werner Jülich liest die Schlagzeilen der Zeitungen mit zwiespältigen Gefühlen. Sie drücken auch seine Hoffnungen aus, aber er weiß: Die Wirklichkeit sieht noch völlig anders aus. Zwar haben er wie Angehörige nicht weniger Polizeireviere in ganz Deutschland mittlerweile angenommen, in den nächsten Stunden den derzeit im Lande meist gesuchten Mörder verhaften zu können, so sicher und konkret schienen die eingegangenen Hinweise. Mindestens ein Dutzend bärtiger Männer zwischen Dreißig und Siebzig hat man inzwischen ganz intensiv überprüft, manche auch für ein paar Stunden fest gesetzt, Männer, die zuvor meist mit einem bunten Plastebeutel oder einem Fahrrad unterwegs gewesen sind. Aber jedesmal hat sich der Verdacht rasch zerschlagen, nicht nur bei dem Sozialfall im Leipziger Supermarkt oder bei dem Autofahrer an der schleswig-holsteinischen Küste. Nein. Wenn man ehrlich und ungeschminkt Bilanz zieht: Schon eine knappe Stunde nach der Flucht mit dem Taxi haben sie Büchners konkrete Spur in Leipzig verloren. Nachdem er in einer der Nebenstraßen dort im Stadtteil Möckern verschwunden ist, haben sie ihn nirgendwo wieder aufspüren können.

Sie wissen mittlerweile nicht wenig von Büchner. Sie kennen seine Vorstrafen, sie wissen um seine Gefährlichkeit. Schon einige Male in der Vergangenheit hat er aus der Sicherungsverwahrung, bei irgendwelchen Freigängen wohl auch aus dem Strafvollzug entweichen können, um kurz darauf wieder straffällig zu werden. Er hat einen ungezügelten Sexualtrieb, der bei ihm explosionsartig ausbricht, den er rücksichtslos auslebt. Wenn er in der Vergangenheit seine Opfer dabei lediglich schwer verletzte, nun hat er eine Grenze überschritten, nun hat er getötet. Warum soll er es nicht wieder tun? Während andere schwerkriminelle Täter darauf aus sind, sich durch ihre Flucht der Strafe zu entziehen, während sie untertauchen, nicht auffallen wollen – bei Büchner ist das anders. Er stellt eine ständige Gefahr dar, eine akute Bedrohung. Er kann jederzeit erneut zuschlagen, eine Frau überfallen, ein Messer zücken. Erst recht die Pistole gebrauchen, die er bei sich trägt. »Büchner ist eine tickende Zeitbombe«, hat irgendwer gesagt. Alles macht die Suche nach ihm nur dringender, eiliger, schwieriger.

Manchmal, wenn Gelegenheit ist, selten genug, wenn er mit der Familie zusammensitzt, ertappt sich Werner Jülich, wie er vor allem Corinna betrachtet, seine Tochter. Sie ist sechzehn wie Heike Seliger, Schülerin noch wie Büchners Opfer. Unmöglich, sich vorzustellen, dass ihr widerfahren wäre, was Heike Seliger widerfahren ist. Dennoch: Der ungewollte Vergleich fährt ihm wie ein Krampf durch den Körper. Er weiß ja mittlerweile genau, was die beiden Frauen siebzehn Stunden lang durchstehen mussten. Sie haben ihm zu Protokoll gegeben, wozu Büchner sie im einzelnen zwang, wieviel Lebensangst selbst dann noch in ihnen war, als ihren Peiniger so etwas wie Langeweile überkam und sie mit ihm Kreuzworträtsel lösen und fernsehen mussten (brachte man dort schon Meldungen über seine Flucht?). Sie haben inzwischen das Haus verlassen, wo jedes Zimmer, jedes Möbelstück, selbst jedes Stück Geschirr sie an das erlebte Grauen erinnern, an den Tod von Mann und Großmutter; sie sind bei Verwandten untergekommen, sie haben sich bald eine kleine Wohnung gemietet. Nun denken sie daran, das unglückselige Haus, dessen Ausbau sowieso nie fertig geworden ist, überhaupt ganz einreissen zu lassen. Kann man ihren Entschluss nicht verstehen?

Über allem vergehen die Wochen, liegen die Taten bald einen Monat zurück. Die Ermittler haben getan, was sie tun konnten, immer neue Zeugen angehört, das Geschehen dokumentiert, Protokolle verfasst. Was kann ihnen nun noch weiterhelfen, was für eine bisher unbekannte Spur? Was für ein noch nicht entdeckter Zeuge kann ihnen Zusammenhänge benennen, die sie geradewegs oder auf Umwegen zu Büchner führen?

Natürlich setzen sie auf die zentrale Fahndergruppe in Magdeburg. Die Männer dort haben im Verborgenen schon öfter spektakuläre Erfolge vorweisen können. Sie haben einen gewalttätigen Rotlichtboss aufgespürt und einen Treuhandliquidator tief in den USA gefunden. Sie haben auch die Helfer entdeckt, die Büchner bei seiner Flucht aus Düren die Autos steuerten. Haben sie ihnen gegenüber zu rasch zugeschlagen, sie zu zeitig festgesetzt? Haben sie ihre Observationen zu früh abgebrochen, zu bald das Handtuch geworfen, als niemand Verdächtiges telefonierte? Aber die beiden Fluchthelfer, stellt sich heraus, haben selber jede Verbindung zu Büchner verloren, nachdem sie ihn in den Zug setzten, nun sind sie genauso auf der Suche nach ihm. Von Büchners Gewalttätigkeiten gegenüber Frauen hatten sie bisher keine Ahnung. Büchner hat ihnen etwas von einem unglücklichen Totschlag erzählt, dessentwegen er so lange einsitzen müsse.

Es wird Juni. Das ist der Monat, in dem Werner Jülich eigentlich Urlaub machen will. Schweden, einen Wohnwagen mieten, endlos durch die Schären und Wälder fahren, baden, faulenzen. Es ist wie ein später Hunger. Früher hat es höchstens zu Campingtouren an die Ostsee oder zu den Tschechen gelangt. Nun brauchen sie nicht mal mehr Rücksichten auf die Kinder zu nehmen. Die haben jetzt ihre eigenen Pläne. Aber ob aus dem ganzen Vorhaben Realität wird? Drei Wochen alles zurücklassen, nur mit der Frau allein sein und mit diesen Wäldern?

15

Die Fahnder. Sie sammeln auch die geringsten Informationen über ihre Zielperson. Eigenheiten, persönliche Vorlieben sind schon manchem zum Verhängnis geworden. Einer konnte es nicht lassen, sich an einem Athener Kiosk immer die gleiche deutsche Zeitung zu kaufen. Ein anderer, Drach, der Reemtsma entführte und erpresste, wollte in Argentinien ein Konzert der Rolling Stones besuchen, weil er keine Band so liebte wie die. Und welche Eigenheiten hat Büchner, welche Vorlieben?

Büchner kann weder lesen noch schreiben, erfahren sie anfangs. Doch sie müssen sich bald korrigieren, als sie von Büchner geschriebene Briefe vor sich liegen haben. Büchner hat eine

Neigung für den Wald und die Jagd. Als Kind gescholten und geschlagen, hat er sich schon da in die Wälder um Halle zurückgezogen, um Ruhe zu haben, sich vor Verfolgern zu verstecken. Nun liest er in Zeitschriften über die Jagd. Hält er sich auch jetzt irgendwo in den Wäldern auf? Da warnen sie mit einer Anzeige in den deutschen Jagdzeitungen vor ihm und hoffen doch zugleich, dass er irgendwem auffällt und der ihnen seinen Aufenthalt meldet.

Und wie steht es mit Büchners Zahnschmerzen? Die quälen ihn mit Sicherheit noch jeden Tag. Wie kann man Zahnärzte auf einen möglichen Patienten aufmerksam machen?

Wie elektrisiert verfolgen sie eines Tages eine Spur bis nach Kuba. Ein bärtiger Mann um die Fünfzig mit Büchners Gesicht und Gestalt ist nach Havanna unterwegs. Aber der eilige Flug über den Atlantik bringt nur eine Erkenntnis: Der auffällige bärtige Fünfziger weist im Gesicht zwar verblüffende Ähnlichkeiten mit Büchner auf, doch seine Arme tragen nicht eine der markanten Tätowierungen, die sie genau zu beschreiben vermögen. Und die Spur zum tschechischen Eger? Vor fünfzehn Jahren, erfahren sie, hat es dorthin eigentümliche Kontakte gegeben. Sie bemühen Interpol, lassen ihre Fahndungszettel in der Stadt verteilen, warten …

Da erreicht sie eine Nachricht unter vielen: In der Nähe von Oberissigheim ist eine Frau überfallen worden. Ein bärtiger dicker Mann um die Fünfzig hat sie zu vergewaltigen versucht, aber sie hat ihm entkommen können. Oberissigheim? Das ist doch der Geburtsort von Büchner. Hat der Sehnsucht nach einem weiteren Platz seiner Kindheit? Polizisten am Tatort finden bald darauf einen Plastebeutel mit einer Geburtsurkunde, mit Telefonnummern und dem Ausweis eines, wie sich herausstellt, früheren Opfers. Man lässt die Telefone möglicher Kontaktleute überwachen. Aber sie haben ihn auch so, sie wissen es. Er wird alles tun, diesen Beutel wiederzuerlangen, wie acht Wochen zuvor in Sernitz. Da legen sie sich auf die Lauer. Sie verhaften ihn vier Stunden später. »Er hatte sich in einem Busch versteckt. Natürlich nicht weit von seinem Beutel«, berichtet ein Reporter. Es ist Mitte Juni. Da weiß Werner Jülich: Es wird noch immer nichts mit dem Urlaub in den schwedischen Schären.

Ein Täter, ein Leben

1

Er ist schwierig von Kindheit an. Er ist das erste gemeinsame Kind seiner Eltern. Aber da gibt es noch einen Halbbruder, fünf Jahre älter, aus einer früheren Ehe der Mutter. Und dazu kommen Geschwister, vier mit den Jahren.

Die Erinnerungen an seine erste Heimat sind vage, mehr als verschwommen, schließlich nur noch ein Name: Hanau. Häuserwände, Innenhöfe, Schuppen mit Gerümpel, wenig Grün. Mehr Grün gibt es später in diesem kleinen Ort bei Halle. Wenn die Mutter zornig schreit, kreischt, in ihrer Ohnmacht zuschlagen will, kann man vor ihren Fäusten hinter die Dorfschmiede laufen, sich zwischen den alten Eggen und ausgemusterten Pflugscharen verstecken. Oder gleich in die kleinen Wäldchen fliehen, von denen in seinem späteren Leben noch die Rede ist.

Der Vater ist Soldat im letzten Krieg gewesen, manchmal erzählt er davon, zeigt auch die narbige Delle am Hintern. Ein Granatsplitter hat sie ihm gerissen. Die Mutter lacht verlegen, wenn er die Hose herunterlässt, eine umgestülpte Milchtasse in die Lücke drückt. So viel hat ihm der Krieg genommen: eine Milchtasse voll Arsch. Die Brüder lachen, können sich nicht satt genug daran sehen, vor allem der große, ältere. Dabei hat der Vater noch Glück gehabt. Die Franzosen haben ihn gefangengenommen, ihn nach einem reichlichen Jahr nach Hause geschickt. Er musste nicht über das große Meer nach Amerika in die Camps oder gar nach Sibirien zum Erfrieren.

Der Krieg ist noch nahe. Überall stehen Ruinen, und nicht für jeden gibt es Arbeit. Der Vater hat Maschinenschlosser gelernt, aber gerade an Maschinen fehlt es oft. Da macht sich die Familie eben auf in den Osten. Ein Soldatenkumpel aus der Gefangenschaft hat geschrieben: Hier wird auch gebaut, hier braucht es Hände.

Aber die Lust auf das andere Land, die andere Gegend ist bald erloschen. Dort wird anders gesprochen, anders gekocht, sogar anders gelacht, und obgleich sich viele Umsiedler und Flüchtlinge aus dem noch ferneren Osten im Dorf aufhalten, Schlesier, Ostpreußen, die Büchners fühlen sich allein, einsam, noch fremder als fremd. Vier Jahre halten sie durch, dann zieht es sie zurück. Sie haben keine Reichtümer zu transportieren, nicht einmal irgendein Möbelstück, nur Koffer und Taschen, vollgestopft mit abgetragenem Kram. Aber sie sind mittlerweile drei Geschwister, mit dem Großen vier. Erst mal Hamburg, dann Erkenschwick, das Ruhrgebiet mit seinen Gruben, dann Marl. Innerhalb eines Jahres haben sie vier verschiedene Adressen. Doch Marl soll für immer und endgültig ihre neue Heimat sein. Der Vater hat in der Gefangenschaft in französischen Gruben als Bergmann geschuftet, gehungert, den Hunden am liebsten jeden Tag seinen lädierten Hintern gewiesen, nun kommt ihm die Erfahrung des weit zurückliegenden Jahres gut zustatten. Und für einen gelernten Maschinenschlosser fällt genug Arbeit auch unter Tage an. Die Zeche Auguste Victoria stellt ihn ein, und sie beziehen sogar ein eigenes Reihenhaus in der nahen Siedlung, können allein darin wohnen, vom Keller bis zum Boden und zur Mansarde, niemand stört sie oder will sich die Küche mit ihnen teilen.

Als sie ein bisschen zur Ruhe gelangt sind, sich eingerichtet haben, kommt es ihnen zu Bewusstsein: Mit dem Jungen werden sie wohl ihre Sorgen haben. Er ist eigenwillig und gehorcht nicht, er unterstützt die Mutter nicht, wenn er mal im Hause zugreifen soll, er streitet sich mit den kleineren Geschwistern, knufft sie, nimmt ihnen weg, womit sie spielen, einfach so, oder zerstört mutwillig ihr Spielzeug. Manchmal müssen sie denken, er versteht gar nicht, was sie von ihm verlangen. Na gut, denken sie, dieses Zigeunerleben, heute hier, morgen da, neue Schulen, neue Lehrer, andere Spielgefährten, solch ein Herumgeziehe geht einem ja selber auf den Geist, erst recht so einem unfertigen, anfälligen Kind. Es wird schon werden.

Aber nichts wird, nur schlimmer wird es. Der Junge kann ein paarmal am Schuljahresende nicht versetzt werden, muss die Schule überhaupt wechseln, er hat wenig Interessen, treibt sich nur herum, so dass sie abends loslaufen, ihn suchen, das Schlimmste erwarten: ihn halbtot, schwer verletzt aus irgendeinem Gebüsch zu ziehen. Aber er sitzt nur hinter einer Baracke, grinst sie wortlos an oder treibt ein Taschenmesser – wer weiß, wo er es mitgenommen hat – in das Plakatbild einer jungen Frau, die für Zigaretten wirbt, zielt vor allem auf die Augen.

Dass er schließlich nächtelang ganz von zu Hause wegbleibt? Es ist kaum anderes zu erwarten. Er schläft offenbar im Freien oder in Schuppen, die er aufbricht. Und natürlich schwänzt er die Schule, erscheint tagelang nicht zum Unterricht. Wenn er dann mal kommt, stört er oder schläft ganz einfach ein. Seine Geschwister hat er schon längst bestohlen, ja: Er hat ihre Osternester geplündert – das vor allem behält seine Mutter in der Erinnerung, sie wird es noch vierzig Jahre später anklagend vorbringen. Nun greift er auch in die Jacken seiner Schulkameraden. Und wann entdeckt seine Mutter, dass ihr selber Geld aus dem Portemonnaie fehlt?

Nein, die Eltern werden seiner nicht mehr Herr, sie haben keinen Einfluss mehr auf ihn. Sollen sie sich jeden Augenblick hinter ihn stellen, ihm die Hand und den Verstand führen? Da sind ja auch noch die anderen Geschwister, die ihre Zeit brauchen, anstelliger sind. Und zu allem Überfluss ist die Mutter wieder einmal schwanger, ihr letztes Kind kündigt sich an, das sechste. Da suchen sie Wege, den Jungen loszuwerden, wegzugeben. Über die sogenannte Freiwillige Erziehungshilfe gelangt er in ein Erziehungsheim. Es ist mittlerweile Sommer 1961, der Junge ist dreizehn, und die Pubertät rumort in seinem Körper. Hat ihm irgendwer beigebracht, mit ihr umzugehen?

Kaum ist er im Heim aufgenommen, im selben Sommer, organisiert die Leitung eine Fahrt aller Insassen an die Nordsee. Es ist schwierig, die Kinder zusammenzuhalten, manche schwärmen aus. Am frühen Nachmittag entdeckt eine der Erzieherinnen, wie der Junge hinter einem älteren Mädchen herstürmt, es in den Dünen zu Boden wirft, betastet, es auszuziehen versucht. Ehe mehr daraus entsteht, ruft das Schreien des Mädchens die Zeugin herbei. Das »unsittliche Vorkommnis« gelangt in die Akten und stempelt ihn ab. Sowieso ist er im Heim nicht beliebt. Er will mit der Leitung gut auskommen, indem er seine Klassenkameraden anschwärzt, und ist doch selber ein ziemlich schwarzes Schaf. Er stiehlt auch im Heim und rückt bei jeder sich bietenden Gelegenheit aus. Er fährt per Anhalter in die Städte der Umgebung, streunt dort tagelang herum, besorgt sich Geld und Lebensmittel, bis er aufgegriffen und zurückgebracht wird. Er gilt als Blender und Anbiederer.

Sein Verhalten im Heim ist schließlich so auffällig, dass er Ende 1961 zum ersten Mal einem Jugendpsychiater vorgestellt wird. Der gibt ein frühes vernichtendes Urteil ab: Der Dreizehnjährige ist debil und kritiklos sich selbst gegenüber, dabei geltungssüchtig und triebhaft. Von Augenblicksimpulsen beherrscht, lässt er sich treiben, sein Gemüt ist kaum resonanzfähig. Nur Gewöhnung und Dressur helfen bei ihm weiter. Dennoch ist der Erziehungserfolg fraglich.

Ein Vierteljahr später werfen die Erzieher im Heim das Handtuch und schicken den Jungen in ein Haus für Schwererziehbare. Zugleich entlassen sie ihn aus der vierten Klasse der Hilfsschule und schreiben ihm ins Abgangszeugnis, dass seine Leistungen eigentlich nicht einmal dem Klassenziel der dritten Klasse entsprechen. Von nun an hilft er bei einem Fleischer aus, findet sogar Gefallen an dieser Tätigkeit und will sie später ständig ausüben: Metzger, Kopffleischer. Das wird ja dann auch in seinen Akten als Berufsbezeichnung angegeben werden.

Dabei arbeitet er lediglich einige Monate für diesen Fleischer. Denn: Er bleibt gerade mal ein Vierteljahr in dem Schwererziehbarenheim. Der Vater, früh invalidisiert, holt ihn zurück. Vielleicht können sie zu Hause besser über den Kerl wachen. Außerdem hat der Bengel dauernd über Heimweh geklagt. Nun verschafft ihm der Vater eine neue Chance: Jungbergmann auf der Zeche Auguste Victoria. Dort hat der Vater ja lange genug selber gearbeitet. Dort kennt er viele Leute: Mach mir keinen Kummer, Junge. Der Junge, Bernhard, kurz Bernd gerufen, ist tatsächlich erstaunlich ordentlich, fleißig. Doch er hält nicht durch. Er bummelt bald, trinkt, findet zweifelhafte Freunde, treibt sich mit ihnen herum. Er wird den Vorwürfen der Mutter gegenüber rabiat, aufsässig, geht ihr an den Hals, als der Vater nicht daheim ist. Er würgt, angetrunken, sogar die jüngeren Geschwister, schlägt sie.

Bernhard Büchner ist gerade sechzehn geworden, als er seine ersten strafwürdigen Taten begeht ...

2

Ostern 1964. In einem der Kinos von Marl sucht auch der Sechzehnjährige seine Abwechslung. Da entdeckt er, wie mitten in der Vorführung die kleine Babs, eine Zwölfjährige, den Seitengang zur Toilette hinunterläuft. Er kennt das Mädchen, es hat ihm vor Tagen schon ein paarmal zugelächelt. Nun folgt er ihr unvermittelt und voller Absicht, sie wird sich nicht zieren. Alle haben doch so eine Sehnsucht wie er. In einer der engen Boxen bedrängt er sie, will er ihr zwischen die Schenkel greifen und mehr. Doch die Kleine kann sich erfolgreich wehren und weg rennen. Warum bloß?

Vierzehn Tage später trifft er zwei zwölfjährige Mädchen im Wald. »Wollen wir Verstecken spielen?« fragt er. Da nicken die beiden arglos. Als er die eine in einer halbzerfallenen Bretterbude allein findet, wirft er sie auf eine Matratze, zieht dem Mädchen, das sich diesmal vergeblich zu wehren versucht, den Schlüpfer herunter, öffnet sich selber die Hose. Aber es kommt nicht zum letzten. Ein Mopedfahrer nähert sich, und das Mädchen schreit, boxt und tritt Bernd. Da muss er flüchten. In den Filmen, die er kennt, in den Reden der Jungs danach ist alles ganz anders. Dort machen die Mädchen mit, was die Jungen wollen.

Als er in Untersuchungshaft genommen wird, stehen da noch andere Vergehen zur Debatte: einfacher und gemeinschaftlicher Diebstahl (fünffach), Fahren ohne Führerschein. Er hat Arbeitskollegen ein Moped, Geld und Kleidung gestohlen.

Bevor die Verhandlung beginnt, soll er sich in der Rheinischen Landesklinik über einige Wochen hinweg einer gründlichen Untersuchung und Begutachtung unterziehen. Aber der Klinikaufenthalt muss vorzeitig abgebrochen werden, der Häftling in die Strafanstalt zurückkehren. Er hat sich ungebärdig und gewaltbereit, übermäßig jähzornig gezeigt. Er hat blindlings auf Mitpatienten eingedroschen, eine Krankenschwester ernsthaft bedroht. Er lässt sich nicht anfassen, nicht auslachen. Mit Mühe bringen sie die Erklärung aus ihm heraus.

»Infolge seines leichten Schwachsinns, seiner Triebhaftigkeit und seiner Haltschwäche war es dem Angeklagten wesentlich erschwert«, urteilt der Gutachter der Landesklinik, »in der Tatsituation seiner begrenzten Einsichtsfähigkeit gemäß zu handeln und seinen Willen frei zu bestimmen.« Er empfiehlt, Büchner nicht in ein psychiatrisches Krankenhaus zu schicken, auch nicht in ein Heim, sondern ihn »im festen Rahmen einer Jugendstrafanstalt über die Zeit der größten Gefährdung – wann auch immer die endet – hinweg zu führen.«

Die Kammer folgt dem Gutachter in allen Punkten und verurteilt Büchner zu zwei Jahren und zehn Monaten Jugendhaft. Zwei Jahre davon sitzt er ab, das knappe Restjahr wird später auf Bewährung ausgesetzt. Umsonst. Kaum wieder in Freiheit, wird er erneut straffällig. »Mit fortschreitender Pubertät zeigte sich bei dem Angeklagten eine erhebliche Fehlentwicklung. Stets war er bestrebt, seine Wünsche, vor allem auf sexuellem Gebiet, bedenken- und rücksichtslos durchzusetzen.« Die Folge? Von nun an, in den folgenden reichlich drei Jahrzehnten seines Lebens bis zu seinem fünfzigsten Geburtstag, wird Büchner – zusammengerechnet – nur noch vier Jahre in Freiheit verbringen, die ganze übrige Zeit, eben rund drei Jahrzehnte Leben, im Strafvollzug oder in psychiatrischen Krankenhäusern. Nur ihre abgeschottete, isolierte Wirklichkeit wird er tagtäglich erleben. Sie wird ihn prägen.

Im Frühjahr 1967 wird er entlassen. Sein ihm zugeordneter Bewährungshelfer vermittelt ihn an einen jungen Landwirt in der Umgebung, ein junges Bürschchen, das Büchner natürlich als Autorität nicht anerkennt. So einer will ihm was sagen, so einem soll er Tag für Tag gehorchen, zum Munde reden? Nie! Im Knast mussten solche Hänflinge kuschen. Da wird er rasch an einen zweiten, nicht viel älteren Bauern weiter gereicht, der mit seiner Haushälterin allein auf einem Hof lebt. Dort kommt es bald erneut zu Auseinandersetzungen, Reibereien, freilich aus anderem Anlass. Ist Eifersucht im Spiel? Hat sich die Vierzigjährige am Ende freiwillig zwischen die Strohballen in der Scheune gelegt, oder hat der nun neunzehnjährige Büchner sie bedrängt und gezwungen? Jedenfalls findet die Anstellung auf dem Bauernhof eines Morgens nach einem Riesenstreit ein jähes Ende. Hat der Bauer Büchner aus der Kammer der Haushälterin hinausgejagt, oder hat sie im Strohschober um Hilfe geschrien?

Büchner jedenfalls marschiert danach zornig davon, er will über Mittag in den Wohnort seiner Eltern zurück, nach Marl. Er ist erregt und aufgebracht. Wieder ist ihm etwas nicht gelungen, was er unbedingt wollte. Da begegnen ihm unterwegs in einem Wäldchen zwei Kinder, wie sich herausstellt Geschwister, die, wie sie erklären, Eicheln suchen. Eicheln im Frühjahr? Büchner lacht. Er spürt plötzlich das Kitzeln im Bauch, das er kennt. Er schickt den Neunjährigen rasch davon. Im Tal hat er eine Unmenge Eichen gesehen, sagt er, da kann der Junge sein Körbchen rasch füllen. Der Elfjährigen will er dagegen einen Dachsbau zeigen. Er steht da, lächelt hoffnungsvoll mit schrägem, weit offenem Mund, knetet seine Finger. »Hast du Angst vor Dachsen? Ich hab schon mal einen gefangen, richtig gegriffen.« Als er das Kind mit solchen Reden ein Stück in den Wald hinein gelockt hat, stößt er es zu Boden, stemmt ein offenes Messer neben ihm in den Waldgrund. Das Kind wird ihm doch wenigstens gehorchen. »Ich mach dich kalt, wenn du schreist! Wie alt bist du? Elf? Da kannst du schon einen vertragen.« Und er schwenkt einen Totschläger vor ihrem Gesicht. Dann muss sie sich halb ausziehen, und er legt sich über sie. Als er sie schließlich davon scheucht, schreit er ihr nach: »Wehe, du erzählst wem, was wir gemacht haben!«

Wegen vollendeter Notzucht in Tateinheit mit gewaltsamer Vornahme unzüchtiger Handlungen wird er zu vier Jahren Jugendstrafe verurteilt. Die sitzt er bis auf eine Reststrafe von acht Monaten ab. Die sind wiederum zur Bewährung ausgesetzt.

Am 15. Januar 1972 wird er nach Herford entlassen. Ein Bewährungshelfer hat erneut vorgesorgt, ihm auch diesmal ein möbliertes Zimmer beschafft. Aber es gefällt ihm nicht. Die Wirtsleute sind streng, offenbar im Umgang mit seinesgleichen gründlich erfahren. Hier kann er nicht ausflippen, hierher niemanden mitbringen, kein Weib stoßen. Also fährt er nach Köln, hat dort rasch ein Verhältnis mit einer deutlich älteren Frau. Hat er nichts Junges gefunden? Weshalb hadert er da mit seinem Glück, kehrt wieder nach Herford zurück, in das Zimmer bei diesem rigorosen Ehepaar? Will er zwischendurch dort mal nach dem Rechten sehen, feststellen, ob er noch hinkommen kann? Jedenfalls: Am 18. Februar, keine fünf Wochen nach seiner Entlassung auf Bewährung, kommt es in Herford zum nächsten Delikt.

Die sechzehnjährige Alice Stoll lernt Floristin in einer Gartenbaufirma. Mittags unterbricht sie ihre Arbeit für die übliche Pause, geht zum Essen bei der Mutter, wie jeden Tag. Immer läuft sie die Abkürzung durch das nahe, stille Schrebergartengelände. An diesem Mittag stürzt sich dort plötzlich ein junger Mann auf sie, droht ihr mit einem Trommelrevolver. Aber Alice Stoll hat genug Mut, sich zu wehren, zu schreien, dem andern das Gesicht zu zerkratzen. Freilich, der brutale junge Mann ist stärker, er wirft sie auf den Boden, stopft ihr schließlich Gras in den Mund, versetzt sie mit seinem fuchtelnden Revolver in Todesangst. In einem nahen Schrebergartenhäuschen muss sie sich danach weinend ausziehen. »Wehe, du verrätst mich«, droht er auch ihr zum Abschied. Aber sie identifiziert ihn bei der Gegenüberstellung noch am selben Nachmittag.

Früher hat er rasch gestanden, gleich zugegeben, was geschehen ist. Diesmal wehrt und spreizt er sich. Diese Alice war bereit zum Verkehr, sagt er, ganz freiwillig, aber dann verlangte sie plötzlich Geld. Da haben sie sich gestritten, sich die Gesichter zerkratzt. Später ändert er seine Aussage. Irgendwie hat er erfahren: Alice hat sich einmal mit den Eltern überworfen, weil sie gegen deren Willen in einer Wohngemeinschaft lebte. Nun sagt Büchner: Er kennt Alice schon lange, seit Jahren, sie ist gern mit ihm ins Bett gekrochen; er hat sie am Tattag wiedergetroffen, zufällig, sie haben auch diesmal Verkehr gehabt. Als sie danach bei ihm in der Jacke ein Geldbündel stecken sah, hat sie plötzlich nachträglich Bezahlung verlangt. Da hat er sich gewehrt, sie geschlagen. Alle anderen Aussagen sind ihm von Polizei und Haftrichter abgenötigt worden.

Beim folgenden Prozess soll eine weitere Tat angeklagt werden. Keine Woche nach dem Überfall auf Alice Stoll hat Büchner zwei Sechzehnjährige in der Nähe seiner Wohnung angesprochen, sie auf den Kopf geschlagen und danach verfolgt. Aber die Gegenüberstellung mit den beiden ist fragwürdig. Die Anklage wird niedergeschlagen.

Die Gutachter diesmal bescheinigen Büchner wieder einen leichten Schwachsinn, in emotionaler Hinsicht eine infantile Entwicklungsstufe. Durch die langen Kontaktstörungen, sagen sie, ist seine Sexualität unausgereift, es liegt eine aggressiv-sadistische Fehlentwicklung vor, ein Perversionsprozess mit sadistischer Prägung. Da ist seine Fähigkeit, auf sexuellem Gebiet einsichtsvoll, normal zu handeln, erheblich herabgesetzt. Hat er nicht erzählt, wie er diese Frau in Köln, um schneller zu seiner Befriedigung zu gelangen, gewürgt und geschlagen hat? In Zukunft muss bei ihm weiter mit einschlägigen Straftaten gerechnet werden. Ist Heilung möglich? Nur Kastration ist sicher.

Fünf Jahre Freiheitsstrafe wegen Notzucht, so der Spruch des Gerichts. Zugleich wird »zur Sicherung der Öffentlichkeit« die Unterbringung in einer Heil- und Pflegeanstalt angeordnet.

3

Freilich muss er zuvor noch seine Reststrafen aus den früheren Prozessen absitzen, diese aufgehobenen Bewährungszeiten also: Seit Ende Juli 1973 verbüßt er sie im Justizvollzug Rheinbach.

Wieder ist sein Leben geregelt, durch andere bestimmt. Er hält sich danach, fügt sich ein. Aufstehen, Essen fassen, Freizeit, quatschen. Er kennt das ja zur Genüge. Das Kribbeln im Bauch, der Krampf kommt seltener. Sicherlich mischen sie wieder was ins Essen, damit sie nicht aufsässig werden, auf dumme Gedanken kommen. Aber die dummen Gedanken sind nicht aus der Welt, vor allem nicht nachts. Die Frauen, die er gehabt hat, vor allem die Alte in Köln.

Tagsüber hat er sich in der Gewalt. Er merkt: Er hinterlässt keinen schlechten Eindruck, auch wenn er manchmal verrücktes Zeug quatscht, wilde Geschichten erzählt, die er sich ausgedacht hat. Ist er ein Spinner, oder muss man ernst nehmen, was er da vorbringt?

Drei Monate später gewährt man ihm in Rheinbach zum ersten Mal Strafunterbrechung – im Gnadenwege, wie das heißt –, damit er in der Urologie der Uniklinik Bonn-Venusberg stationär untersucht und behandelt werden kann. Er hat irgend etwas Unbekanntes im Unterleib. Blasenbeschwerden? Oder ist es die Niere? Am 3. Dezember, früh acht Uhr wird er entlassen. Er darf sich allein, mit guten Ratschlägen versehen, auf den Weg zur Klinik machen. Aber er kommt nie dort an, er nutzt die Gelegenheit sofort zur Flucht, taucht unter. Über ein halbes Jahr lang bleibt er verschwunden. Zur Fahndung ausgeschrieben, wird er schließlich doch entdeckt und verhaftet. Da ist er Türsteher in einem Nachtlokal in Trier, und es ist Sommer 1974, wieder Juli.

Mittlerweile hat sich die Gesetzeslage geändert, er müsste danach zunächst in ein Landeskrankenhaus, damit dort die angeordnete Unterbringung in einer Heil- und Pflegeanstalt vollstreckt wird. Aber alle angeschriebenen Häuser lehnen seine Unterbringung wegen Überfüllung ab. So kommt er doch wieder in den Strafvollzug nach Rheinbach.

Hallo, da ist er wieder. Er trifft auf nicht wenige Bekannte. Nun ja, wer will nicht in Freiheit leben, sagt er. Und wenn sie ihm die Gelegenheit dazu sogar noch mit Freifahrtschein servieren, er wäre doch bescheuert gewesen, hätte er die Gelegenheit nicht genutzt.

Zwei Jahre später – 1976 – gewährt ihm Rheinbach die zweite Strafunterbrechung. Am 18. Mai geleitet man ihn erneut in die Urologie der Uniklinik. Diesmal haben die Wächter zu warten, bis er, ordentlich aufgenommen und registriert, mit nichts als einem Schlafanzug bekleidet im Bett liegt. Doch am nächsten Morgen schon, noch vor der Operation, kommt er erneut davon. Als man ihn im benachbarten Supermarkt mit einem Kompagnon beim Schnaps klauen erwischt, wird er kurz festgenommen, man notiert seine Personalien, dann darf er gehen. Natürlich sehen ihn auch die Bonner Urologen erst einmal nicht wieder. Er kommt ihn Marl unter. Dort wohnt seine Familie noch immer, dort spürt man ihn auf, setzt ihn erneut fest: am 21. Juli.

Die dritte Strafunterbrechung gewährt ihm Rheinbach im folgenden Jahr 1977. Die anstehende Operation, heißt es, muss nun unbedingt vorgenommen werden. »Der Gefangene hat bis zum Zeitpunkt unmittelbar vor der Operation, bis zum Eintritt der Narkose bewacht zu werden.« Ein drittes Mal soll Büchner nicht davonkommen. Aber als man ihn, wie angeordnet, schnellstmöglich nach Rheinbach oder in ein Haftkrankenhaus zurückführen will, ist er auch da verschwunden. Diesmal gelingt ihm die Flucht aus dem Bett der Intensivstation.

Zweieinhalb Monate kann er diesmal abtauchen. Er kommt schließlich in einem kleinen Flecken namens Bardel nahe der holländischen Grenze unter, wird von einem dort ansässigen Holzunternehmer angestellt. Am 2. Oktober will eine Frau einen Posten gebrauchter Bahnschwellen kaufen. Büchner weiß genau, wo sie gelagert sind, er hat geholfen, sie aufzustapeln. Kann er der jungen Frau den Stapelplatz nicht zeigen, damit sie sich für oder gegen den Kauf entscheiden kann? Natürlich ist Büchner dazu in der Lage. Gern. Er steigt in den PKW der Kundin ein, auf dessen hinterem Sitz ihre siebenjährige Tochter wartet. Als die beiden miteinander kichern und albern, erregt das Büchner, er wird, denkt er, wohl mit der Mutter ins Reine kommen. Er trommelt und schlägt plötzlich auf ihr Gesicht und ihren Körper ein, greift mit beiden Händen nach ihr, würgt sie und schlingt schließlich seine Krawatte um ihren Hals, bis die Frau nicht mehr in der Lage ist, sich zu wehren. Während das Kind auf dem Rücksitz schreit und weint, wirft er sich über die Mutter. Am nächsten Tag wird er festgenommen. Da führt er eine Kleinkaliberwaffe bei sich, ein Gewehr.

Er wird zu einer Freiheitsstrafe von acht Jahren und einem Monat verurteilt, auch wegen dieses unerlaubten Waffenbesitzes. Zugleich heißt es: Unterbringung in einem psychiatrischen Krankenhaus. So gelangt er noch vor Weihnachten 1978 zum ersten Mal ins Landeskrankenhaus Eickelborn.

4

»Von da an hatte B. enge Kontakte zu seiner Familie. Seine Eltern und Geschwister besuchten ihn häufig. Seine Führung war beschwerdefrei, B. hielt sich an die Hausordnung und nahm regelmäßig an den sozialtherapeutischen Angeboten (Gruppen- und Einzelgespräche) teil. Es wurde eine leichte Verletzlichkeit registriert. Längere Verstimmungszustände wechseln mit heftigen emotionalen Reaktionen. Die bis dahin erreichten Fortschritte sollen durch die Fortdauer der therapeutischen Bemühungen verfestigt werden.«

Nein, die Familie hat ihn nicht aufgegeben. Er ist nun dreißig, zweiunddreißig, ein armer Hund. Und man kann doch nicht einfach so tun, als gäbe es ihn nicht.

Am 23. Mai 1981 erhält Büchners Therapiegruppe wieder einmal Ausgang. Diesmal kann sich Büchner bald der Beobachtung entziehen. Er flieht, taucht erneut unter, zunächst bei der Familie in Marl. Aber den Jungen bei sich zu behalten erscheint gefährlich, man will ihn diesmal offenbar schnell loswerden. Ein Schwager hilft ihm weiter nach Köln. Dort wohnt ein guter Kumpel aus gemeinsamen Haftzeiten in Rheinbach. Mit seiner Freundin hat er Büchner schon mehrfach besucht. Kann er die beiden nun für sich gewinnen? Will die Freundin nicht mit ihm ins Bett? Doch die lehnt sein Ansinnen rundweg ab. Aber er darf noch ein paar Tage bei ihnen wohnen, bis sie ihm einen Anwalt besorgt haben. Er wird sich doch stellen? Einverstanden?

Am 26. Mai – drei Tage nach seiner Flucht – sind die beiden, der Kumpel und seine Freundin, zur Arbeit gefahren, Büchner hält sich allein in der Wohnung auf. Er macht ein bisschen Ordnung, kramt neugierig in Kästen und Fächern. Plötzlich klingelt es an der Tür, und als Büchner öffnet, sieht er sich einem Mann und einer Frau gegenüber, Zeitungswerbern, die auf ihn einzureden beginnen, ihn für ein Abonnement zu interessieren versuchen: die Bunte, die Grüne Post. Sie haben auch noch andere Angebote. »Ja?« fragt Büchner. Wenn sie so dringend Geld brauchen, hat er einen besseren Vorschlag: Die Frau macht's mit ihm, das bringt ihr fix mehr ein als eine Handvoll Abonnements.

Wieso die beiden, Mann und Frau, trotzdem die fremde Wohnung betreten? Büchner, dort im Schlafzimmer des Kumpels, hält plötzlich ein scharfes Messer in der Hand, das er zuvor in einer Kammer gefunden hat. »Zieht euch aus, macht's mir vor!« befiehlt er, stößt das Messer drohend ins Bett, später dem Mann mehrfach in den Rücken. Dann würgt er die Frau, macht sich erfolglos über sie her, bricht ihr das Zungenbein, sticht dem Mann durch ein Kissen, das der sich in seiner Angst vorhält, in den Bauch, verfolgt ihn durch eine Terrassentür, reisst, weil ihm das Messer entfallen ist, ein Stück Terrassenfensterglas als Waffe an sich, verfolgt so den Flüchtenden, der sich das herausquellende Gedärm halten muss, stürmt hinter ihm hinaus auf die Straße. Es ist ein böses Szenarium. Man muss nicht alle Einzelheiten ausbreiten.

Der Zeitungswerber kann nach einer mehrstündigen Notoperation am Leben erhalten werden. Büchner selbst hat einen Nachbarn alarmiert: »Hilfe!« Er wurde überfallen, am Leben bedroht. Als er trotzdem von herbeigerufener Polizei festgenommen wird, schiebt er den Anlass des blutigen Debakels auf die anderen. Sie hätten vierhundert Mark von ihm für ein Pornovideo verlangt, schließlich einen gemeinsamen flotten Dreier. Als er sich dagegen zur Wehr setzte, habe der Mann rasch ein Messer gezückt. Die Verletzungen des anderen habe der sich selbst zugefügt, wahrscheinlich als er vor seinem Zorn durch das Glas der verschlossenen Terrassentür zu entkommen suchte.

Das Landgericht Köln verurteilt Büchner zu insgesamt dreizehn Jahren Freiheitsentzug. »Die Kammer ist überzeugt, dass B. den Überfallenen töten und als Zeugen ausschalten wollte.« Auch die Zeugin wollte er töten, wenn sie nicht liegenblieb, wie er drohte. Die Gutachter in diesem Verfahren bejahten bei Büchner zum wiederholten Male das Vorhandensein einer schweren Persönlichkeitsstörung in Form einer Störung des Sexuallebens mit sadistischer Prägung. »Im Grunde verdecken Büchners Sadismus und seine übersteigerte Aggressionsbereitschaft sein gestörtes Verhältnis zu Frauen, seine Angst vor ihnen. Diese sexuelle Fehlentwicklung ist als schwere seelische Abartigkeit zu begreifen. Wiederholungstaten erscheinen sicher.«

Noch ehe diese Strafe wirksam und vollstreckt werden kann, erhält Büchner, wieder im Landeskrankenhaus Eickelborn einsitzend, erneut einen Ausgang, diesmal einen von einem Pfleger begleiteten Einzelausgang durch Wälder und Felder im Umkreis von Lippstadt. Auch diesmal lässt er die günstige Gelegenheit nicht vorübergehen. Er flüchtet das zweite Mal aus Eickelborn.

Sechs Tage darauf, am 19. Mai 1984, hat es ihn nach Düsseldorf-Kaiserswerth getrieben, ausgerechnet auf das Gelände der diakonischen Krankenanstalten. Dort steigt er in ein Schwesternwohnheim ein und gerät in die Kellerräume, wo er alsbald ein Mädchen entdeckt. Eine einundzwanzigjährige Schwesternschülerin hantiert gerade an ihrem Fahrrad, sie will das Schloss daran öffnen. Mit einem Kantholz, das zufällig im Kellergang herumsteht, gibt Büchner der ahnungslosen jungen Frau einen derben Schlag auf den Kopf, wirft ihr seine Strickjacke über und schiebt die Benommene, Blutende nach nebenan zwischen allerhand Gerümpel. Dort muss sie sich niederlegen, und er, der über ihr kniet, greift nach ihrem Hals und würgt sie. Als sie sich in ihrer Todesangst windet, mit dem Kopf laut gegen ein Brett schlägt, unterbricht er sein Würgen und horcht. Doch weil niemand reagiert, lässt er nicht von ihr ab, malträtiert sie weiter.

Er packt sie, schlägt ihren Kopf immer wieder auf den Steinboden, so dass sie mehrfach das Bewusstsein verliert. »Bleib ja liegen«, zischt er ihr schließlich zu. Als kurz darauf eine

Tür klappt, er seine Entdeckung fürchten muss, flieht er. Die blutüberströmte Schwesternschülerin allerdings, sobald sie aus ihrer Ohnmacht erwacht ist, vermag der Polizei eine ziemlich genaue Beschreibung ihres Peinigers zu geben. Der kann noch auf dem Gelände der diakonischen Krankenanstalten festgesetzt werden. Da versucht er die Tat auf einen Unbekannten zu schieben. Er selber war's nicht, nie und nimmer. Er hat das schwer verletzte Mädchen nur zufällig gefunden, als er es stöhnen hörte, er hat nur helfen wollen. Er ist schließlich geflüchtet, um nicht als Täter beschuldigt zu werden. Aber seine Jacke, die er bei dem Opfer zurückgelassen hat, die Blutspuren an seiner Kleidung, vor allem jedoch die Aussagen des Mädchens überführen ihn eindeutig.

Anderthalb Jahre danach wird Büchner – er sitzt in der Zwischenzeit ja sowieso ständig anderwärts ein – vom Landgericht Düsseldorf wegen versuchter Vergewaltigung in Tateinheit mit gefährlicher Körperverletzung zu acht Jahren Freiheitsstrafe verurteilt. Zugleich wird gegen den Leitenden Arzt des Landeskrankenhauses Eickelborn ein Strafverfahren eingeleitet. Entgegen seinem eigenen Gutachten für das Landgericht Köln, in dem er auf die Uneinsichtigkeit Büchners hingewiesen hat und auf dessen nach etlichen Entweichungen demonstrierte gesteigerte Gefährlichkeit, hat Dr. N. dennoch »auf Drängen des Stationsteams« bereits ein Vierteljahr nach Büchners Einlieferung Einzelausgänge für Büchner genehmigt, ohne »die Ein-haltung der von ihm selbst als notwendig erachteten Voraussetzungen sichergestellt zu haben«. Dr. N. wird zu einer empfindlichen Geldstrafe verurteilt.

Es ist das erste Mal, dass ein leitender Angestellter für Büchners Taten strafrechtliche Mitverantwortung übernehmen muss.

5

Bernhard Büchner hat in den Jahrzehnten seiner kriminellen Entwicklung Dutzende von Stationen kennengelernt, Gerichte, Justizvollzugsanstalten, Krankenhäuser. Er ist beobachtet, begutachtet worden, er hat unterschiedliche Strafen verbüßt, manchmal in raschem Wechsel. Er hat in Untersuchungshaft für seine neueste Tat gesessen, ist deretwegen zu verschiedenen Psychiatern und Psychologen auf ihre sicheren Stationen geschickt worden, aber daneben und vor allem hat er ausgesprochene Strafen, auch Bewährungsstrafen verbüßt, hat Aufenthalte in psychiatrischen Landeskrankenhäusern, im Maßregelvollzug hinter sich. Dieses zeitliche Geflecht zu entwirren braucht Genauigkeit und Aufmerksamkeit. Auch deshalb: Welche Strafe ist wann abzusitzen, in welcher Reihenfolge, wieviel Strafe verbleibt noch? Das kostet Zeit, verlangt mitunter Entscheidungen verschiedener Kammern und Staatsanwälte.

Bernhard Büchner ist in diesen Jahrzehnten auch einer Vielzahl unterschiedlichster Menschen begegnet. Er hat sich, wieder eingefangen und verurteilt, im Laufe der Jahre erstaunlich anzupassen verstanden. Er vermag Reue zu zeigen, er will sich bessern. Er will Therapiemöglichkeiten nutzen, er lehnt Gespräche dazu nicht ab. Er zeigt sich, wie man notiert, »problembewusst und kooperationsbereit«. Er ist »umgänglich und freundlich«. Er ist nicht mehr der dumme Junge, dem man Schwachsinn bescheinigt. Sein Verstand ist mit seiner Erfahrung gewachsen. Die Kastration, »wie angedacht«, wird nicht mehr ins Auge gefasst, »wegen des möglichen Zusammenbruchs des inneren Gleichgewichts« bei B. Dafür gibt es zu unterschiedlichen Zeiten medikamentöse Behandlungen mit Antabus oder Androcur. 1984 allerdings erklärt B., er habe »das Kastrationsverfahren laufen«, die Operation stehe wohl Mitte des Jahres an. Später jedoch empört er sich maßlos: Die Ärzte haben ihn zur Kastration überreden wollen, um für die entfernten Hoden »im Pakt mit der pharmazeutischen Industrie hohe Gelder zu kassieren«. Er sei aber kein Versuchskaninchen.

Zugleich ist er nicht ohne Einfluss auf Mithäftlinge. Er hat »eine Führerrolle eingenommen, wobei sein Alter, seine Kenntnisse im Umgang mit Institutionen, seine Geschicklichkeit in der Gesprächsführung und seine Fähigkeit, seine Position klug auszubauen, sich ausgewirkt haben«.

Seit Herbst 1986 drängen Vertreter des Strafvollzugs in Rheinbach, wo Büchner nun wieder einsitzt, in unregelmäßigen Abständen, ihn in den Maßregelvollzug zurückzuverlegen. Die fachmedizinische Betreuung, die seine erheblich gestörte Persönlichkeit brauche, sei im normalen Vollzug nicht zu gewährleisten, der »im Strafvollzugsgesetz manifestierte Behandlungsauftrag kann nicht erfüllt werden«. Büchners lange Strafen »lassen jegliches Ausarbeiten einer Perspektive« schon im Ansatz scheitern. Andererseits sei B. recht therapiewillig. »Die Persönlichkeit des Angeklagten, seine bisherige Entwicklung im Strafvollzug und sein zwischenzeitlich gezeigtes Verhalten lassen eine solche Maßnahme« – die Überstellung in den Maßregelvollzug – »sinnvoll und notwendig erscheinen.«

Bei weitem nicht alle sehen das so. Ein von der Staatsanwaltschaft Köln beauftragter Professor notiert 1988 in seinem Gutachten sinngemäß: Büchner neigt zu Wohlverhalten und positiver Selbstdarstellung. Ein durchgehender Einstellungswandel jedoch ist nicht festzustellen, keine erkennbare Stabilisierung oder Reifung der Persönlichkeit, keine von Nachdenklichkeit getragene Selbstkritik. B. redet oberflächlich von Behandlungen, die er benötige, ohne erklären zu können, was er eigentlich behandelt haben wolle. Ihm fehlt jeder Leidensdruck, er will vergangenes Versagen nicht bewältigen. »B. leidet lediglich unter dem Freiheitsentzug, den er durch eine Überstellung in den

Maßregelvollzug abkürzen zu können glaubt, um dann völlig ungestört und durch die früheren Straftaten unbeeindruckt sein Leben gestalten zu können. Eine überzeugende Motivation für eine Therapie ist bei B. nicht erkennbar.« Zugleich warnt der Professor: B. hat seine angebliche Einsichtigkeit durch seine Entweichungen und die umgehend wieder begangenen Straftaten hinlänglich widerlegt.» Die Prognose für einen Menschen, der durch zahlreiche einschlägige Rückfälle auf sadistisch-aggressivem Gebiet hervorgetreten ist, erscheint generell sehr ungünstig.«

Dennoch: Nach jahrelangem Hin und Her, nach unterschiedlichsten Gutachten und Stellungnahmen gelingt es, den Strafgefangenen Bernhard Büchner ab 29. April 1997 im Landeskrankenhaus Düren unterzubringen.

Allerdings staunt man dort bald und fragt sich: Was sollen sie an Büchner noch behandeln? Seine »dissoziale Persönlichkeitsstörung ist zwar noch vorhanden«, gutachten drei Ärzte im Februar 1998, »aber sie hat sich im Lauf der Zeit so geglättet, dass sie keinen Krankheitswert mehr besitzt, dass es nicht mehr zu einer erheblichen Beeinträchtigung der Einsichts- und Steuerungsfähigkeit bei B. kommt. Der Untersuchte B. weiß jederzeit genau, was von ihm verlangt wird.« Er kennt keine Stimmungsschwankungen pathologischer Art mehr, keine Zustände psychomotorischer Unruhe, keinerlei Neigung zum Suizid. Nur über seine sexuellen Phantasien hat er nie offen gesprochen. Da kann man nicht einschätzen, ob bei ihm doch noch eine »sadistische Perversionssymptomatik« vorliegt. Alles in allem aber: Aus ärztlicher Sicht sind keinerlei Voraussetzungen mehr für eine weitere Unterbringung von B. in einem psychiatrischen Krankenhaus gegeben. Im Gegenteil: »Der beschützende klinische Rahmen des Maßregelvollzugs unterstützt den Untersuchten in seiner Haltung der Passivität«, verhindert jede ernsthafte Vergangenheitsbewältigung.

Da soll er also wieder zurück in den Strafvollzug? fragt er den Klinikarzt, der ihm das alles erklärt. Der nickt nur. »Für Ihre Entwicklung ist es das einzig Richtige«, sagt er. Allerdings, die Staatsanwälte, die Kammer, die darüber entscheiden, sie berücksichtigen meist nicht nur das klinikeigene Gutachten, sie ziehen auch gern ein externes Gutachten heran.

Beschließt da Bernhard Büchner, sich so ein eigenes externes Gutachten zu verschaffen, auf eigene Faust? Zwanzigtausend Mark, heißt es, kostet so etwas. Wie kommt er an so viel Geld?

Nein, in den Strafvollzug, in den Knast, in die Hölle kehrt er jedenfalls nicht zurück. In ein, zwei Jahren, hat er gedacht, werden sie ihn als geheilt entlassen, höchstens in drei. Und nun soll sich diese Hoffnung zerschlagen?

6

Er liegt auf seinem Bett, die Hände hinter dem Kopf verschränkt, er träumt. Er träumt oft. Er sitzt auf einer Bank im Park und blickt den Wolken nach, und sie bringen ihn davon, über alle Zäune und Mauern hinweg, oder er sitzt am Fenster und starrt durch die Scheiben, und plötzlich geht das Tor unten auf, die Flügel schlagen weit zurück, und ein Wagen steht davor, ein BMW wenigstens, und wartet auf ihn.

Den wartenden Wagen sieht er öfter. Er weiß nur noch nicht, wer neben der geöffneten Tür steht. So sehr er sich auch anstrengt, die Lider zusammenkneift, er kann das Gesicht des Mannes da unten nicht erkennen.

Er hat viele Freunde, erstaunlich viele. Und sie kommen ihn besuchen, und sie telefonieren mit ihm oder er mit ihnen, über Hunderte Kilometer weg. Vorm ersten Schnee bin ich noch einmal bei dir, versprechen sie, und sie halten ihr Wort. Zuletzt hat er beinahe neunhundert Mark im Monat vertelefoniert, Gott sei

Dank, dass er Kumpels hat, die nicht auf die Mark sehen, die ihm genug Geld geben. Wovon sollte er sonst anrufen?

»Na, General, träumst du wieder? Hock dich zu uns, erzähl ein bisschen.«

Da schreckt er auf und setzt sich zu ihnen, die ganze Patientengruppe ist am Tisch unterm Deckenfluter versammelt, allerlei Fremde drängen sich später dazu, sogar ein paar Pfleger. Er hat früher nicht gewusst, dass er so ausdauernd erzählen kann, nun überschwemmen ihn plötzlich die Bilder, und er lässt sie aus sich heraus. Er ist der Enkel des Generals von Büchner, dem im ersten Weltkrieg noch eine ganze Kavallerieschwadron unterstand. Der Kaiser selbst, der letzte Hohenzoller, Willem der Zweite, den sie am Ende nach Holland schickten, hat den Großvater geadelt wegen Tapferkeit vor dem Feind. Absitzen, hat der General, der Großvater, geschrien, und sie haben die Pferde aneinandergekoppelt und die Pulverladungen genommen, zu Fuß sind sie weiter, den Panzern entgegen, haben unter den Ketten die Ladungen gezündet, der Großvater als Beispiel allen voran. Hurra, Herr von Büchner, hat der Kaiser gerufen und ihm das Eiserne Kreuz angeheftet.

»Und warum bist du nun keiner mehr von und zu?« fragt irgendwer zum wiederholten Male.

Da reckt er sich, räkelt sich. Der im Krieg erworbene Adelstitel wird nicht vererbt. Auch hat der Vater auf ihn verzichtet, der Vater, hochdekoriert vor Stalingrad, ein Berufsoffizier, aber Widerstandskämpfer. Er schoss sich selber in den Arm, um kriegsuntauglich zu werden, und wurde erwischt. Neunundneunzig Tage sass er in der Todeszelle. Aber die Strafe wurde nicht vollstreckt. Der Vater machte sich auch bei Judenerschießungen stark, wurde deshalb degradiert. Er sieht die glänzenden Augen ringsum, spürt die Spannung. Er ist der Meister, der General, er ist B. B. Er weiß, wie sie ihn nennen. Er hat das alles schon mehrfach erzählt, nun müssen ihm neue Geschichten dazu einfallen. Aber es gelingt ihm. Und kann da nicht an ihm selber was hängenbleiben? Natürlich. Er ist Jäger, Waldmensch. Er erzählt Dutzende Jagdgeschichten. Und er war Bodyguard für den Kanzlerspion, für diesen Guillaume, über den Brandt stürzte. Guillaume hat ihn nicht bezahlt, weiß Gott nicht. Aber er hat viel bei ihm gelernt, Lesen (»ordentliche Bücher, Zeitschriften«) und Schreiben (»seine Gedanken geordnet vorbringen«). Damals freilich ist ihm die Sache passiert, die ihm heute noch anhängt. Da bringen sie allerdings nichts aus ihm heraus, da lässt er vieles im Ungewissen, Geheimen. Ein unglückliches Zusammentreffen, deutet er nur an.

In der Nacht liegt er wieder auf seinem Bett, die Hände hinterm Kopf verschränkt, und kann nicht einschlafen. Was soll er tun? Sich so ein Gutachten besorgen? Von wem? Doch die Hauptsache ist sowieso vorher das Geld. Siggi könnte ihm was geben. Siggi hat zwei Jahre mit ihm zusammengelegen in Rheinbach. Mit keinem hat er sich so verstanden wie gerade mit ihm. Siggi ist rüber in den Osten, hat ein, zwei Geschäfte eröffnet, einen Puff, Kohle gemacht mit Weibern, Autos und Maschinen, Siggi wird ihn auch diesmal nicht im Stich lassen. Siggi hat ihm schon öfter was überwiesen oder seiner Frau Dorle mitgegeben, als die ihn besuchte. Dorle, die gute Freundin. Dorle lässt ihn noch weniger im Stich. Morgen wird er mit ihr telefonieren. Und mit Heinz Werner. Er soll sich bereithalten.

Er legt die Hände weit hinter sich, greift nach dem Bettgestänge, schließt die Lider, dass das Licht hinter den Fenstern ihn nicht bedrängt. Wenn nur diese Weiber nicht wären. Jede Nacht kommen sie zu ihm, spreizen sich, greifen nach ihm, und er greift nach ihnen, nach jedem Stück Fleisch, er krallt sich in sie hinein, wie sie sich in ihn krallen, bis sie alle nur noch schreien.

Am 14. April 1998, es ist nicht anders vorstellbar, ruft Bernhard Büchner aus dem Krankenhaus Düren seinen Freund

und einstigen Zellenkumpel Heinz Werner an, den Antiquitätenhändler. »Es ist soweit«, sagt er direkt oder verschlüsselt, »morgen bringen sie mich in die Villa, um zehn.« Oder sagt er: »Morgen will mich der Klempner sprechen«? Jedenfalls meint er seinen bevorstehenden Zahnarztbesuch. Entgegen allen innerbetrieblichen Vereinbarungen und Verboten, die jede Vorinformation eines Patienten über Ausführungen und Arztbesuche strikt untersagen, weiß Büchner um seinen Termin am nächsten Vormittag.

Und der Freund reagiert präzise. Der Renault Laguna wartet pünktlich vor dem Haus mit dem Springbrunnen, ein zweiter Wagen zum Umsteigen steht unterwegs. Bringen Heinz Werner und der später sehr redselige Claus ihren glücklich Entkommenen tatsächlich zum Kölner Hauptbahnhof, versorgen sie ihn mit einem Ticket nach Halle? Bernhard Büchner gibt später ganz andere Zusammenhänge und Einzelheiten an. Und geht es Büchner allein darum, sich vom einstigen Haftkumpel zwanzigtausend Mark für ein externes Gutachten zu verschaffen? Mitunter ist da auch von zweihunderttausend, gar zweihundertachtzigtausend die Rede, die er neben einem Wagen erhalten soll. Und wer hat ihm den Revolver besorgt?

Unabhängig von diesen Fragen, von denen manche bis zum Ende des folgenden Prozesses ungeklärt bleiben werden: Am 17. April 1998, zwei Tage nach seiner Flucht aus dem Landeskrankenhaus, wieder einmal bloß zwei Tage nach seinem Entkommen, trifft Bernhard Büchner in dem Gasthof »Zum grauen Wolf« des Dorfes ein, das hier Sernitz genannt wird, um zwei Stunden später zwei Menschen zu töten und zwei andere siebzehn Stunden lang in seine Gewalt zu bringen.

»Dies ist ein ganz gewöhnlicher Prozess, einer wie Dutzend andere auch«, sagt die Vorsitzende Richterin der Kammer. »Ich begreife Ihre Riesenaufregung nicht, diesen erstaunlichen Presserummel.«

Die Wirklichkeit im Gericht spricht eine andere Sprache.

Dreiundzwanzig Sitzungen in vier Monaten, dreiundzwanzigmal errichten die Beamten ihre Sperren, ihre Sicherheitsschranken im zweiten Stock des Justizgebäudes. Dreiundzwanzigmal überprüfen sie alle Besucher mit ihren Detektoren, kontrollieren sie Tascheninhalte, halten Namen und Ausweisnummern in Listen fest; dreiundzwanzig Termintage lang zwischen November und März verpassen sie ihnen die kleinen Nummernkärtchen als Legitimation und Nachweis, am Prozess teilnehmen zu können. Dreiundzwanzigmal bauen sie ihre Sichtblenden auf dem Flur auf, übermannshoch und zueinander versetzt, dass ein forscher oder neugieriger Blick dahinter erschwert, wenn nicht gar unmöglich wird, vor allem kein Blick für die Dutzende von Kameraobjektiven.

Wieviel Fernsehsender hat das Land? Alle, scheint's, haben in diesen Tagen ihre Teams hergesandt. Dazu die Massen der Fotografen. Bald drängen sie sich vor der Sicherheitsschranke: Schließlich schaffen es viele doch, wenigstens in den Gang dahinter zu gelangen. Dort bauen sie ihre Klappstühle und Minileitern auf, steigen hinauf und warten. Irgendwann muss B. B. doch kommen, der Meister, der General, der Doppelmörder, irgendwann muss er durch diesen halbdunklen Flur, wo selbst die Fenster zum Hoftrakt mit Transparentpapier verklebt sind, einen Blick weder hinaus- noch hereinlassen.

Dreiundzwanzigmal, meist montags, aber regelmäßig Woche für Woche, gleicht das Haus so einer belagerten Festung: Sicherheitskräfte schon am Eingang, Sicherheitsposten an den

Treppenaufgängen, erst recht später im Saal, wo sich hinter dem großen Karree der Gerichtstische die Zuschauer nach den vorderen Plätzen drängen, wo diesmal auch die Zeichner sitzen, nicht nur die üblichen Presseleute.

B. B., der Angeklagte. Bernhard Büchner. Er hat schon vor Dutzenden Richtern gesessen. Er ist hellwach, er verfolgt den Prozess mit klaren Sinnen, erstaunlich frischen Blicken. Wenn er in den Saal hereingeführt wird, die Justizbeamten – schwarzes Tuch, schwarze Dienstmützen, Handys und Waffen stecken sichtbar in sichtbaren Behältnissen – ihm die Handschellen abnehmen, sieht Büchner sich um: Wer ist schon da, Staatsanwalt oder Richter, Leute von der Presse, Zuschauer, die immer wiederkommen? Hat er heute ein Publikum, oder macht sich Langeweile breit? Manchmal grüßt er den einen oder anderen, wartet, dass der ihm zunickt, vielleicht zulächelt, ihm ein paar Worte über das offene Karree der Gerichtstische hinweg zuwirft, Staatsanwalt oder gutachtender Professor. Soll das heißen: Er hat ein fast intimes Verhältnis zu den Leuten, die sich mit ihm beschäftigen? Soll das heißen: Er vertraut ihnen? Soll das heißen: Er hofft? Wenn sie so sachlich-freundlich mit ihm umgehen, auch die Hauptrichterin, die Vorsitzende, wenn sie ihn nicht anfährt, derb belehrt, wenn sie sagt: »Sie sollen einen fairen Prozess haben, Herr B.«, kann es doch nicht so schlimm um ihn stehen, werden sie doch mehr seiner Version der Dinge glauben, sich eher seiner Sicht anschließen als der Deutung des Staatsanwalts? Nein, sie werden ihm die Morde nicht anhängen können.

Denkt er so, während er ein paar Blatt Papier hin und her wendet, sich schließlich mit ihnen befasst, die Schriftsätze liest, die der ältere Rechtsanwalt ihm gereicht hat? Der ist aus Köln angereist, er kennt Büchner schon mindestens ein Jahr, aus Dutzenden Gesprächen. Der andere, jüngere, forsche, agile, immer leicht zu Eingaben bereit, aus Hannover gebürtig, wohnt mittlerweile seit Jahren in der Stadt des Prozesses. Es ist gut, zwei solche unterschiedlich ansässige und in Temperament und Alter verschiedene Anwälte zu haben. Denkt er so?

Vor ihm, neben ihm liegt einer dieser Plastebeutel, mit denen er offenbar immer noch lebt. Ein paar Hefter hat er in ihm mitgebracht, vielleicht schriftliche Zeugenaussagen, vielleicht ein Gutachten. Er sammelt auch die Zeitungsausschnitte, die über diesen Prozess erscheinen. Was sammelt er noch? Wie ist er zum Beispiel an diese Briefe und Bilder gelangt, mit denen er auf dem Friedhof in Sernitz auftauchte? Hatte er die bei seinem Zahnarztbesuch in Düren schon bei sich? Oder lagen die in der Tasche, die sie ihm unterwegs nach dem Auto- und Kleiderwechsel in der Tiefgarage mitgaben?

Er hat in diesen späten Novembertagen bereits einen Prozess hinter sich. Vier Wochen zuvor hat man ihn im Hubschrauber, spektakulär gesichert, etliche Mann in schwarzem Tuch immer an seiner Seite, am Morgen nach Düren und am Abend wieder zurückgeflogen. Da hat er als Zeuge im Prozess gegen seine Entführer aussagen müssen. Heinz Werner, den sie auch den Antiquitätenhändler nennen, und Claus, der den Renault fuhr, da ist er ihnen wieder begegnet. Claus hat ihn kaum angesehen. Er hatte der Polizei gleich im Sommer eine anonyme Karte geschickt: »B. B. ist nach Halle zu Dorle.« Der Verräter. Gut nur, dass die Karte offensichtlich bei der Polizei nicht angekommen ist, wenigstens nicht bei der Polizei in Halle. Trotzdem haben sie Dorle mittlerweile gefunden. Er weiß es.

In Düren jedenfalls hat er zum ersten Mal öffentlich gesagt, warum er geflohen ist: Er ist zu Unrecht in der Psychiatrie, ein Opfer von Medikamententests. »Hol mich hier raus, Heinz Werner«, hat er gesagt, »ich geht hier kaputt.« Und da hat Heinz Werner die Autos organisiert. Es war ja alles so leicht, selbst durch die Klinikschranke.

Aber hier, bei seinem eigenen Prozess, wird er erst mal schweigen. »Ich rede zu gegebener Zeit«, hat er erklärt. Erst einmal abwarten, sehen, was wird. So denken offensichtlich auch seine Verteidiger.

Freilich, Bernhard Büchner hat seine Version der Abläufe nach seiner Flucht aus Düren und die Ereignisse in Sernitz schon einmal zu Protokoll gegeben. Er hat sie dem Professor für Psychiatrie gegenüber erzählt, der über Büchners seelische und geistige Verfassung zur Tatzeit sein Gerichtsgutachten abfassen soll. Nun wird der Professor als Zeuge um die Darlegung dieser Büchnerschen Version gebeten, Büchner selber gibt sie ja nicht.

Es ist eine Geschichte voller Widersprüche und Phantasie, die zugleich erschrecken lässt.

Bernhard Bücher, so sagt nun der Professor: Bernhard Büchner ist nicht mit dem Zug nach Halle gekommen, sondern auf dem Umweg über Münster mit einem Auto, einem Audi quattro, und dessen Fahrer ist sein ständiger Begleiter bis Sernitz gewesen. Sie sind auf der Suche nach Dorle, die für Büchner vielleicht 20 000 Mark lockergemacht, die aber auch um Hilfe gerufen hat gegenüber ihrem schlagkräftigen Mann Siggi, dem Mann aus dem Rotlichtmilieu, der eine Nachtbar betrieb und nun Autos verkauft. Doch Günni, der Fahrer, weiß Außerdem um eine noch viel grössere Summe, 280 000 Mark, die aus einem Raub stammt und die ihnen von einem jungen Mann in einem silberfarbenen Mercedes (oder ist es ein BMW?) übergeben werden soll. Auf der Suche nach allem, so Büchner, auch vom Alkohol beflügelt, der das Gedächtnis verwirrt, gelangen sie nach allerlei Um- und Irrwegen in Sernitz vor das Haus der Seligers: Hier steht das Auto, hier kriegen sie ihr Geld. Auf dem Friedhof trinken sie – beide! – noch etwas, bis Elfriede Seliger sie wegschicken will. Büchner aber folgt ihrem Sohn ins Haus in Erwartung des Geldes.

Ja, sagt der Professor, Herr Büchner gibt zu, Hans Seliger in diesem Haus getötet zu haben. Aber es war ein Unfall, ein Schuss, der sich durch eine ungeschickte Bewegung Hans Seligers löste, als der vom Küchenstuhl aufspringen wollte. Und Elfriede Seliger hat Herr Büchner auf keinen Fall umgebracht, im Gegenteil. Als sie beim Anblick des Geschehenen einen Herzanfall bekommt, hilft er ihr, bettet sie ins Schlafzimmer. Ein anderer Mann ist außerdem im Haus gewesen, hat sie vom Deckbett auf den Boden gelegt, sie zugedeckt, dieser andere ist schuld an ihrem Tod, hat auch den zweiten Schuss auf Hans Seliger abgegeben. Büchner sagt, er hat einen Schatten gesehen, ein Türklappen gehört. Ist es Günni gewesen? Aber der ist längst aus der Geschichte verschwunden. Oder der junge Mark Weber? Büchner hält es für möglich: Vielleicht hat die Tochter nebenan ihren Freund hereingelassen?

Und die Vergewaltigungen? Mit Heike Seliger ist nichts passiert, sagt Büchner. Und ihre Mutter hat in der Nacht mehrfach freiwillig von ihm Liebe verlangt. Sie verlangte dazu auch, gefesselt zu werden. Sie hat ihm später sogar geholfen, die Wohnung zu säubern, und ihm Kleidungsstücke ihres Mannes gegeben: Was sollte der Tote noch damit?

Die Darlegungen bedrücken. Diese Unverfrorenheit, Frechheit, Kaltschnäuzigkeit, mit der Büchner anderen Schuld aufbürdet, seine Opfer verhöhnt, sogar zu Tätern machen will. Aber so hat er sich bei seinen Straftaten oft verhalten, das ist das Strategiemuster seiner Verteidigung durch die Jahrzehnte gewesen. Man weiß es.

Diese Darstellungen Büchners von dem Geschehen sind – auch unausgesprochen – beim Anhören der Zeugen immer gegenwärtig. Helga Kröber erzählt von dem verschwitzten Mann, der bei ihr im »Grauen Wolf« Bier und Schnaps mit seinem letzten Kleingeld bezahlte, eine andere Zeugin hat ihn ins Dorf laufen sehen, allein, mit seinem Plastebeutel, niemand war bei ihm. Ein Motorrad, mit dem er Helga Kröber gegenüber angab, hat diese nicht bemerkt, erst recht keinen Audi quattro. Hanna Steinert berichtet von dem Mann, der den Plastebeutel als seinen eigenen erkannte und mit dem Taxi das Dorf verließ, und alle haben keinen Zweifel: Der bärtige Mann jenes Apriltags ist der Mann auf der Anklagebank, und er ist ganz allein im Dorf gewesen.

Mark Weber spricht zögernd, noch immer betroffen, von seinen vergeblichen Versuchen, die sechzehnjährige Heike zu sprechen. Und dann, noch bedrückender, schildern die Kriminalbeamten, wie sie den Tatort vorfanden, die Toten.

An einem Donnerstagvormittag geschieht nichts weiter als das: Wortlos wird das Video des Tatortes gezeigt. Die Kamera gleitet minutiös über die Friedhofsbank, den Friedhofszaun, das Gartenbeet, an dem Elfriede Seliger beschäftigt war, hinein in das Haus, über die Flure, die Treppenstufen, über die fertigen und unfertigen Wände, über die Möbel – und findet die Toten. Unter der Bettdecke, auf dem Küchenstuhl. Niemand spricht, als die Verhandlung geschlossen wird.

Einmal regt sich Büchner heftig auf, als Werner Jülich, der Kriminalhauptkommissar, Büchners Aussage ihm gegenüber bekräftigt: »Die Oma, die habe ich totgemacht.« Jülich hat ihn zu Aussagen gebracht, die Büchner nun leidtun. Dann wieder erregt ihn, dass er sich zu Hilde Seliger über ihren Mann geäußert haben soll: »Hätte er nicht den Helden gespielt, ich hätte ihm keine überbraten müssen.« Erbost zeigt er sich, als seine deprimierende Vorstrafenliste verlesen werden soll. Wozu? fragt er. Mehrfach zur Ordnung gerufen werden muss er, als Siggi aussagt, der einstige Zellenkumpel, der Mann vom Rotlicht, der Autohändler. Da muss die Vorsitzende die beiden fast trennen wie zwei Besessene beim Hahnenkampf.

Auch Heike und Hilde Seliger werden angehört, unter Ausschluss der Öffentlichkeit, erst recht ist Büchner selbst zu diesem Zeitpunkt von der Prozessteilnahme ausgeschlossen. Da hat er freilich, auf Drängen und Anraten seiner Verteidiger, durch einen von ihnen Tage zuvor eine knappe Erklärung abgeben lassen: Die Vorwürfe der Anklage gegen ihn, die beiden Frauen betreffend, stimmen.

Als die Vernehmungen der Zeugen nach Monaten abgeschlossen, die Gutachter gehört sind, steht eindeutig fest: Auch wenn der Angeklagte nur zum Teil geständig ist, wenn er vor allem die Tötung Elfriede Seligers bis zum Ende leugnet, er ist der alleinige Täter von Sernitz, er ist ohne Begleiter nach Sernitz gekommen, zu Fuß, nicht in einem Audi, er hat Hans Seliger durch zwei Schüsse getötet, die aus derselben Waffe stammen, er hat Elfriede Seliger erdrosselt, um die Zeugin seines Mordens auszuschalten. Sein Motiv: Habgier. Auch wenn er möglicherweise ein anderes Ziel in der Gegend suchte – als er im Hause der Seligers stand, interessierte ihn nur eins: Geld. Und danach die Frauen. Er hat Mutter und Tochter mit entsicherter Waffe gezwungen, sexuelle Handlungen zu erdulden und aneinander vorzunehmen.

Einen großen Abschnitt des Prozesses hat in diesen Monaten das Vorleben des Angeklagten eingenommen: Büchners Vortaten, seine Vorstrafen, vor allem die Arten seiner Unterbringung in Strafvollzug und psychiatrischen Krankenhäusern, im Maßregelvollzug. Die Möglichkeit seines neuerlichen und so leicht zu inszenierenden Entweichens aus dem Landeskrankenhaus Düren hat zu massiver Kritik und zu zahlreichen Diskussionen bis in die Landesjustizministerien hinein geführt. Doch über die konkreten Umstände der Flucht hinaus wurden die Chancen und Grenzen therapeutischer Bemühungen generell neu hinterfragt, erst recht die bei Büchner. Auch die konkrete Abfolge der Maßnahmen ihm gegenüber stand kritisch zur Debatte.

Unter welchen Voraussetzungen – zum Beispiel – war er wieder in den Maßregelvollzug gelangt, nachdem ein Urteil zuvor dies doch prinzipiell abgelehnt hatte?

Dazu wurden Ärzte, Psychologen, Beamte und Leiter aus Straf- und Maßregelvollzug gehört. Das ist ein eigenes umfängliches Kapitel. Das soll hier nur angedeutet werden.

Nach zweiundzwanzig Verhandlungstagen, es ist Ende März, erhält der Staatsanwalt das Wort zu seinem Plädoyer. Für ihn sind die Ergebnisse der Beweisaufnahme klar: Bernhard Büchner ist mit dem Zug direkt nach Halle gekommen, allein. Auf der Suche nach Dorle und Siggi Hornig geriet er nach Sernitz. Alles andere sind weitschweifige Schutzbehauptungen.

Hans Seliger wurde nach Betreten der Küche von hinten in den Nacken geschossen, schwer verletzt, der zweite, aufgesetzte Schuss tötete ihn auf dem Küchenstuhl. Elfriede Seliger, die nie Herzbeschwerden hatte, wurde danach mit einem doppelt geschlungenen Drosselwerkzeug zu Tode gebracht. Auf der erhofften ungestörten Suche nach Geld traf Büchner im ersten Stockwerk die sechzehnjährige Heike und zwang sie, sich in der Wohnung der getöteten Großmutter zu entkleiden. Alle Vorgänge bis dahin sind nur ungefähr zu rekonstruieren, von nun an ist das Geschehen durch die Aussagen der zwei Zeuginnen Seliger genau belegt. Büchner nötigte die Frauen zu sexuellen Handlungen, fesselte sie zu unterschiedlichen Zeiten. Sie mussten Spuren beseitigen helfen, Wäsche waschen. Von den ominösen 280 000 Mark ist nie die Rede gewesen, auch nicht von dem Auto des fremden jungen Mannes. Büchner wollte lediglich alles Geld der Seligers und ihr Auto, ein Auto, das sie nie besaßen. Auf seine Flucht danach nahm er alles Spurenmaterial mit, das ihn hätte belasten können, zum Beispiel die Fesseln. Als man ihn verhaftete, führte er noch den Ausweis Hans Seligers bei sich.

Und so weiter. Und so weiter. Der Staatsanwalt argumentiert über eine Stunde.

»Ich schließe mich dabei den umfangreichen Ausführungen des Gutachters an, der Büchner hier begutachtet hat.« Auf über vierhundert Seiten hat der Professor Büchners Werdegang und Tatverhalten analysiert, eine immense Anstrengung. Und das wesentliche Ergebnis? Von Minderbegabung oder Schwachsinn kann bei Büchner keine Rede mehr sein, sagt der Professor, wohl aber nach wie vor von einer dissozialen Persönlichkeitsstörung. Büchners Intelligenzquotient hat sich mit den Jahren auf mittlere Werte eingepegelt. Er kann so »Erlaubtes von Unerlaubtem, sozial Akzeptables von sozial Unakzeptablem« wohl unterscheiden. Er hat gelernt, zu kombinieren und sich ausgewogen auszudrücken, trotz seiner mangelhaften Schulbildung. (Als Büchner zum Beispiel seine eigene Flucht- und Tatversion schildert, redet er anderthalb Stunden lang ohne Pause.) Büchner hat seine Taten weder bewusstseinsgetrübt noch in seiner Einsichts- und Steuerungsfähigkeit eingeschränkt begangen. Auch seine alkoholische Beeinträchtigung damals war – entgegen seinen übertreibenden Darstellungen – höchst gering, lag unter einem Promille. Das heißt: Büchner war zum Tatzeitpunkt voll schuldfähig. Er hat auch, entgegen früheren Urteilen, seine Opfer nicht aufgrund einer sadistischen sexuellen Fehlentwicklung gequält, nicht also, um Lustgewinn zu erzielen, sondern »um die jeweilige Tat zu ermöglichen oder zu verdecken. Die Entwicklung des Angeklagten war charakterisiert von einer ausgeprägten Bereitschaft zu aggressivem und gewalttätigem Verhalten, von fehlendem Schuldbewusstsein und der Neigung, anderen die Schuld am Geschehenen zuzuweisen.«

Nach allem, erklärt der Staatsanwalt, »erscheint mir der Angeklagte völlig therapieunfähig, aber nicht erst jetzt. Schon 1985, bei seiner letzten Verurteilung in Düsseldorf, ist Büchner als untherapierbar, als in seinem Wesen nicht veränderbar eingeschätzt worden. Die Sicherungsverwahrung wurde für ihn festgeschrieben, der Angeklagte erschien schon damals als eine große Gefahr für die Öffentlichkeit. Hätte man sich an diese Feststellungen gehalten, ihn nicht auf dilettantische Weise in den Maßregelvollzug geschickt, man müsste nicht noch einmal über schwerste Taten von ihm zu Gericht sitzen. Aber die Kammer hat nicht über Psychiatrie und Haftvollzug zu befinden.«

Nach diesen Ausführungen beantragt der Staatsanwalt für zweimal Mord jeweils die lebenslange Freiheitsstrafe, für »zweimal Geiselnahme, erpresserischen Menschenraub, Erpressung, sexuelle Nötigung und Vergewaltigung im schweren Fall unter Verwendung einer Waffe« jeweils zehn Jahre Freiheitsentzug, insgesamt, zusammengezogen, also eine lebenslange Freiheitsstrafe. Sicherungsverwahrung soll angeordnet, die »besondere Schwere der Schuld« anerkannt werden.

»Alle wir hier sind vom Leid der Opfer betroffen«, erklärt danach der Rechtsanwalt aus Köln im Namen der Verteidigung. »Aber auch der Angeklagte hat ein Recht auf Gerechtigkeit. Nach viel Vorverurteilung vor allem durch die Presse hat er hier ein gründliches faires Verfahren bekommen. Dennoch: Nicht alle Fakten scheinen der Verteidigung ausreichend berücksichtigt.« Sein Mandant hatte immer den großen Wunsch nach Therapie, nach einer einigermaßen hoffnungsvollen Zukunft. Die schien ihm nach dem letzten ängstlichen Gutachten des Oberarztes von Düren nur mit einem neuen privaten Gutachten und dem Geld der fürsorglichen Dorle Hornig möglich. Weshalb sollte Büchner da flüchten und schwere Straftaten begehen? Er hätte damit jede Therapiechance verspielt. Man müsse sich an Büchners Darstellung halten: Er hat in diesem Haus in Sernitz jemanden erwartet, der ihm das erhoffte Geld geben sollte. Büchner erzählt danach von einem turbulenten Geschehen: Es ist ein Schuss gefallen. Aber es war kein Vorsatz, also kein Mord. Und dass Büchner sich über den Kriminalkommissar so erregt?

Kein Wunder. Büchner hat nie gestanden, die Großmutter Seliger getötet zu haben. Vielen weiteren Spuren ist nicht gründlich nachgegangen worden. War da nicht doch noch ein Dritter im Haus? Wer gab den zweiten Schuss ab?

Und so weiter.

»Richten heißt nicht hinrichten, sondern aufrichten. Auch wenn es schwerfällt. Ich bitte auf eine Strafe zu erkennen, die meinem Mandanten eine Perspektive lässt.«

Büchner, danach zum letzten Wort aufgefordert, verzichtet. Die Strafkammer erklärt einen Tag darauf, im wesentlichen der Darstellung des Staatsanwalts folgen zu wollen. Sie verurteilt Bernhard Büchner zu einer lebenslangen Freiheitsstrafe und betont die Schwere der Schuld. Bezogen auf die begangenen Sexualstraftaten wird ferner Sicherungsverwahrung angeordnet. Das heißt: Büchner wird mit ziemlicher Sicherheit lebenslang in Haft bleiben. Seine außerordentliche Rückfallgefahr würde nicht abnehmen, der Angeklagte würde seine wachsende Gewalttätigkeit, bewiesen in der zurückliegenden Folge seiner Straftaten, höchstens noch besser zu tarnen suchen.

Die Akten des Falls Bernhard Büchner, erklärt die Vorsitzende der Kammer während des Prozesses, füllten inzwischen weit über vierzig Ordner. Da sind die mindestens genauso umfangreich gesammelten Polizeiprotokolle nur zum Teil eingerechnet. Und wie umfangreich sind die Aktenbände in Sachen Büchner zuvor, bei den Amts- und Landesgerichten, bei den Staatsanwaltschaften, Justizvollzugsanstalten, Landeskrankenhäusern? Verständlich, dass hier nur Teilaspekte der Ereignisse dargestellt werden konnten. Auch die zusätzlichen Notizen des Autors sind umfangreich.

Aus den persönlichen Protokollen des Autors

Siegfried Hornig, 46

Ich bin Siggi, ich bin ein paar Jahre jünger als B. B. In Rheinbach hab ich mit ihm eingesessen, in der Nadelfabrik, dort haben wir zusammen gearbeitet. Ich hab auf 'ner Drei-Mann-Zelle gelegen. Als einer entlassen wurde, kam B. B. Vier Monate mussten wir's miteinander aushalten. In der Zelle waren immer Spannungen, wir haben uns bald in die Wolle gekriegt. Zwei Monate haben wir nicht miteinander geredet, dann doch wieder. Ich hab B. B. sogar seine Briefe geschrieben, an seine Freundin, auch wenn er's nun nicht mehr wahrhaben will. Von der Freundin, die er seine Verlobte nennt, hat er mir Bilder gezeigt: »Das ist meine Frau, und das mein Sohn; sie hat eine Hundepension, da fühl ich mich wohl.« Seit fünfzehn Jahren hat er sie nur bei Besuchen im Knast gesehen.

B. B. hat dauernd phantasiert, sich zusammengereimt, was er brauchte. Er hat mich die ganzen Jahre nur vorgeführt. Ich hab nicht gewusst, was er wirklich gemacht hatte, weshalb er so lange im Knast sass. Das hab ich erst später aus dem Fernsehen erfahren: B. B. ein Sexualstraftäter, soll braten bis 2033. Mir hatte er gesagt, er hat 'nen Türken erstochen, mit 'nem Messer. Danach gab's noch Trouble mit der Familie.

B. B. im Knast war ein Schleimer, jeder, der lange im Knast sitzt, wird ein Schleimer. B. B. hatte bald Einzelzelle, Fernsehen. Und er konnte jeden Tag nach draußen telefonieren, ich nicht. Macht und Geld, er hatte's. Er gab sich nur mit drei, vier Leuten ab, nicht mehr, er kam besser mit Beamten klar als mit unsereinem. Die Psychologin stand oft bei ihm vor der Tür. Er hatte alle im Griff, er konnte tricksen.

Ich sass wegen Betrug, ich wurde 1990 entlassen, ich hab erst zu Hause gearbeitet, dann ging ich in den Osten. Ich hab

B. B. einmal besucht, er war ja eigentlich ein armes Schwein, hatte keinen Besuch, der sich um ihn kümmerte. Ich war mit Stieftochter und Frau dort. Er gab uns als Ausgang an. Das heißt, er hatte Freigang. Wir trafen uns draußen. Ich hätt ihn auch nie mehr drin besucht, ich geh nicht noch mal in'n Knast. Zwei Beamte und eine Sozialarbeiterin kamen mit. Wir haben B. B. Hose und Jacke gekauft und Tabak und Zigaretten, dort, in Bonn, dreißig Kilometer entfernt. Ja, wir hatten immer wieder Kontakt, meine Frau vor allem hat mit ihm telefoniert. Wir hatten richtig Mitleid mit B. B. Sie hat ihm eine Karte aus Spanien geschickt und über Jahre hinweg Pakete, einen Jogging-Anzug, Klamotten zum Anziehen, einen Pullover. Warum lässt du zu, dass er sich so an dich hängt? hab ich sie gefragt. Aber sie hatte eben Mitleid mit ihm. Hast dich doch auch gefreut, wenn ich kam, hat sie gesagt. Ich hab auch mit ihm telefoniert, ich hab ihm erzählt, wer die Mädels sind, die für mich arbeiten. Ja, vierzehn Tage, bevor er abhaute, hab ich noch mit B. B. telefoniert. Er hat's mit den Zähnen, immer hat er's mit den Zähnen, hat er gesagt, er muss zum Zahnarzt. Aber nichts weiter.

Und nun plötzlich das. Meine Frau hatte Angst, kam ins Büro. Wir haben beide Gänsehaut gekriegt, als sie mir erzählte, was das Fernsehen gebracht hatte. Lies den Videotext, sagte sie. Ich schickte sie gleich zur Polizei. Sag: Wir kennen B. B. Da glaubten sie erst, wir hätten was mit der Sache in Sernitz zu tun oder B. B. wäre zu uns gekommen oder hätte nach der Sache dort mit uns telefoniert. Aber weshalb sollten wir uns dann an sie wenden?

Ich hatte danach selber Angst, jeden Tag. Ich kaufte mir eine neue Axt, ich stellte sie gleich neben die Tür, ich habe jede Nacht nur auf einem Ohr geschlafen wie ein Hund. Die Polizei hat mir ein Handy gegeben, dass ich anrufe, wenn er sich meldet. Aber was sollte ich mit einem Handy gegen eine Pistole ausrichten? Nun gut, wir haben ein paar Hunde, Pittbulls, zwei Rottweiler.

Den B. B. sucht im Wald, hab ich der Polizei noch gesagt. B. B. buddelt sich im Wald ein. Ich bin kein Jagdmensch, aber B. B. hat immer von der Jagd erzählt, der ist ein Waldmensch, sucht ihn dort. Und von Waffen hatte der im Knast viel Ahnung. Die ihn rausgeholt haben, müssen ihm die Pistole gegeben haben.

Warum ich B. B. unterstützt habe? Ich hatte ja meinen Nachtclub und später den Autohandel, die warfen was ab, war um sollte ich ihm da nicht was abgeben? Er hatte mich ja auch unterstützt im Knast. Aber seine Briefe im Knast, die hab ich ihm geschrieben. Lesen konnte er ja. Aber nicht schreiben. Das merkt man doch, wenn einer dasitzt und druckst und rumkringelt. Ich habe im Grunde immer nur dasselbe geschrieben: Liebe Walle, ich liebe Dich. Seine Verlobte heißt Waltraud.

Dorothea Hornig, genannt Dorle, 44

Ich wurde mit Herrn B. durch meinen Mann bekannt, sie lagen im selben Vollzug. Wir haben Herrn B. später nur einmal besucht, da hatte er diesen Ausgang in Bonn. Mein Mann kaufte ihm Jacke und Hose, ja, auch einen Fotoapparat. Herr B. selber hat damit Aufnahmen gemacht. Später schrieb er den Brief, den ich hier vorlege: »17.3.93. Meine Gedanken sind noch immer mit Euch in Bonn. Ich habe wieder richtige Kraft getankt. Ich staune, was die Kamera für Bilder macht. Es war ein Tag voller Freude.« Alle Briefe, die wir danach noch kriegten, hat er selber geschrieben, ich habe sie aber weggeworfen. Doch, doch, es war seine Schrift. Einmal, viel später, schrieb er: Seine Freundin Walle ist so komisch geworden, sie meldet sich auch nicht mehr. »Wenn ich entlassen werde, komme ich zu Euch.« Wir hatten ihm das tatsächlich angeboten.

Herr B. wusste von dem Mordanschlag, der vor zwei Jahren auf uns verübt worden war. Jemand hatte mit einer Pump-Gun auf unserem Grundstück herumgeballert. Zeitweilig fiel der

Verdacht auf einen anderen Autohändler. Die Sache wurde nie zu Ende ermittelt. Herr B. wusste auch, dass in unserer Ehe manches nicht so lief, wie es laufen sollte. Aber das hatte mit dem Anschlag nichts zu tun.

Nun gut, bei uns flogen schon manchmal die Fetzen, aber ich habe Herrn B. nicht um Hilfe gegen Siggi gebeten, ich kann mich noch immer gut allein wehren. Doch ich habe Herrn B. von dem allen berichtet. Und er hat mir von den 20 000 erzählt, die er wohl für ein Gutachten brauchte. Um Gottes willen, wir können keine 20 000 so locker rüberreichen, ich allein schon gar nicht. Wie könnte ich da Herrn B. soviel Geld versprochen haben? Wir haben nur noch ein gemeinsames Geschäftskonto, mein Mann und ich, mein Privatkonto ist längst aufgelöst, ich bekomme ein kleines Monatsgehalt von meinem Mann, aber nicht immer. Es geht uns finanziell nicht mehr so gut.

Die Richterin

Ihre Taten, Angeklagter, liegen an der äußersten Grenze des Vorstellbaren. Sie haben aus Habgier zwei Menschen getötet, Sie haben zwei Frauen Furchtbares angetan. Manche fragen, vor allem die Verteidigung: Hätten die beiden Opfer sich nicht stärker zur Wehr setzen können? Hätten sie nicht irgendwann fliehen können? Aber die beiden Frauen hatten keine Chance gegen Sie, gegen Ihre Kraft und Ihre scharfe Waffe, selbst wenn Sie die einmal aus der Hand gelegt hatten. Sie hatten den Tod von Großmutter und Vater zur Kenntnis nehmen müssen, und sie wussten: Ihr Peiniger war rücksichtslos, er geriet außer sich, wenn ihm jemand Widerstand leistete. Hilde Seliger tat, um sich und ihrer Tochter Leben zu schützen, das einzig Richtige: Sie tat, was Sie verlangten. Sie redete mit Ihnen, sie ging auf Ihre Probleme ein, sie half Ihnen, Spuren zu beseitigen, sie half sogar, diese Kreuzworträtsel zu lösen. Wäre sie davongekommen, wenn sie sich gewehrt hätte? Sie hat dennoch so etwas wie einen Schutzengel gefunden. Doch solches Geschehen steckt man nicht spurlos weg. Da bleibt ein Trauma über Jahre, vielleicht lebenslänglich.

Als die Fahndung nach Ihnen im Fernsehen lief, als Sie aus Düren geflüchtet waren, meldeten sich Frauen, denen durch Sie zwanzig Jahre zuvor Schlimmstes widerfuhr. Es stand ihnen noch vor Augen, als sei es Tage zuvor geschehen.

Auch ich gehöre zu denen, die wir uns damals, als wir als junge Leute nach dem Studium in die Justiz gingen, viel Gedanken um die Verbesserung des Strafvollzugs machten, die neue Wege zu denken, zu gehen versuchten. Verwahrvollzug allein, sagten wir uns, das durfte es doch nicht sein. Wir wollten die Formen der Unterbringung ändern. Nur verwahren im Vollzug, das hieß so oft: Die Rückfallgeschwindigkeit änderte sich rasant, nichts besserte sich. Im Gegenteil. Gerade mit Zwanzigjährigen aber musste man doch etwas Neues auf die Reihe kriegen, sich gegen die Zweifel stemmen können. Daraus resultierten die Angebote, die auch Sie erhielten. Wären Sie darauf eingegangen, wir säßen heute nicht hier. Aber die Versuche zum Beispiel in Eickelborn waren es Ihnen nicht wert. Sie haben den Rettungsanker nicht ergriffen.

Es verbittert zu sehen, was aus allem danach in Rheinbach geworden ist. Es wird wohl so sein, dass man zur alten Rechtsprechung zurückkehrt, die Schraube zurückdreht. Rheinbach hat Ihnen gegenüber versagt, es hat Ihnen mehrfach die Möglichkeiten zur Flucht geboten.

Bis Eickelborn hat Ihre Familie Sie besucht, zu Ihnen gehalten. Ahnen Sie, was das bedeutet, dass Sie immer aufs neue Schäbiges über Ihre Verwandten, dass Sie nun sogar Ihre Mutter beschuldigt haben, Anlass für Ihre wachsenden sexuellen Verfehlungen zu sein, weil sie Sie in jungen Jahren angeblich verführte, missbrauchte? Ihre Familie ist nicht schlecht, keines

Ihrer Geschwister hat bisher im Leben versagt. Nur Sie. Sie sind, Herr Büchner, voll schuldfähig. Wir haben Sie während dieser langen Verhandlung genau beobachten können. Sie folgten ihr sehr wach. Sie wussten immer, worum es geht. Nichts lief an Ihnen vorbei. Dieses Verhalten lässt Rückschlüsse zu. Sie hätten bei Ihren Taten immer anders handeln können, aber Sie wollten es nicht. Sie dachten nur an sich und machten, was Ihnen gerade in den Sinn kam. Ihre Einstellung ist keine Krankheit. Sie sind für alles verantwortlich. Sie haben alles verschuldet, was Sie nun ertragen müssen. Machen Sie niemand anderem den Vorwurf, dass er schuld sei an dem, was Sie nun aushalten müssen.